文库

丛书主编

郑 毅

东北史地考略续集

李健才 著

吉林文史出版社

图书在版编目（CIP）数据

东北史地考略续集 / 李健才著 . -- 长春 : 吉林文
史出版社 , 2021.1
（长白文库）
ISBN 978-7-5472-7579-5

Ⅰ . ①东… Ⅱ . ①李… Ⅲ . ①历史地理—研究—东北
地区 Ⅳ . ① K923

中国版本图书馆 CIP 数据核字 (2020) 第 252981 号

东北史地考略续集
DONGBEI SHIDI KAOLÜE XUJI

出 品 人：张 强
著 作 者：李健才
丛书主编：郑 毅
责任编辑：程 明 吕 莹
装帧设计：尤 蕾
出版发行：吉林文史出版社有限责任公司
电 话：0431-81629369
地 址：长春市福祉大路出版集团A座
邮 编：130117
网 址：www.jlws.com.cn
印 刷：吉林省优视印务有限公司
开 本：170mm×240mm 1/16
印 张：18.25
字 数：270千字
版 次：2021年1月第1版 2021年1月第1次印刷
书 号：ISBN 978-7-5472-7579-5
定 价：188.00元

《长白文库》编委会

（排名不分先后）

《长白文库》总序

  中华优秀传统文化是中华民族的"根"和"魂"，习近平总书记高度重视中华优秀传统文化，并将其作为治国理政的重要思想文化资源。"不忘本来才能开辟未来，善于继承才能更好创新。""优秀传统文化是一个国家、一个民族传承和发展的根本，如果丢掉了，就割断了精神命脉。"中华优秀传统文化具有多样性和地域性等特征，东北地域文化是多元一体的中华文化中的重要组成部分。吉林省地处东北地区中部，是中华民族世代生存融合的重要地区，素有"白山松水"之美誉，肃慎、扶余、东胡、高句丽、契丹、女真、汉族、满族、蒙古族等诸多族群自古繁衍生息于此，创造出多种极具地域特征的绚烂多姿的地方文化。为了"弘扬地方文化，开发乡邦文献"，自20世纪80年代起，原吉林师范学院李澍田先生积极响应陈云同志倡导古籍整理的号召，应东北地区方志编修之急，服务于东北地方史研究的热潮，遍访国内百余家图书馆寻书求籍，审慎筛选具有代表性的著述文典300余种，编撰校订出版以《长白丛书》（以下简称《丛书》）为名的大型东北地方文献丛书，迄今已近40载。历经李澍田先生、刁书仁和郑毅两位教授三任丛书主编，数十位古籍所前辈和同人青灯黄卷、兀兀穷年，诸多省内外专家学者的鼎力支持，《丛书》迄今已共计整理出版了110部5000余万字。《丛书》以"长白"为名，"在清代中叶以来，吉林省疆域迭有变迁，而长白山钟灵毓秀，蔚然耸立，为吉林名山，从历史上看，不咸山于《山海经·大荒北经》中也有明确记录，把长白山当作吉林的象征，这是合情合理的。"（《长白丛书》初版陈连庆先生序）

  1983年吉林师范学院古籍研究所（室）成立，作为吉林省古籍整理与研究协作组常设机构和丛书的编务机构，李澍田先生出任所长。全国高校古籍整理工作委员会、吉林省教委和省财政厅都给予了该项目一定的支持。李澍田先生是《丛书》的创始人，他的学术生涯就是《丛书》

的创业史。《丛书》能够在国内外学界有如此大的影响力，与李澍田先生的敬业精神和艰辛努力是分不开的。《丛书》创办之始，李澍田先生"邀集吉、长各地的中青年同志，乃至吉林的一些老同志，群策群力，分工合作"（初版陈序），寻访底本，夙兴夜寐逐字校勘，联络印刷单位、寻找合作方，因经常有生僻古字，先生不得不亲自到车间与排版工人拼字铸模；吉林文史出版社于永玉先生作为《丛书》的第一任责编，殚精竭虑地付出了很多努力，为《丛书》的完成出版做出了突出贡献；原古籍所衣兴国等诸位前辈同人在辅助李澍田先生编印《丛书》的过程中，一道解决了遇到的诸多问题、排除了诸多困难，是《丛书》草创时期的重要参与者。《丛书》自20世纪80年代出版发行以来，经历了铅字排版印刷、激光照排印刷、数字化出版等多个时期，《丛书》本身也称得上是改革开放以来中国印刷史的见证。由于《丛书》不同卷册在出版发行的不同历史时期，投入的人力、财力受当时的条件所限，每一种图书的质量都不同程度留有遗憾，且印数多则千册、少则数百册，历经数十年的流布与交换，有些图书可谓一册难求。

1994年，李澍田先生年逾花甲，功成身退，由刁书仁教授继任《丛书》主编。刁书仁教授"萧规曹随"，延续了《丛书》的出版生命，在经费拮据、古籍整理热潮消退、社会关注度降低的情况下，多方呼吁，破解困局，使得《丛书》得以继续出版，文化品牌得以保存，其功不可没。1999年原吉林师范学院、吉林医学院、吉林林学院和吉林电气化高等专科学校合并组建为北华大学，首任校长于庚蒲教授力主保留古籍所作为北华大学处级建制科研单位，使得《丛书》的学术研究成果得以延续保存。依托北华大学古籍所发展形成的专门史学科被学校确定为四个重点建设学科之一，在东北边疆史地研究、东北民族史研究方面形成了北华大学的特色与优势。

2002年，刁书仁教授调至扬州大学工作，笔者当时正担任北华大学图书馆馆长，在北华大学的委托和古籍所同人的希冀下，本人兼任古籍所所长、《丛书》主编。在北华大学的鼎力支持下，为了适应新时期形势的发展，出于拓展古籍研究所研究领域、繁荣学术文化、有利于学术交流以及人才培养工作的实际需要，原古籍研究所改建为东亚历史与文献研究中心，在保持原古籍整理与研究的学术专长的同时，中心将学术研究的视野和交流渠道拓展至东亚地域范围。同时，为努力保持《丛书》

的出版规模，我们以出文献精品、重学术研究成果为工作方针，确保《丛书》学术研究成果的传承与延续。

在全方位、深层次挖掘和研究的基础上，整套《丛书》整理与研究成果斐然。《丛书》分为文献整理与东亚文化研究两大系列，内容包括史料、方志、档案、人物、诗词、满学、农学、边疆、民俗、金石、地理、专题论集 12 个子系列。《丛书》问世后得到学术界和出版界的好评，《丛书》初集中的《吉林通志》于 1987 年荣获全国古籍出版奖，三集中的《东三省政略》于 1992 年获国家新闻出版总署全国古籍整理图书奖，是当年全国地方文献中唯一获奖的图书。同年，在吉林省第二届社会科学成果评奖中，全套丛书获优秀成果二等奖，并被国家新闻出版总署列为"八五"计划重点图书。1995 年《中国东北通史》获吉林省第三届社会科学优秀成果二等奖。2005 年，《同文汇考中朝史料》获北方十五省（市、区）哲学社会科学优秀图书奖。

《丛书》的出版在社会各界引起很大反响，与当时广东出现的以岭南文献为主的《岭南丛书》并称国内两大地方文献丛书，有"北有长白，南有岭南"之誉。吉林大学金景芳教授认为"编辑《长白丛书》的贡献很大，从《辽海丛书》到《长白丛书》都证明东北并非没有文化"。著名明史学者、东北师范大学李洵教授认为："《长白丛书》把现在已经很难得的东西整理出来，说明东北文化有很高的水准，所以丛书的意义不只在于出了几本书，更在于开发了东北的文化，这是很有意义的，现在不能再说东北没有文化了。"美国学者杜赞奇认为"以往有关东北方面的材料，利用日文资料很多。而现在中文的《长白丛书》则很有利于提高中国东北史的研究"（《长白丛书》出版十周年纪念会上的发言）。中国社会科学院边疆史地研究中心主任厉声研究员认为："《长白丛书》已经成为一个品牌，与西北研究同列全国之首。"（1999 年 12 月在《长白丛书》工作规划会议上的发言）目前，《长白丛书》已被收藏于日本、俄罗斯、美国、德国、英国、加拿大、澳大利亚、韩国及东南亚各国多所学府和研究机构，并深受海内外史学研究者的关注。

为了更好地传承和弘扬优秀地域文化，再现《丛书》在"面向吉林，服务桑梓"方面的传统与特色，2010 年前后，我与时任吉林文史出版社社长的徐潜先生就曾多次动议启动出版《长白丛书精品集》，并做了相应的前期准备工作，后因出版资助经费落实有困难而一再拖延。2020

年，以十年前的动议与前期工作为基础，在吉林省省级文化发展专项资金的资助下，北华大学东亚历史与文献研究中心与吉林文史出版社共同议定以《长白丛书》为文献基础，从《丛书》已出版的图书中优选数十种具有代表性的文献图书和研究著述合编为《长白文库》加以出版。

《长白文库》是在新的历史发展时期对《长白丛书》的一种文化传承和创新，《长白丛书》仍将以推出地方文化精华和学术研究精品为目标，延续东北地域文化的文脉。

《长白文库》以《长白丛书》刊印40年来广受社会各界关注的地方文化图书为入选标准，第一期选择约30部反映吉林地域传统文化精华的图书，充分展现白山松水孕育的地域传统文化之风貌，为当代传统文化传承提供丰厚的文化滋养，是一件功在当代、利在千秋的文化盛举。

盛世兴文，文以载道。保存和延续优秀传统文化的文脉，是人文社会科学研究者的社会责任和学术使命，《长白丛书》在创立之时，就得到省内外多所高校诸多学界前辈的关注和提携，"开发乡邦文献，弘扬地方文化"成为20世纪80年代一批志同道合的老一辈学者的共同奋斗目标，没有他们当初的默默耕耘和艰辛努力，就没有今天《长白丛书》这样一个存续40年的地方文化品牌的荣耀。"独行快，众行远"，这次在组建《长白文库》编委会的过程中，受邀的各位学者都表达了对这项工作的肯定和支持，慨然应允出任编委会委员，并对《长白文库》的编辑工作提出了诸多真知灼见，这是学界同道对《丛书》多年情感的流露，也是对即将问世的《长白文库》的期许。

感谢原吉林师范学院、现北华大学40年来对《丛书》的投入与支持，感谢吉林文史出版社历届领导的精诚合作，感谢学界同人对《丛书》的关心与帮助！

郑　毅

谨序于北华大学东亚历史与文献研究中心

2020年7月1日

前　言

在东北史地的研究领域中，疑难问题很多。随着研究的深入，史学界新的成果不断问世，使一些有争论的问题逐步得到澄清和解决，有些问题迄今尚无定论，还有待研究，相信随着研究的深入和不断的争论，还是能够逐步得到解决的。

笔者在拙著《东北史地考略》1986 年出版后，针对在东北史地研究中的疑难问题和有争论的问题，又先后撰写了二十九篇论文，其中有一篇（即第二十五篇）是和中央民族学院历史系陈连开教授合写的。为了深入探讨，有的问题一论再论，这些论文大部分已经公开发表，或在内部刊物上发表，也有的尚未发表，将这些论文稍加修改补充后，汇编成续集，供读者参考。由于自己的理论和专业水平有限，错误难免，请读者指正。

续集书稿完成后，在吉林师范学院古籍研究所前任所长李澍田教授和现任历史系主任兼古籍研究所所长刁书仁、副所长衣兴国先生的支持和帮助下得以出版，在此一并致以衷心的感谢。

作　者
1995 年 6 月 22 日于长春

目　录

东北史地考略续集

一 再论北夫余、东夫余即夫余的问题

　　夫余亦书扶余，夫余之外还有北夫余、东夫余等名称。夫余之名始
见于公元前 1 世纪的《史记·货殖列传》；北夫余、东夫余之名则始见
于公元 414 年建立的《好太王碑》。关于北夫余和东夫余的问题，是中
外史学界尚未搞清和有争论的问题。有的认为北夫余即在夫余北部的北
夷橐离（亦书索离、离、槀离）国；东夫余是在夫余的东部，即在东海
之滨建立的国家。笔者认为北夫余和东夫余即夫余的别称，不是在夫余
的北部和东部还有所谓北夫余和东夫余。过去拙稿① 已略有论述，为了
进一步阐明北夫余、东夫余即夫余的问题，今再补充论述如下。

（一）北夫余即夫余，不是北夷橐离国

　　《好太王碑》云：高句丽的始祖邹牟（亦书朱蒙、东明、中牟）② "出
自北夫余"，"南下，路由夫余奄利大水"，"然后造渡，于沸流谷忽本西
城山上而建都焉"。有的认为《好太王碑》"把北夫余和夫余区别成不同
的国家"。"从北夫余向夫余南下的传说来看，知北夫余是位于夫余北方
的国家，而与夫余在一定时期共存"。并认为"北夷的橐离国是夫余北

---

　　① 拙著：《北扶余、东扶余、豆莫娄的由来》，载《东北史研究》1983 年第 1 期；见《东
北史地考略》，第 27—32 页。
　　②《好太王碑》邹牟；《魏书·高句丽传》朱蒙；《三国遗事》卷 1，北扶余为东明；《三
国史记》卷 13，《高句丽本纪》，琉璃王二十八年秋八月为东明；《三国史记》卷 6，《新
罗本纪》，大武王十年为中牟。

部的国家，可以解释为北夫余"，"北夫余即橐离国的别称"。"北夫余是分出夫余和高句丽的国家，而且高句丽的起源并不是夫余，而是北夫余"①。这些看法值得进一步讨论。

笔者认为，从中、朝古代文献记载来看，北夫余即夫余，而不是在夫余北部的北夷橐离国。

第一，从文献记载来看，北夫余即夫余的别称，而不是北夷橐离国的别称。

414年，由高句丽王室建立的《好太王碑》云：高句丽的始祖邹牟（朱蒙）"出自北夫余"。《牟头娄冢墨书》亦云：邹牟"元出北夫余"②。这是关于高句丽起源问题较为重要而可靠的记载。此外，较为可靠的记载就是551—554年由北齐魏收撰成的《魏书·高句丽传》。其后的《梁书》《周书》《隋书》《北史》中的高句丽传，皆云："高句丽者，出于夫余。"特别是472年，百济盖卤王（余庆）遣使朝魏上表所说的"臣与高句丽源出夫余"③。都说明夫余即北夫余，二者并无区别。12世纪，由金富轼撰成的《三国史记》和一然撰成的《三国遗事》亦载北夫余即夫余。《三国遗事》中的"北扶余王解夫娄"④,《三国史记》则称为扶余王解夫娄⑤。在《三国史记》中,北扶余亦称扶余的例子很多。如《三国史记》中的《百济本纪》始祖温祚王条云：朱蒙（邹牟）"自北扶余逃难，至卒本扶余"。又云："其世系与高句丽同出扶余。"同书《高句丽本纪》始祖东明圣王十九年（前19年）四月条云："王子类利自扶余与其母逃归，王喜之，立为太子"。《三国遗事》云："东明帝（邹牟、朱蒙）继

① 李云铎译、顾铭学校：《高句丽的起源》,载《东北亚历史与考古信息》,1984年第4期（译自朝鲜《高句丽史研究》1967年12月，社会科学出版社出版）。

② 集安下羊鱼头北山麓《牟头娄冢墨书》,见[日]池内宏：《通沟》。[日]武田幸男著、刘力译：《牟头娄一族与高句丽王权》,载《东北亚历史与考古信息》1981年第4期。《集安县文物志》第122—127页，载《冉牟墓墨书题记》。

③《魏书·百济传》延兴二年;《三国史记》卷25,《百济本纪》3,盖卤王十八年。

④《三国遗事》卷1,东扶余和高句丽。

⑤《三国史记》卷13,《高句丽本纪》1,始祖东明圣王。

北扶余而兴，立都于卒本川，为卒本扶余，即高句丽之始祖。"很明显，这里所说的扶余即北扶余，二者并无区别。又《三国史记》引《通典》云："朱蒙以建昭二年（前 37 年），自北扶余东南行，渡普述水，至纥升骨城居焉，号曰高句丽，以高为氏。"又引《古记》云："朱蒙自扶余逃难，至卒本，则纥升骨城，卒本似一处也。"① 这些记载都证实，北扶余即扶余，并不是在夫余之北又有北夫余。所谓北夫余是指在高句丽的北部，而不是在夫余的北部而说的。如高句丽琉璃王二十九年（10 年）夏六月"矛川上有黑蛙与赤蛙群斗，黑蛙不胜，死。议者曰：黑，北方之色，北扶余破灭之征也"。接着又说，琉璃王三十二年（13 年）冬十一月，"扶余人来侵，……扶余军大败"②。大武神王四年（21 年）冬十二月，"大王北伐扶余"。大武神王五年（22 年），"王进军于扶余国南"，扶余王带素被杀 ③。从"北扶余破灭之征也"和"扶余军大败"，扶余王带素被杀，可证这里所说的北扶余即在高句丽北部的夫余，而不是在夫余之北的北夷橐离国。又从《后汉书·高句丽传》所谓高句丽"北与夫余接"的记载可知，因扶余在高句丽之北，故高句丽人亦称为北扶余。在夫余之北者称北夷橐离国，而不称北扶余。有的认为"北夷的橐离国是夫余北部的国家，可以解释为北夫余"。这样解释和文献记载并不相符。

又所谓夫余和高句丽都是出自北夫余即北夷橐离国，更难以令人信服。关于夫余的起源问题，后汉王充的《论衡·吉验篇》和魏鱼豢的《魏略》以及《后汉书·东夷传·夫余国》这些较早的文献记载都明确指出夫余出自北夷橐（橐、索）离国，而不是出自北夫余。关于高句丽的起源问题，《魏书·高句丽传》等史书皆云："高句丽者，出于夫余。"《梁书·高句骊传》云：北夷橐（橐）离王子东明，"至夫余而王焉，其后，支别为句骊种也"。明确指出夫余出自北夷橐离国，高句丽出自夫余，而不是夫余和高句丽都是出自北夫余即北夷橐离国。如前所述，最早见于文

①《三国史记》卷 37，杂志 6；地理 4，高句丽。
②《三国史记》卷 13，《高句丽本纪》1，琉璃王。
③《三国史记》卷 14，《高句丽本纪》2，大武神王。

献记载的是夫余，而不是北夫余和东夫余。高句丽者有"出于夫余""出自北夫余""出自东夫余"的记载，而绝无出自北夷橐离国的记载。因此，在公元前 1 世纪建国的高句丽"出于北夫余"的记载是正确可靠的。这一夫余即《好太王碑》所说的北夫余。如前述，因为夫余在高句丽之北，所以高句丽也称之为北夫余，而不是在夫余之北才称为北夫余。

第二，从旧北扶余即扶余、北扶余城亦称扶余城的记载也可以证实北夫余即夫余。

《魏书·豆莫娄国传》所谓豆莫娄"旧北扶余也"，是指豆莫娄从原来的北夫余分出来的。亦即《新唐书·流鬼传》所说的达末娄（即豆莫娄）"自言北扶余之裔，高丽灭其国，遗人渡那河，因居之"。所谓豆莫娄"旧北扶余也"，或达末娄"自言北扶余之裔"，不是指豆莫娄之居地（在松花江和黑龙江合流以北，东到海一带）即旧北扶余或北夷橐离国之地，而是指族源而说的，就是说豆莫娄是从北夫余分出来的，是北夫余的后裔。从高句丽改名为高丽，以及豆莫娄的出现，均在南北朝的记载可知，所谓"高丽灭其国"，即《好太王碑》所说的好太王二十年（410年），往讨东夫余的战争。好太王攻占了东夫余（即北夫余或夫余——见后述）的大片领土以后，东夫余即夫余的一部分人，渡那河建立了豆莫娄。唐代所说的那河指今嫩江[1]，所谓渡那河，只能是北渡那河，在那河以南，即今吉、长地区，即汉、魏以来的夫余亦即北夫余故地。这也证实东夫余不在东海之滨或北沃沮一带，而在那河以南一带。好太王攻占东夫余的大片领土以后，到 435 年时，高句丽的领土大为扩张，"北至旧扶余，民户三倍于前魏时"[2]。很明显这里所谓旧扶余即《魏书·豆莫娄国传》中所说的"旧北扶余也"。因夫余的领土大部已被高句丽占据，故称为旧扶余或旧北扶余。好太王以后，高句丽的北界已不是"北与夫余接"[3]，

① 拙著：《东北史地考略》，第 132—133 页。
②《魏书·高句丽传》；《三国史记》卷 18，《高句丽本纪》6，长寿王二十三年夏六月。
③《后汉书·东夷传·高句丽》。

而是北与勿吉接[①]，或 "北邻靺鞨"[②]。靺鞨即粟末部 "与高丽接，依粟末水以居"[③]。粟末水即今北流松花江，粟末靺鞨在高句丽（高丽）扶余城的西北[④]。唐代高丽（即高句丽）的扶余城，亦称北扶余城[⑤]，在粟末靺鞨的东南。这一高句丽的扶余城亦即北扶余城，就是在 410 年，被好太王占领的夫余前期王城，亦即夫余初居鹿山的王城。在今吉林市龙潭山到东团山一带，不但有汉代文物，而且还有高句丽红色绳纹和方格纹板瓦块，龙潭山高句丽山城，是高句丽防御靺鞨南下的北边军事重镇[⑥]。从上述旧北扶余即旧扶余，北扶余城亦即扶余城的记载可知，北扶余即扶余，并不是在夫余之北，又有北夫余，北夫余不是北夷橐离国。

（二）东扶余即夫余或北夫余，不在东海之滨

关于东扶余的问题，是史学界尚未搞清和还有待进一步探讨的问题。史学界一般都是根据《三国史记》和《三国遗事》中关于东夫余建国的神话传说，认为东扶余是从夫余或北夫余分出来的，是在夫余的东部。即东海之滨或太白山（今长白山）南、鸭绿江上游一带建立的国家。并认为高句丽的始祖邹牟（朱蒙）就是从这一东扶余南下，到卒本（忽本）之地建立了卒本扶余即高句丽国。也有的认为东扶余是在西晋太康六年（285 年），慕容廆破夫余，"其王依虑自杀，子弟走保沃沮"[⑦] 时，在北沃沮建立的国家。认为《好太王碑》中的 "卖勾余民" 即东扶余之略[⑧]。卖勾即罗勾亦即北沃沮。但夫余被慕容廆袭破后，第二年（286 年），

---

① 《魏书·勿吉传》："勿吉国，在高句丽北。"

② 《周书·高丽传》。

③ 《新唐书·黑水靺鞨传》。

④ 《太平寰宇记》卷 71，燕州条引隋《北番风俗记》：粟末靺鞨 "自扶余城西北，举部落向关内附"。

⑤ 《三国史记》卷 37，地理志："北扶余城州。"

⑥ 拙稿：《唐代高丽长城和扶余城》，载《民族研究》1991 年第 4 期。

⑦ 《晋书·四夷传·夫余国》。

⑧ ［日］池内宏：《夫余考》，载《满鲜地理历史研究报告》第 13 册，第 90—95 页；［日］岛田好：《东扶余的位置和高句丽的开国传说》，载《青丘学丛》第 16 号（昭和九年五月）。

在西晋的援助下，又得以复国①，并没有在北沃沮建立东扶余，这在《晋书·慕容廆载记》有明确记载。《后汉书·高句骊传》和《三国志·魏书·高句丽传》皆谓高句丽"东与沃沮"接，汉、魏时代，北沃沮一带，先后归汉代玄菟郡和高句丽领有。好太王二十年（410年），并没有征讨南、北沃沮一带。《好太王碑》中的"卖勾余民"和"东海贾"的守墓烟户，都是旧民，即原有守墓烟户，不是在好太王二十年（410年），从东海之滨的南、北沃沮一带新掠来的人口。以旧民为守墓烟户者占三分之一，以新掠来的韩秽（百济）人口为守墓烟户者占三分之二②。以"卖勾余民"和"东海贾"的旧民为守墓烟户，正说明东海之滨的南、北沃沮一带为高句丽旧有领土，好太王二十年（410年），并没有征讨这一带。

上述有关东扶余的推定，一是来自神话传说；一是来自后人的主观推论，这两个所谓东扶余，实际上并不存在，在东海之滨并找不到东扶余立足之地。有的以《好太王碑》中的东夫余，来肯定传说中的东扶余，但《好太王碑》中的东夫余就是夫余或北夫余，而不是神话传说中在东海之滨或太白山一带的东扶余。

第一，东海之滨或太白山一带并不存在东夫余。

据《三国史记》和《三国遗事》关于东扶余的建国传说，东扶余是在公元前1世纪以前，从夫余东迁到东海之滨建立的国家。如前所述，夫余即北夫余，最晚当在西汉初建国③。前汉时代，正是夫余兴起之时，当时夫余周围各部族，如西部的乌桓、东部的挹娄（臣属夫余）、北部的橐离、南部的沙貊，都比较分散、弱小，还未形成一个较大的部落联盟，并没有进攻夫余和迫使新兴起的夫余东迁的可能和记载。在前汉和后汉时代的夫余，"其国殷富，自先世以来，未尝破坏"④。在这种情况下，夫余不会有被迫东迁的可能。高句丽建国后，在大武神王五年（22

① 《晋书·慕容廆载记》。
② 王健群：《好太王碑研究》，第191—197页。
③ 《史记·货殖列传》；《后汉书·东夷传·夫余国》。
④ 《三国志·魏书·夫余传》裴注引《魏略》。

东北史地考略续集

年），虽曾打败过夫余，并杀其王带素，但并未灭其国^①。后汉时代的鲜卑檀石槐虽曾"东却夫余"^②，但这两次战争都是在传说中的东扶余建国以后的事，和迫使夫余东迁无关。据《三国遗事》卷一，东扶余条谓："北扶余王解夫娄之相阿兰弗，梦，天帝降而谓曰：'将使吾子孙立国于此，汝其避之。'"在注文中云"谓东明将兴之兆也"，而不是说东夫余王解夫娄将兴之兆也。从注文中可知，所谓夫余东迁建立东夫余的传说，可能是高句丽的始祖邹牟（朱蒙、东明）南下到卒本川建立高句丽国的神话传说。后人把两者混为一谈，误传为北夫余即夫余王解夫娄东迁到东海之滨建立东夫余之事。《三国史记》中的东夫余国内有太白山（今长白山）、鸭绿江等地名，这一带，早在前汉末、后汉初，已被高句丽占领。而且这些山川名称是从唐代才开始出现的。在前汉时，即传说中的东扶余建国时，还没有这些地名。说明东扶余建国的神话传说，不是前汉当时人留下来的传说，而是后人留下来的传说。传说中的东扶余和高句丽都是从北夫余即夫余分出来的，而且传说中的东夫余和高句丽建国之地，都在东海之滨。沸流王松让和高句丽的琉璃王皆自称"寡人僻在海隅"^③。因此，所谓夫余王解夫娄东迁到东海之滨建立东夫余的传说，当即高句丽的始祖邹牟（朱蒙）南（或记东南）逃到卒本川建立卒本扶余（即高句丽）的传说。

从文献记载来看，东海之滨并不存在东扶余。《三国遗事》和《三国史记》中所说的东扶余在东海之滨，即南、北沃沮和不耐涉，或太白山南、鸭绿江一带。正当今朝鲜东北部的沿海和今吉林省东部的延边一带。这一带，在汉、魏时代，先归汉玄菟郡，后改归乐浪郡东部都尉管

①《三国史记》卷14，《高句丽本纪》2，大武神王五年。
②《后汉书·鲜卑传》。
③《三国史记》卷13，《高句丽本纪》，始祖东明圣王元年和琉璃王二十八年八月。

辖。其后，又被高句丽征服，"臣属高句丽"①。高句丽从东明王到太祖王先后统一了太白山南北，以及南、北沃沮，即今朝鲜东北部沿海一带②。高句丽闵中王四年（47年）秋九月，东海人高朱利献鲸鱼目。太祖王五十五年（107年）冬十月，东海谷守献朱豹。东川王十九年（245年）春三月，东海人献美女。这都说明东海一带已是高句丽的领地。

曹魏正始六年（245年），毌丘俭遣玄菟太守王颀追击高句丽的东川王，当时的东川王先逃到南沃沮，后又逃到北沃沮。王颀率军追击，"过沃沮千有余里，至肃慎氏南界"③。从曹魏军在南、北沃沮追击东川王的事实可知，东海之滨的南、北沃沮，当时属高句丽辖境。当正始六年，王颀率军追击东川王时，"乐浪太守刘茂，带方太守弓遵，以岭东濊属句丽，兴师伐之，不耐侯等举邑降。其八年（247年），诣阙朝谒。二郡有军征赋调，供给役使，遇之如民"④。其后，东海之滨的南北沃沮、不耐濊等，又被高句丽占领。《三国志·魏书·东夷传·高句丽》和《后汉书·高句丽传》皆谓：高句丽"东与沃沮、北与夫余接"。又《三国志·魏书·东夷传·挹娄》谓：挹娄"南与北沃沮接"，而不是高句丽东与东扶余接，挹娄南与东扶余接。又据《魏书·高句丽传》载：北魏时，高句丽的疆域"东至栅城"。98年，高句丽太祖王"东巡栅城"。102年，"遣使安抚栅城"⑤。高句丽山上王二十一年（217年）八月，"汉平州人夏瑶，以百姓一千家来投，王纳之，安置栅城"⑥。栅城即渤海的东京龙原府，在今珲春境内。栅城之地，即北沃沮之地，故亦书高句丽"东与

---

①《三国志·魏书·高句丽传》；同书《沃沮传》；《后汉书·东夷传·沃沮》；《三国志·魏书·乌丸鲜卑东夷传》："濊汉末更属高句丽"；《后汉书·东夷传·濊》："建武六年，省都尉官，遂弃领东地，悉封其渠帅为县侯，皆岁时朝贺。"

②《三国志·魏书·高句丽传》；《后汉书·东夷传·高句丽》；《后汉书·东夷传·沃沮》；《三国史记》《高句丽本纪》，从东明圣王到太祖王各条。

③《三国志·魏书·东夷传·沃沮》；《三国志·魏书·毌丘俭传》。

④《三国志·魏书·东夷传·濊》。

⑤《三国史记》卷15，《高句丽本纪》3，太祖王四十六年三月；五十年八月。

⑥《三国史记》卷16，《高句丽本纪》4，山上王。

沃沮接"①。这一带，早在高句丽东明王十年（前 28 年），就有"伐北沃沮，以其地为城邑"②的记载。这一记载虽有难以置信之处，但从太祖王四年（56 年），"伐东沃沮，取其地为城邑"，以及太祖王四十六年（98 年）太祖王"东巡栅城"的记载来看，最晚在 56 年或 98 年，即后汉时代，东沃沮和北沃沮已归高句丽领有。从上述高句丽的疆域和"东与沃沮接"，或"东至栅城"的记载来看，410 年，好太王征讨的东扶余不在东海之滨的沃沮之地或太白山（今长白山）、鸭绿江上游一带，在东海之滨和太白山一带，从未见东扶余的有关记载。如果东扶余在东海之滨或太白山一带，则高句丽的疆域当为"东至旧东扶余"或"东至东扶余"，而不是"东至栅城"或"东与沃沮接"。

夫余国在西晋"武帝时，频来朝贡"，至西晋太康六年（285 年），慕容廆破夫余，"其王依虑自杀，子弟走保沃沮"③，而不是夫余子弟走保东扶余。如果早在前汉时代，在东海之滨或北沃沮建立东扶余时，在 410 年，好太王攻占东夫余之前，则夫余子弟不可能走保沃沮，而不走保东扶余。这一史实，也是在东海之滨的南、北沃沮一带，并没有建立过东扶余的明证。

第二，东扶余即夫余或北夫余。

《好太王碑》中的东夫余和《三国史记》传说中的东扶余不同。如上述，传说中的东扶余并不存在。《好太王碑》中的东夫余就是原来的夫余和北夫余的别称。两者不能混同，不辨明这一点，必然误入迷途，无法理解文献记载的一些历史事实。证明《好太王碑》中的东夫余即北夫余和夫余的例子有：

在《三国史记》和《三国遗事》中的扶余王解夫娄、金蛙、带素亦称北扶余王、东扶余王。如《三国史记》中的"扶余王解夫娄"，在《三国遗事》中又称"北扶余王解夫娄"，而解夫娄又是东迁到东海之滨的

---

①《后汉书·东夷传·高句丽》；《南史·东夷传·高句丽》；《梁书·东夷传·高句丽》。
②《三国史记》卷 13，《高句丽本纪》1，始祖东明圣王十年。
③《晋书·四夷传·夫余国》；《晋书·慕容廆载记》。

第一代东扶余王①。第二代东扶余王金蛙亦称扶余王。如《三国史记》东明圣王十四年（前24年）秋八月，"王（朱蒙）母柳花薨于东扶余，其王金蛙以太后礼葬之，遂立神庙。冬十月，遣使扶余馈方物，以报其德"。在这一记载中，东扶余亦书扶余。从"王母柳花薨于东扶余"和《好太王碑》中的邹牟（朱蒙）"出自北夫余"的记载可知，东扶余即扶余，亦即北扶余。东扶余的第三代王带素②，也称扶余王③。邹牟（朱蒙）就是由东扶余王金蛙的长子带素的妒害④，从东扶余出逃的，而《好太王碑》和《三国史记》《三国遗事》又皆云：邹牟从北扶余逃难，至卒本（忽本）之地建国⑤。可见《好太王碑》中的北夫余，即东扶余，《三国史记》中的东扶余即北夫余和夫余。

第三，好太王攻占的东夫余，正是夫余即北夫余故地。

高句丽和前燕、后燕争夺辽东、玄菟两郡取得胜利以后，乘夫余西迁，部落衰散之际，好太王二十年（410年），以"东夫余旧是邹牟王属民，中叛不贡"⑥为借口，便大举进攻东夫余。有的认为《三国史记》高句丽本纪，东明圣王十年（前28年），"命扶尉猒伐北沃沮，灭之，以其地为城邑"的记载，和"东夫余旧是邹牟王属民"的碑文相符，因此，认为东夫余当在东海之滨的北沃沮一带。但如前述，东海之滨的北沃沮一带，既无东夫余，也无"中叛不贡"的记载。所谓"东夫余旧是邹牟王属民"，并非事实。夫余臣属高句丽是在高句丽大武神王（无恤）五年（22

---

①《三国史记》卷13，《高句丽本纪》，始祖东明圣王；《三国遗事》卷1，东扶余。

②《三国史记》卷13，《高句丽本纪》1，东明圣王：东扶余王金蛙长子带素。

③《三国史记》卷13，琉璃王二十八年秋八月，"扶余王带素"；同书，大武神王五年，"扶余王带素被杀"。

④《三国史记》卷13，琉璃王二十八年秋八月，"扶余王带素"；同书，大武神王五年，"扶余王带素被杀"。

⑤《好太王碑》邹牟"出自北夫余"；《三国史记》卷23，《百济本纪》1，始祖温祚王条云：朱蒙"自北扶余逃难，至卒本扶余"；《三国遗事》卷1，北扶余条云："东明帝自北扶余而兴，立都于卒本川。"

⑥《好太王碑》。

年）①以后之事，而不是在邹牟王（东明圣王）时代。到高句丽太祖大王六十九年（121年）十二月，"王率马韩、秽貊一万余骑，进围玄菟城，扶余王遣子尉仇台，领兵二万，与汉兵并力拒战"②，打败高句丽军的进攻。太祖王七十年（122年），"王与马韩、秽貊侵辽东，扶余王遣兵救破之"③。后汉末，公孙度称雄辽东，"时句丽、鲜卑强，度以夫余在二虏之间，妻以宗女"④，联合夫余以对抗高句丽和鲜卑。魏正始（241—249年）中，"幽州刺史毌丘俭讨句丽，遣玄菟太守王颀诣夫余，位居遣大加郊迎，供军粮"⑤。这就是《好太王碑》所说的东夫余（即夫余）"中叛不贡，王躬率往讨"的原因和借口。《好太王碑》中所说的东夫余，不在东海之滨，而是在高句丽和鲜卑之间的夫余，这一夫余亦称北夫余、东夫余。好太王攻占了东夫余的许多城镇和村落⑥以后，派遣的镇守官员，不是东夫余守事，而是"北夫余守事"⑦。410年，好太王攻占东夫余以后，高句丽的疆域大为扩张，这时高句丽的北部边界是"北至旧夫余"。所谓"旧夫余"，说明夫余已被高句丽好太王攻占，故称为旧夫余或旧北夫余。从唐代高丽长城的东北端在今吉林省德惠县境内南岸，和高丽扶余城（亦称北扶城）在今吉林市龙潭山高句丽山城的方位来看⑧，410年，好太王征讨的东夫余，不在东海之滨，正是在以今吉林市为中心的汉、魏时代以来的夫余（北夫余）故地。这是好太王征讨的东夫余即夫余和北夫余的又一明证。

第四，东夫余名称的由来。

---

①《魏书·高句丽传》：莫来（即无恤、大武神王）"乃征夫余，夫余大败，遂统属焉"；《三国史记》卷14，《高句丽本纪》2，大武神王五年。

②《三国史记》卷15，《高句丽本纪》3，太祖大王六十九年十一月。

③《三国史记》卷15，《高句丽本纪》3，太祖大王七十年。

④《三国志·魏书·夫余传》。

⑤《三国志·魏书·夫余传》。

⑥《好太王碑》。

⑦《牟头娄冢墨书》。

⑧拙稿：《唐代高丽长城和扶余城》，载《民族研究》1991年第4期。

东夫余之名始见于 414 年建立的《好太王碑》。东夫余之名的出现，当和夫余的西迁有关。东晋穆帝永和二年（346 年）正月："初，夫余居于鹿山，为百济所侵，部落衰散，西徙近燕。"[①] 从慕容皝于晋成帝咸康三年（337 年）自称燕王（前燕）可知，夫余从鹿山（夫余前期王城）西迁的年代，当在 337 年建立前燕以后，和 346 年以前这段时间。从当时夫余、高句丽、百济三者的地理位置，以及文献记载来看，"为百济所侵"，当为有误。因此，有的认为当为高句丽或伯咄所侵之误。但在346 年以前，高句丽或伯咄都没有入侵夫余的记载，只有鲜卑慕容廆西晋太康六年（285 年）[②] 和前燕慕容皝在东晋永和二年（346 年）[③]，发起两次进攻夫余的战争，给夫余以重大打击，夫余王城（前期王城）被摧毁，数万人口被掠走，夫余"部落衰散，西徙近燕"，在前、后燕的庇护下，以今农安为中心（后期王城）[④]，勉强维持到 5 世纪末。

346 年，夫余西迁后，出现了两个夫余，一是原来以鹿山为前期王城（今吉林市龙潭山到东团山之间）的夫余；二是西迁后，以今农安为后期王城（即渤海夫余府、辽代黄龙府）的夫余。为了区别这两个夫余，便将初居鹿山的夫余称为东夫余，这一东夫余不是在汉、魏以来夫余（鹿山夫余）之东，而是在西迁后的夫余之东，故称为东夫余。此即原来初居鹿山的夫余，亦即北夫余。西迁后的夫余，仍称为夫余，而不称西夫余。西迁后的夫余，在 410 年，好太王攻占东夫余以后，直到 457 年，还和于阗等 50 余国各遣使向北魏朝献[⑤]。直到 494 年，"夫余为勿吉所逐"[⑥]，夫余王率妻孥逃亡到高句丽才灭亡[⑦]。西迁后的夫余，从 346 年到494 年，存国达 148 年。由此可知，410 年，好太王攻占的东夫余，是

①《资治通鉴》卷 97，《晋纪》19，东晋穆帝永和二年正月。

②《晋书·四夷传·夫余国》;《晋书·慕容廆载记》。

③《资治通鉴》卷 97，东晋穆帝永和二年正月;《晋书·慕容皝载记》为永和三年。

④《辽史·地理志》东京道通州和龙州黄龙府条;拙著:《东北史地考略》，第 22—25 页。

⑤《魏书》卷 5，北魏高宗文成帝本纪，太安三年十二月。

⑥《魏书·高句丽传》。

⑦《三国史记》卷 19，《高句丽本纪》7，文咨明王三年二月。

以鹿山为王城的夫余。即后来所说的东夫余，而不是西迁后，以今农安为王城的夫余，所以《好太王碑》云：高句丽"出自北夫余"，而好太王二十年（410年）征讨或占领的是东夫余。因为夫余西迁后，留在东部的夫余即北夫余，当时已改称东夫余，所以《好太王碑》所说的好太王二十年征讨的东夫余正是汉、魏以来的夫余，这一夫余，因在高句丽之北，故亦称为北夫余。

由上述可知，北夫余、东夫余即夫余的别称，不是在夫余之北和东，还有北夫余和东夫余。只有这样理解夫余、北夫余、东夫余的问题，才能正确解释文献所载以下几个问题：

第一，高句丽的始祖邹牟（朱蒙），有"出于夫余""出自北夫余""出自东夫余"的不同记载，这些记载，不是哪一记载正确与否的问题，而是北夫余、东夫余即夫余的别称问题。

第二，夫余王解夫娄、金蛙、带素亦称北夫余王和东夫余王。不理解北夫余、东夫余即夫余的别称问题，便认为文献记载的混乱。

第三，410年，好太王征讨的东夫余，从前述所攻占的领土和所派遣的镇守官员来看，实属汉、魏以来居于鹿山的夫余，而不是传说中的在东海之滨的东夫余。如不正确认识北夫余、东夫余即夫余的别称问题，便主观地把东夫余推定在东海之滨或北沃沮、太白山等高句丽辖境内。

有的人认为《三国史记》和《三国遗事》中有的地方"把北夫余、夫余、东夫余等与高句丽的关系弄得非常模糊，所以对北夫余就抓不住头绪"[①]。笔者认为，不是上述文献记载"弄得非常模糊"和"抓不住头绪"，而是没有正确理解文献所载北夫余、东夫余即夫余的别称问题，才把一些问题弄得模糊不清。

---

① 李云铎译、顾铭学校：《高句丽的起源》，载《东北亚历史与考古信息》1984年第4期（译自朝鲜《高句丽史研究》1967年12月，社会科学出版社出版）。

二 关于汉代辽东、乐浪两郡
地理位置问题的探讨

汉武帝在公元前 108 年灭卫氏朝鲜，于其地置乐浪、真番、临屯、玄菟四郡。汉代的辽东郡与乐浪郡东、西相邻，推定乐浪郡的方位时，必然涉及辽东郡的方位问题。过去，国内外学者关于辽东郡和乐浪郡的位置问题发表了许多论著，多数学者认为燕、秦、汉的辽东郡在今辽河以东到今朝鲜的清川江一带，郡治在今辽宁省的辽阳市；乐浪郡在今朝鲜的大同江流域，郡治在今朝鲜的平壤。

反对上述通说者认为从燕、秦到汉武帝置四郡以前的辽东郡在今河北省滦河下游以东到山海关地区，汉武帝置四郡以后，才迁到今辽河以东即今辽东半岛[①]。关于乐浪郡的位置问题，反对通说者认为"汉四郡位于今辽河以西的地方，汉四郡之一的乐浪郡也必然位于该地区之内"，即"今河北省东北部的滦河东部沿岸，是以昌黎县的碣石为其西方境界"；并认为在今朝鲜平壤地区建立的是乐浪国，而不是乐浪郡[②]。

从反对通说者提出的论据来看，还值得进一步商讨。今仅将其论点和论据以及有待商讨的问题分述如下。

---

① ［朝鲜］姜仁淑著、李运铎译：《燕辽东郡的位置》，载《东北亚历史与考古信息》1986 年第 3 期（原文载朝鲜《历史科学》1985 年第 2 期，科学、百科辞典出版社，平壤）。

② ［韩国］尹乃铉著、顾铭学译：《汉四郡的乐浪郡和平壤的乐浪》，载《东北亚历史与考古信息》1990 年第 2 期（原文载《韩国古代史新论》1989 年版，一志社，汉城）。

（一）汉武帝置四郡以前的辽东郡是否在今滦河下游到山海关附近地区的问题

认为汉武帝置四郡以前的辽东郡在今滦河下游以东到山海关附近，持这种观点的学者其论据主要有以下五点：

1. 《史记·秦始皇本纪》载：公元前209年，秦二世东巡碣石回来后，即派人去碣石刻始皇功德碑，"遂至辽东而还"。以此认为"这说明了碣石山一带，秦时曾称作辽东"。同时，根据秦长城"起临洮，至辽东"[①]的记载，认为秦长城的东端在辽东。又根据《晋书·唐彬传》："复秦长城塞，自温城泊于碣石"的记载，认为"秦长城的东端就是碣石山"，而碣石即位于滦河下游和山海关之间。

我们认为，这种看法值得商讨。第一，山海关附近的长城是明代长城，而不是燕、秦、汉长城的东端。燕、秦、汉修筑长城的目的是防御东胡或匈奴。从当时燕、秦、汉的疆域和东胡、匈奴的位置，以及在今辽河以西、以东发现的燕、秦、汉长城和古城址的分布（详见后述）来看，今滦河下游到山海关地区，在燕、秦、汉时代是内地，而不是边疆，不可能在其内地修筑长城，同时，这里亦无燕、秦、汉长城的遗迹。今山海关到北京八达岭以及至嘉峪关的长城，是明代为了防御蒙古而修筑的长城，它不是"起临洮，至辽东"的秦代长城。明代长城较燕、秦、汉长城内移了很多，二者不能混同。再从长城构筑的特点来看，从山海关到山西这段明代长城，完全是内为夯土版筑，外包以青砖，或底部包以石条的城墙。从山西到甘肃的一段，是夯土版筑的城墙，外面不用砖石包砌。而燕、秦、汉长城则多为土筑或石筑，外面不用砖石包砌。两者的位置、走向和构筑材料都有明显的区别。我国已故考古学家李文信先生说："我们综合文献记载和考古观察的结果，认为赵、燕、秦、汉的北部长城，当是相沿使用的，它和现存明代长城相距很远，没有因袭的可能，也就是说现有明代长城和汉前古长城根本是两条线路，不能把西

---

① 《史记·蒙恬列传》；《史记·匈奴列传》；鱼豢《魏略》。

起嘉峪关，东到山海关的明代长城，当作秦始皇的万里长城。"①尤其不能以明代长城的东端②，当成秦、汉长城的东端。

第二，东巡碣石之地在辽西而不是辽东。东北郡县的建置始于燕，秦、汉多沿袭燕郡县之旧③。从东北发现的燕、秦、汉古城和长城，及其附近出土的文物来看，多数是燕、秦、汉三代文物共存，证实燕、秦、汉三代先后沿用。燕、秦在东北的郡县位置，由于缺乏记载，难以肯定，但是到了汉代，今滦河以东到山海关等地区是辽西郡的辖境，而不是辽东郡的辖境。前汉辽西郡辖有14个县，其中的 县在今滦河下游到山海关地区，后汉时并入临渝。临渝，前汉在今辽宁朝阳东北义县境内，后汉迁到今山海关附近④。据《汉书·武帝本纪》载，元封元年（前110年），"行自泰山，复东巡海上，至碣石，自辽西，历北边，归于甘泉"。后汉文颖注曰："碣石在辽西絫县，絫县今罢，属临渝，此碣石著海旁。"后汉高诱说："碣石在辽西界，海水西畔。"⑤可知东巡碣石之地，在前汉属辽西郡絫县，后汉属辽西郡临渝县辖境。

秦皇、汉武，以及魏武帝曹操东巡的碣石在当今何地？过去众说纷纭，近年来，由于考古调查⑥和考古发掘⑦资料的证实，把东巡碣石和

---

① 李文信：《中国北部长城沿革考》，载《社会科学辑刊》1979年创刊号，第2期。

② 一般认为"东起山海关，西至嘉峪关"是明代长城的起止点。但这是指东、西两端的关口重镇而说的，不是指明代长城的起止点。明代长城的东端，实际是从山海关直到辽河以东的鸭绿江边，还有土筑或石筑的明代长城，即辽东边墙。明代长城的西端，实际是直到安西县境，向南直到祁连山。

③《水经注》卷14，濡水条引后汉应劭《地理风俗记》："阳乐，故燕地，辽西郡治，秦始皇二十二年置。"

④ 谭其骧主编：《中国历史地图集》释文汇编，东北卷，第5—6页、第46—48页、第11页；孙进己、冯永谦总纂：《东北历史地理》第1卷，第310—312页、第388页、第284—286页。

⑤《淮南子》卷5，时则："自碣石过朝鲜。"高诱注。

⑥ 黄盛璋：《历史地理论集》，第556—561页。

⑦ 辽宁省文物考古研究所：《辽宁绥中县"姜女坟"秦、汉建筑遗址发掘简报》，载《文物》1986年第8期；河北省文物研究所等：《金山嘴秦代建筑遗址发掘报告》，载《文物春秋》1992年增刊。

观海行宫、望海台推定在今辽宁省绥中县海中立石"姜女坟"和北戴河的金山嘴，及其附近规模较大的秦、汉遗址最有说服力。有的认为在东巡碣石遗址西北 10 余公里的山海关西南古城子村的汉代城址，即为前汉辽西郡絫县，后汉临渝县城址[1]，或河北省抚宁县的榆关。

第三，秦、汉长城东端的碣石，史有明确记载，是在汉代乐浪郡的遂城县[2]，而不是在汉代辽西郡的絫县境内。两处碣石分属于不同的郡县，不能把东巡碣石当成秦、汉长城东端的碣石。关于遂城县碣石的位置，《通典》有较明确的记载："碣石山在汉乐浪郡遂城县，长城起于此山。今验长城，东截辽水而入高丽，遗迹犹存。"[3] 这说明秦、汉长城东端的碣石在辽水以东的高句丽境内，这一长城在唐代还存有遗址。又从"东过碣石，以玄菟、乐浪为郡"[4] 的记载可知，乐浪郡遂城县境内的碣石在东巡碣石之东，而不是在东巡碣石即今山海关附近。

关于东北地区燕、秦、汉长城的位置和走向，过去已经分段进行过多次调查[5]，其位置和走向，"当由独石口北，滦河南的大滩一带，东经围场、赤峰、敖汉，由奈曼、库伦南部，进入阜新。又经彰武、法库、开原一带，跨越辽河，再折而东南，经新宾、宽甸，向东至当时国境"[6]。据文献记载，燕的东界"至满潘汗为界"[7]，秦的东界"东绝沛水"[8]，汉的东界"至浿水为界"[9]。《说文解字》载："沛水出辽东番汗塞外，西南

---

① 孙进己、冯永谦总纂：《东北历史地理》第 1 卷，第 310—312 页、第 300—301 页。

②《史记·夏本纪》[索引] 引《太康地理志》"乐浪遂城县有碣石山，长城所起"；《晋书·地理志》乐浪郡遂城县注云"秦筑长城之所起"；《水经注》：秦筑长城"起自临洮，至于碣石"。

③《通典》卷 186，边防 2，东夷高句丽。

④《汉书·贾捐之传》。

⑤ 中国社会科学院考古研究所编：《新中国的考古发现和研究》，第 400—410 页，文物出版社 1984 年出版。

⑥ 李文信：《中国北部长城沿革考》，载《社会科学辑刊》1979 年创刊号；第 2 期。

⑦《魏略》。

⑧《盐铁论·诛秦》。

⑨《史记·朝鲜列传》。

入海。"《汉书·地理志》："番汗，沛水出塞外，西南入海。"可知燕的满潘汗即汉代的番汗县，属辽东郡，在沛水流域。有的认为沛即浿的本字，从其"西南入海"的流向来看，沛水当即浿水。浿水为当今哪一条河流？过去众说不一，有鸭绿江、大同江、大凌河等说。今以清川江为两汉时代的浿水，汉以后的浿水则指今大同江[①]的通说为准。燕、秦、汉的东界，虽有"至满潘汗""东绝沛水""至浿水"等不同记载，但实际是一致的，都以沛水即浿水（今清川县）为其东界。它和《通典》所说的汉长城"东截辽水而入高丽"的记载，以及考古调查所揭示的燕、秦、汉长城东端的方位均属相符。

2. 以今滦河下游以东到山海关地区为辽东郡者提出的另一根据是：汉初的"国名辽东国由来于地名辽东"，认为辽东国是包括辽东在内的国家，辽东国的都城在无终（今河北玉田县北，蓟县东北境内），"并不在远离无终一千余里的辽东地方，而是在和无终邻近的山海关以南地区"，并认为"它与燕、秦辽东郡位于碣石山附近的资料也是一致的"。

上述这一看法并不正确。公元前 209 年，韩广自立为燕王[②]，都于无终。上谷、渔阳、右北平、辽西、辽东五郡之地，皆属燕国版图。到公元前 206 年，项羽自立为西楚霸王，封以前的燕将臧荼为燕王，都于蓟（今河北省蓟县），而"徙燕王韩广为辽东王"。当新任燕王臧荼赴任时，"因逐韩广之辽东，广弗听，荼击杀广无终，并王其地"[③]。说明韩广不听命，并未赴辽东就任，因此，不能把燕王韩广的都城无终，看作是辽东国的都城。无终不是辽东国的辖境，而是燕王韩广的都城和辖境。无终在汉代为右北平郡的一个属县，而山海关以南地区，则是前汉辽西郡的絫县，后汉辽西郡的临渝县所在地，都不是汉初辽东国的辖境。所以，不能以

---

① 谭其骧主编：《中国历史地图集》释文汇编，东北卷，第5—6页、第46—48页、第11页；孙进己、冯永谦总纂：《东北历史地理》第1卷，第310—312页、第388页、第284—286页。

②《汉书·张耳、陈余传》。

③《史记·项羽本纪》;《史记·高祖本纪》;《汉书·高祖本纪》。

无终或其附近的山海关地区为汉初辽东国的辖境。

3. 按汉代礼制,设有高庙的地方,应为郡治所在地[1]。《汉书·地理志》辽东郡治所在地的襄平县条下,并无高庙的记载。有的据此认为"这说明公元前135年前后,辽东郡还没有在辽东半岛地区"[2]。笔者认为这一推论也不符合实际。前汉"凡祖宗高庙在郡国者六十八,合百六十七所"[3]。但《汉书·地理志》只见辽西郡且虑有高庙的记载,不见其他郡治有高庙的记载。所以,不能因襄平无高庙的记载,便认为汉初的辽东郡不在辽东半岛地区。反对通说者还提出"且虑县被认为是在山海关以南辽东县地方",这一推论也是值得研究的。因为在山海关附近,从来没有辽东县的记载,且虑也不在山海关附近,而是在今辽宁省朝阳市西北的召都巴乡召都巴村的前汉古城址[4]。且虑县是前汉辽西郡的首县,是郡治的所在地(后汉迁到阳乐),故建有高庙。且虑高庙在今朝阳市附近,而不在今山海关附近。因此,把辽西郡治的且虑高庙推定在今山海关附近,并认为是辽东郡治的所在地,都是不合实际的。

4. 反对通说者认为燕、秦和汉中期以前的辽水指今滦河,辽东郡"只能在现在的山海关附近寻找"。他们主要提出以下三点论据:

第一,以公元前7世纪中叶,"齐桓公在征讨孤竹的途中曾渡过辽水"为根据,认为辽水是在齐国和孤竹中间的水,这只能是今滦河,而不是今辽河。但是齐桓公"北伐山戎,刺令支,斩孤竹,而南归"[5]的过程中,并无"曾渡过辽水"的记载。在其所提出的论据中,如《管子》中的《小匡》《大匡》《封禅》等篇,《吕氏春秋》卷八仲秋,以及《史记》中的《齐太公世家》《燕召公世家》和《秦本纪》等书,在谈到齐桓公北伐孤竹、

① 《西汉会要》上册卷12,礼6,郡国庙。

② [朝鲜]姜仁淑著、李运铎译:《燕辽东郡的位置》,载《东北亚历史与考古信息》1986年第3期(原文载朝鲜《历史科学》1985年第2期,科学、百科辞典出版社,平壤)。

③ 《西汉会要》上册卷12,礼6,郡国庙。

④ 孙进己、冯永谦总纂:《东北历史地理》第1卷,第310—312页、第300—301页。

⑤ 《国语·齐语》。

令支时，亦均无"曾渡过辽水"的记载。因此，以今滦河为辽水的推论是没有根据的。

第二，反对通说者以《盐铁论》的"燕塞碣石，绝邪谷绕援辽"为根据，认为当燕国版图还没有越过山海关一线的战国时期，碣石和辽水是燕国的边防要塞，碣石在今山海关附近，辽水是流向这一碣石山附近的江，这一江只能是今滦河。但是其所提出的论据和论点都是不符合实际的。这从在东北发现的燕、秦、汉长城和古城址、古墓葬来看（见后述5），说明战国时燕的版图早已越过山海关一带。这里所说的"燕塞碣石"，不是在今山海关附近的东巡碣石，而是在沮水（今清川江）以东，燕、秦、汉长城所起的碣石，这一碣石在汉代乐浪郡遂城县境内，而不是在辽西郡絫县境内。如果把战国时期燕国的边境推定在今滦河下游和山海关一带，如何理解在今辽河以西、以东发现的燕国长城、古城和墓葬呢？

第三，以辽水为今滦河者，提出《山海经·海内东经》的"潦水出卫皋东，东南注渤海，入潦阳"的记载，作为汉中期以前的辽水在今滦河的根据，并认为滦河就是《水经注》中的濡水。事实上，发源于卫皋即卫白平山的潦水即大辽水，而不是濡水。《山海经》中的卫皋即《水经注》中的卫白平，白平即皋字一分为二之误。以卫白平与右北平音近为由，就认定卫白平即是右北平，这种看法也是错误的。因为"大辽水出塞外卫白平山"，而右北平在塞内，所以塞外的卫白平山，不可能是塞内的右北平。关于辽水的流向，《吕氏春秋》卷一三《有始篇》中，后汉高诱关于辽水的注云："辽水出砥石山，自塞北东流（按今辽河上游至入塞处，正是在燕、秦、汉长城之北，东流，而今滦河则不是在塞北东流）。直至辽东之西南入海。"特别是《山海经》所说的潦水"入潦阳"，更值得重视，汉在今滦河下游无潦阳（即辽阳）的地名，只有在今辽河下游才有辽阳的县名。辽阳是辽东郡的一个属县，后又改属玄菟郡。汉代的辽阳也不能和以后的辽阳，即辽代东京辽阳府的辽阳（今辽阳市）混同起来。汉代的辽阳在今沈阳和辽阳之间，"梁水（今太子河）、浑河交汇之处"[①]，即今辽宁省辽中县茨榆坨乡浑河北岸的偏堡子村的汉代古城[②]。汉代的辽阳在今辽河下游，而不在今滦河下游。因此，《山海经》关于潦水的发源地、流向、所经郡县的记载，并不能说明潦水（辽水）指今滦河。

5. 根据《汉书·武帝本纪》建元六年（前135年）"辽东高庙灾"以及辽东郡治襄平条下并无高庙的记载，认为"至少在公元前135年前后，还没有在辽东半岛存在过辽东郡"。这一推论和在今辽河以东发现的燕、秦、汉时代的古城址和墓葬，以及出土文物并不相符。如在今辽阳"出土过战国虺纹大鼎、'中平城'款铜戈和大批襄平布……"[③]，在辽阳北郊三道壕汉代村落遗址还发现了红陶釜口部有线刻"昌平"的字款（辽东郡治襄平，在王莽时代曾改名为"昌平"）。在辽宁地区的战国遗址还有抚顺莲花堡、鞍山羊草庄、宽甸双山子等。在今吉林省梨树县石岭乡二龙湖山村北1.5公里处发现一座土筑方形城，遗物大部分是战国的，部分是前汉的，是现已发现的最北的一座战国到汉初的城址[④]。在今辽河以东发现的战国、汉代城址、遗址、墓葬和出土文物可以证实辽东郡县址，在汉代中期以前就已在今辽河以东出现，不是在汉中期以后才迁到今辽河以东的。特别是从辽西发现的燕、秦、汉长城和城塞，以及从其附近出土的燕、秦、汉时代的文物[⑤]，可以证实早在燕、秦和汉初，辽西、辽东就已归入燕、秦、汉的版图。

---

① 《嘉庆重修一统志》奉天府古迹，辽阳故城条。

② 谭其骧主编：《中国历史地图集》释文汇编，东北卷，第5—6页，第46—48页、第11页；孙进己、冯永谦总纂：《东北历史地理》第1卷，第310—312页、第388页、第284—286页。

③ 辽宁省博物馆1962年编：《辽宁史迹资料》；冯永谦、何溥滢编著：《辽宁古长城》，第57—63页。

④ 吉林省地方志编委会编：《吉林省志》卷43，《文物志》，第56—58页，吉林人民出版社1991年10月出版。

⑤ 中国社会科学院考古研究所编：《新中国的考古发现和研究》，第400—410页，文物出版社1984年出版。

反对通说者还根据《汉书·昭帝本纪》元凤六年（前75年），"募郡国徒，筑辽东玄菟城"，认为公元前75年，汉代辽东郡才扩展到辽河东岸，并在此设立郡县。

从上述文献记载和今辽阳市出土的燕、秦、汉时代文物可知，今辽阳市是燕、秦、汉辽东郡治的襄平故城，并不是在汉昭帝时代才修筑的城。到402年，高句丽占据辽东以后，襄平才改称辽东城。在此以前，一直称襄平，并无辽东城的名称。因此，汉昭帝时代，不是修筑辽东、玄菟两城，而是修筑辽东境内的玄菟城，玄菟城建成后，玄菟郡从沃沮城西迁到辽东境内，成为玄菟郡治的所在地。

（二）乐浪郡在今滦河下游东部沿岸，还是在今朝鲜大同江流域的问题

中、外史学界的通说认为汉代乐浪郡在今朝鲜的大同江流域，郡治在今平壤。反对通说者则认为汉四郡在辽西，即从今滦河到辽河以西地区，而乐浪郡在今滦河下游东部沿岸地区。他们的根据是《太康地理志》关于"乐浪遂城县有碣石山，长城所起"的记载，认为碣石在今河北省昌黎县的碣石山，即今滦河东部沿岸。因此又认为，燕、秦和汉初的辽东郡在今滦河的东北部地区，而燕、秦、汉长城的东端也在这里。

如前所述，滦河下游东部沿岸和山海关附近是明代长城，而不是秦代长城的东端。其地的碣石，是秦皇、汉武和曹操东巡的碣石，而不是秦、汉长城东端的碣石，这一地区是前汉辽西郡累县（后汉为临渝县）的辖境，而不是乐浪郡遂城县的辖境。因此，把秦、汉长城东端的碣石推定在没有秦、汉长城遗迹可寻的东巡碣石之地，其论据和论点都是难以令人信服的。

1. 襄平是否即燕、秦、汉长城东端的问题。

反对通说者根据《史记·匈奴列传》关于"燕亦筑长城，自造阳至襄平"的记载，认为襄平即长城的东端。又根据"襄平县，属辽东郡，故城在今平州卢龙县西南"①，认为襄平在今滦河的东部沿岸，并推定燕、秦、汉长城东端的襄平，是在碣石山地区或其附近。

上述看法存在的问题是，《史记·匈奴列传》绝不是说襄平城是燕长城的东端。正如李文信先生所说："东端若画到襄平西门，也不合于长城防御的本义。"这里所说的燕长城"至襄平"，是指辽东，和司马迁在《史记》中所说的秦长城"起临洮，至辽东"的意义相同。其次是，李贤注所说的襄平县"故城在今平州卢龙县西南"，是指襄平一再内迁后，侨置在卢龙县西南的襄平，而不是燕代在今辽阳的襄平。关于襄平的内迁和设废情况，除《魏书·地形志》②外，《太平寰宇记》卷七〇明确记载："卢龙县，本汉肥如县也，属辽西郡。……唐武德三年，省临渝，移平州置此，仍改肥如县为卢龙县，"由此可知，唐代卢龙县即平州州治所在地，这里是汉代辽西郡肥如县的所在地，不是辽东郡襄平县的所在地。到唐代，辽东郡的襄平县早已被高句丽占据，并改称为辽东城。

2. 在今平壤的是汉代乐浪郡，而不是乐浪国。

反对通说者认为"有一个与汉四郡之乐浪郡不同的乐浪，存在于朝鲜半岛北部的大同江流域"③。他们称这一乐浪为乐浪国，其根据是《三国史记·高句丽本纪》大武神王十五年（光武帝建武八年，32年）的记载："夏四月，王子好童游于沃沮，乐浪王崔理出行，因见之，问曰：'观君颜色非常人，岂非北国神王之子乎？'遂同归，以女妻之。"以此他们认为崔理是乐浪国的国王，乐浪国在高句丽的南方，当今大同江流域，而汉四郡之一的乐浪郡则在今滦河下游到山海关地区。

乐浪王崔理始见于32年，到37年（后汉建武十三年），"（高句丽）

---

①《后汉书·袁绍、刘表列传》关于公孙度所据的襄平条中，引唐代李贤注。

②《魏书·地形志》："辽东郡，秦置，后罢，正光中复。治固都镇。领县二，襄平，……正光中复，有青山。"北魏的襄平侨置于青山，当在今辽宁义县、北票附近。

③［韩国］尹乃铉著、顾铭学译：《汉四郡的乐浪郡和平壤的乐浪》，载《东北亚历史与考古信息》1990年第2期（原文载《韩国古代史新论》1989年版，一志社，汉城）。

王袭乐浪，灭之"①。但这一记载难以说明此乐浪即是乐浪国，而不是乐浪郡。因为高句丽侵占乐浪后的第七年，后汉为了收复被高句丽占领的乐浪，"汉光武帝遣兵渡海，伐乐浪，取其地为郡县，萨水（今清川江）以南属汉"②。从所谓乐浪国存在的时间（32—37 年）、地点（大同江流域）来看，此乐浪正是汉代乐浪郡的所在地。根据是：第一，汉代乐浪郡在单单大岭以西。公元前 75 年，玄菟郡治西迁到高句丽县（即辽东玄菟城）后，"自单单大领（岭）以东，沃沮、涉貊悉属乐浪"③，"自单单大岭以西属乐浪"④。由此可知，前汉时，单单大岭（今朝鲜境内的剑山岭、阿虎飞岭等）为乐浪郡与沃沮、涉貊（即岭东七县）的分界线。如果把汉代的乐浪郡推定在今滦河下游以东到山海关地区，不但和前汉乐浪郡在单单大岭以西的记载不符，而且也难以理解远在山海关附近的所谓乐浪郡怎能遥领一千公里以外的岭东沃沮、涉貊之地呢？

《后汉书·王景传》载：王景之祖王仲，是琅邪（今山东省东南沿海一带）不其人。公元前 180 年，吕后殁后，发生内乱，王仲恐祸及身，"乃浮海东奔乐浪山中，因而家焉"。从今山东"浮海东奔"，而不是北奔、西奔，只能是今朝鲜半岛，而不是今滦河下游到山海关地区。同时，山海关附近也没有过乐浪郡的地名。王景之父王闳，在前汉末王莽时（9—22 年），就是汉代乐浪郡的三老。可知，所谓乐浪国出现（32 年）以前，在今朝鲜半岛已置有乐浪郡。

在今平壤西南大同江南岸的汉代古城及其附近的汉代墓群中，出土大量的有关汉代乐浪郡县的印章、封泥、铬砖等文物⑤，却无一件有关乐

---

① 《三国史记·高句丽本纪》大武神王二十年。
② 《三国史记·高句丽本纪》大武神王二十七年。
③ 《后汉书·东夷传·涉》。
④ 《三国志·魏书·东夷传·涉》。
⑤ ［日］原田淑人著：《乐浪郡发掘报告》。参见［日］三上次男著、常伟译、顾铭学校：《乐浪郡社会的统治结构》，载《东北亚历史与考古信息》1986 年第 1 期；原田淑人作、明学译：《朝鲜乐浪郡治址发现的封泥》，载《东北亚历史与考古信息》1987 年第 1 期；重要封泥有"乐浪太守章""朝鲜右射""邯长印"等 200 多个封泥。

浪国的遗迹、遗物。20世纪30年代，在平壤土城里附近发现许多汉代砖瓦，其中发现有"乐浪礼官"的文字。在船桥里附近发现一个汉代乐浪郡汉文帝庙中的铜钟，其腹部刻有"孝文庙铜钟容十斤，重四十斤，永光三年六月造"[①]的文字。永光，是前汉元帝的年号。按汉代礼制，郡治所在地均立有高庙，即汉高祖庙[②]。景帝即位（前156年），"诏郡国诸侯宜各为孝文皇帝立太宗之庙"[③]。在今平壤发现汉文帝庙中的铜钟，证明汉代乐浪郡立有文帝庙，这是今平壤为汉代乐浪郡郡治所在地的物证。

第三，《水经注》卷一四"水注"云："其地（王险城，今朝鲜平壤），今（北魏时）高句丽之国治，余访蕃使（高句丽使者）言：城（王险城）浿在水（汉以后指今大同江）之阳，其水西流，迳故乐浪朝鲜县，即乐浪郡治，汉武帝置。"北魏时代，高句丽使者的看法，有力地证实了今平壤即卫氏朝鲜的王险城，亦即汉武帝灭卫氏朝鲜后建置的乐浪郡治朝鲜县的所在地。

综合上述，关于汉代辽东、乐浪两郡的位置问题，反对通说者提出的看法和论据，从文献上难以解释通，在考古资料方面又缺乏物证，因此，难以取代通说。

---

① ［日］稻叶岩吉：《满洲国史通论》，第52页。
②《西汉会要》上册，卷12，礼6，郡国庙。
③《汉书·景帝本纪》元年冬十月诏。

三　玄菟郡的建立和迁移

　　关于玄菟郡的建置年代、初置于何地、迁至何地及其辖境的问题，这是中外史学界长期以来争论较大和迄无定论的问题。今提出以下几点看法，以就正于方家。

（一）玄菟郡的建置年代

　　关于玄菟郡的建置年代，有元封二年[①]、三年[②]、四年[③]的不同记载，一般均采三年说。考元封二年（前109年），既不是灭朝鲜的年代，也不是置四郡的年代，而是汉武帝出兵进攻朝鲜的年代[④]。灭朝鲜、置乐浪、临屯、玄菟、真番四郡一般均采《汉书·武帝纪》元封三年说。但从《汉书·五行志》和《地理志》玄菟郡注的记载[⑤]来看，置玄菟郡当在元封四年（前107年）；置乐浪、临屯、真番三郡为元封三年。

（二）玄菟郡初置于何地

　　玄菟郡初置，史学界一般均以为在沃沮，郡治沃沮城（今朝鲜咸镜

---

　　①《三国志》卷30，《魏书·东夷传·沃沮》。

　　②《汉书》卷6，《武帝纪》。

　　③《汉书》卷28，《地理志》下，玄菟郡。

　　④《汉书》卷6，《武帝纪》。

　　⑤《汉书》卷27，《五行志》："先是两将军征朝鲜，开三郡。"《地理志》下，玄菟郡条注云："武帝元封四年开。"

南道咸兴）。《三国志·魏书·东夷传》东沃沮条载："汉武帝元封二年，伐朝鲜，杀满孙右渠，分其地为四郡，以沃沮城为玄菟郡。后为夷貊所侵，徙郡句丽西北，今所谓玄菟故府是也。沃沮还属乐浪。"《后汉书·东夷传》东沃沮条载："武帝灭朝鲜，以沃沮地为玄菟郡，后为夷貊所侵，徙郡于高句丽西北，更以沃沮为县，属乐浪东部都尉。"《后汉书·东夷传》秽条载："至元封三年，灭朝鲜，分置乐浪、临屯、玄菟、真番四郡。至昭帝始元五年，罢临屯、真番以并乐浪、玄菟。玄菟复徙居句丽。自单单大岭以东，沃沮、秽貊悉属乐浪。"从西迁后的玄菟郡在高句丽西北，即今辽宁新宾汉代古城的事实（见后述）可知，"徙郡于高句丽西北"的记载是正确的。三处记载，都明确指出玄菟郡初置地在沃沮，迁居地在高句丽西北，以及迁移的原因，为夷貊所侵。这是主张玄菟郡初置于沃沮地的可靠根据。这里所说的沃沮即东沃沮，包括南、北沃沮。其地"在高句丽盖马大山之东，滨大海而居，其地形东北狭，西南长，可千里，北与挹娄、夫余，南与秽貊接，户五千"[1]。此即玄菟郡（亦即所说第一玄菟郡）初置时的辖境，约当今朝鲜咸镜南、北道和中国珲春等地。郡治沃沮城，有朝鲜咸兴府东北、镜城、咸兴等说，今以朝鲜咸镜南道的咸兴为是[2]。沃沮领地狭小，仅有"户五千"，初置沃沮的玄菟郡，并无有关领县的明确记载。从上述记载可知，初置玄菟郡并不包括西迁后在高句丽西北建置的高句丽、上殷台、西盖马三县（详见后述）。西迁后，改为沃沮县，划归乐浪郡管辖。

有人认为上述三处记载不可信，认为初置在高句丽或高句丽县。

朝鲜李丙焘认为《汉书·地理志》玄菟郡条原注中之所以有"高句丽，莽曰下句丽"一句，是因为元封四年（前107年）在高句丽设置了玄菟郡，而且丸都恐为玄菟的音转，玄菟郡当置于高句丽，即今集安。而沃沮乃临屯郡属县，亦即乐浪郡的夫租。《三国志·魏书·东夷传》东沃

---

[1]《三国志》卷30，《魏书·东夷传·沃沮》。

[2] 中央民族学院编：《中国历史地图集》释文汇编，东北卷，第19页。

沮条所说的沃沮属玄菟郡纯系某种误解①。日本和田清也认为初置于高句丽（今集安）；不同的是，沃沮不是玄菟郡郡治的所在，而是玄菟郡的属县，后划归乐浪郡②。

从上述《三国志·东夷传》和《后汉书·东夷传》东沃沮以及秽条的三处记载可知，汉代玄菟郡郡治初置沃沮城，后迁高句丽西北。主张郡治初置于高句丽（今集安）者，并未提出能够否定上述文献记载的有力根据。从文献看，汉代并无在今集安一带建城的记载。今集安最早出现的地名是国内、尉那岩，既不是丸都，也不是玄菟郡及其所属三县的地名。从考古看，在今集安出土过燕刀币、汉五铢、汉代铁铧等文物，并在国内城石墙的底部发现土墙。有人认为这是汉代土城墙③，但在集安从未发现过一片汉代砖瓦块和陶片，是石墙内部的城基，还是汉城，目前还难以肯定。因此，汉代玄菟郡初置高句丽（今集安）的说法，同文献记载以及考古资料不相符合。又从高句丽在公元前3年迁都国内、尉那岩（今集安）以及在14年进兵袭取汉高句丽的记载④可知玄菟郡的郡治和高句丽的都城不可能在同一地点。如果玄菟郡在高句丽（今集安），则公元前3年，高句丽决不可能迁都到国内、尉那岩，即今集安；更不可能发生高句丽在14年又袭取汉高句丽县之事。据《三国志·魏书·东夷传》高句丽条载："汉时赐鼓吹伎人，常从玄菟郡受朝服、衣帻，高句丽令主其名籍。后稍骄恣，不复诣郡，于东界筑小城，置朝服、衣帻其中，岁时来取之，今胡犹名此城为帻沟溇。沟溇者，句丽名城也。"所谓东界小城，显然是在玄菟郡之东，与高句丽接界之处。这里所说的玄菟郡，只能是指高句丽的西北，即今辽宁省新宾县永陵镇的汉代古城，

---

① [日]首藤丸毛著，兴国、云铎译，顾铭学校：《玄菟、临屯、真番三郡之我见》，载《东北亚历史与考古信息》1986年第1期。

② [日]和田清：《东亚史研究》（满洲篇），第7—16页。

③ 魏存成：《高句丽初、中期的都城》，载《北方文物》1985年第2期；见《集安文物志》，第64页。

④《三国史记》卷1，琉璃明王二十二年冬十月条；同书，三十三年秋八月条。

亦即所谓第二玄菟郡。高句丽"常从玄菟郡受朝服、衣帻"的记载，就是对玄菟郡初置于高句丽即今集安说法的否定。

有的认为《汉书·地理志》中的玄菟郡，即所谓第二玄菟郡（今新宾县永陵镇汉城）"才可能是最初的玄菟郡"①。其论据为《汉书·地理志》玄菟郡条，以及《汉书·昭帝纪》中关于元凤六年（前75年），"募郡国徒筑辽东玄菟城"两处记载，没有一句涉及玄菟郡迁移之事，从而推论《三国志》和《后汉书》关于"以沃沮城为玄菟郡，后为夷貊所侵，徙郡句丽西北"的记载是错误的和不足为据的。

但上述《汉书·地理志》玄菟郡，以及《汉书·昭帝纪》两条材料，并不能证明玄菟郡没有迁移。如前所述，《三国志》和《后汉书》有三处都明确提到了玄菟郡的迁移、迁移原因和地址，没有有力论据，是难以否定的。又如，从第二玄菟郡迁到第三玄菟郡，《汉书·地理志》和《后汉书·郡国志》也没有记载，但据有关记载确已迁移（见后述）。因此，史学界多不从其说。

关于初置玄菟郡的属县和辖境问题。

史学界一般多认为玄菟郡初置时的辖境和属县，包括沃沮和辽东郡以东到滨海的广大地区。其属县除沃沮以外，还包括《汉书·地理志》所载高句丽、上殷台、西盖马三县。笔者认为初置于沃沮地的玄菟郡，辖境较小，仅限于沃沮地，不包括高句丽等三县之地。《后汉书·东夷传》高句丽条："武帝灭朝鲜，以高句丽为县，使属玄菟，赐鼓吹伎人。"好像汉武帝一灭朝鲜就建置了高句丽县。实际是玄菟郡初置于沃沮城（今朝鲜咸镜南道咸兴）时，当时属县并没有明确记载。高句丽县在今辽宁省新宾县永陵镇汉代古城已成定论，东距沃沮城（第一玄菟郡）千有余里，从汉代各个郡县的辖境来看，难有在郡治千里之外设县的可能。特别是《三国志·魏书·东夷传》和《后汉书·东夷传》东沃沮条都记玄菟

①［日］首藤丸毛著，兴国、云铎译，顾铭学校：《玄菟、临屯、真番三郡之我见》，载《东北亚历史与考古信息》1986年第1期。

"徙郡于高句丽西北"，而不是高句丽县。如果早有高句丽县，则应具体指出而不应概指"西北"。从《汉书·地理志》仅记有乐浪、玄菟两郡，不是四郡，以及玄菟郡的首县是高句丽县，而不是沃沮城等事实可知，这是"至昭帝始元五年，罢临屯、真番，以并乐浪、玄菟"[1]以后建置的郡县，亦即玄菟郡西迁后建立的郡县，不是汉武帝初置玄菟郡于沃沮城时的属县。而《三国志·魏书·东夷传》高句丽条所载"汉时赐鼓吹伎人"之事，并非汉武帝时代。《北史·高句丽传》记载为"汉昭赐衣帻、朝服、鼓吹、常从玄菟郡受之"。汉昭是汉时之误还是汉昭帝时代？但从高句丽之名始见于汉昭帝始元五年（前82年），以及赐衣物从玄菟郡受之的记载来看，当是在汉昭帝始元五年玄菟郡西迁以后。从高句丽"后稍骄恣，不复诣郡，于东界筑小城，置朝服、衣帻其中，岁时来取之"的记载来看，当在公元前37年高句丽建国以后之事。由此可知，高句丽县的设立，以及"赐鼓吹伎人"之事，并不是在汉武帝时代。因此，认为高句丽县是在汉武帝时建置的说法，并不可取。

（三）第二玄菟郡及其所属三县的方位问题

《三国志·魏书·东夷传》东沃沮条载：汉武帝灭朝鲜，"分其地为四郡，以沃沮城为玄菟郡。后为夷貊所侵，徙郡句丽西北，今所谓玄菟故府是也"。所谓"徙郡句丽西北"，或"徙郡于高句丽西北"，是指徙郡于高句丽部族居地的西北。从高句丽早期墓葬分布比较集中的地区来看，高句丽部族原住在今鸭绿江中游和浑江中下游一带，其中心在今桓仁、集安一带。第二玄菟郡（今新宾县永陵镇汉城）正在高句丽居地的西北。汉昭帝元凤六年（前75年），"春正月，募郡国徙筑辽东玄菟城"[2]。汉代辽东郡的郡治襄平（今辽阳市），是沿用燕、秦辽东郡的郡治襄平故城，并不是在汉昭帝时代才修筑的城，直到404年，高句丽占据辽东以后，才改称辽东城。因此，所谓"筑辽东玄菟城"，不是修筑辽东、

①《后汉书》卷85，《东夷传》，秽条。
②《汉书》卷7，《昭帝纪》。

玄菟两城，而是修筑辽东地区的玄菟城。即玄菟郡西迁前，这里是辽东郡的辖境。这一玄菟城即史学界所说的第二玄菟郡的郡治所在地。亦即所谓玄菟"故府"，而"今府"当然就是再次迁移的第三玄菟郡的郡治了。

1. 玄菟城和高句丽县城遗址

今辽宁省新宾县永陵镇，苏子河南岸、老城之西三里，旧老城之北五里处，有南北两座汉代古城。北者较小，城址尚存，周长仅有一里；其南二百米处，今砖厂附近，又有一座汉代古城，较大。中外史学界一致认为这两座汉代古城，大者为玄菟城，小者为高句丽县城，已成定论，不再赘论。

2. 西盖马县

《汉书·地理志》玄菟郡所属西盖马县原注云："马訾水，西北（从河水流向看，当为西南，或因西北有盐难水而误）入盐难水。西南至西安平入海，过郡二，行二千一百里。莽曰玄菟亭。"郡二，指辽东、玄菟；二千一百里约当今一千五百里。则马訾水即今鸭绿江[1]，盐难水即今浑江，西安平即安平，今丹东市叆河尖古城[2]。由此可知，西盖马县当在今鸭绿江上游一带。《东国文献备考》卷一三，舆地考，玄菟郡条也记为"（西盖马）县在盖马大山之西，鸭绿江之上游"。但由于缺乏考古资料，具体地址难以确指。有的推定在今朝鲜境内鸭绿江上游左岸的楚山附近[3]；有的推定在今吉林省集安县和辽宁省桓仁县交界处的集安县大路乡古马岭村[4]；也有的推定在今集安县城[5]和今朝鲜慈江道江界地方[6]，但都没有汉代古城资料的证实。西盖马县到王莽时，由县降为亭，即玄菟亭，成为第二玄菟郡辖境内的一个重要驿站。从辽东郡或玄菟郡通往沃

---

① 《翰苑·蕃夷记》引高句丽佚文云："马訾水……今名鸭绿水"；杜佑：《通典》卷186，高句丽下亦云："马訾水，一名鸭绿水。"

② 曹汛：《叆河尖古城和汉安平瓦当》，载《考古》1980年第6期。

③ 中央民族学院编：《中国历史地图集》释文汇编，东北卷，第21—22页。

④ 中央民族学院编：《中国历史地图集》释文汇编，东北卷，第21—22页。

⑤ 王健群：《玄菟郡的西迁与高句丽的发展》，载《社会科学战线》1987年第2期。

⑥ ［日］和田清：《东亚史研究》（满洲篇），第9页。

沮城和不耐城的交通路线来看，把第二玄菟郡的西盖马县推定在今集安或朝鲜的江界地方比较符合实际。

3. 上殷台县

上殷台的方位及其境内的山川史无记载，只能根据汉代古城和古道的分布情况推定。过去的推定不和汉代古城、古道结合起来，难以令人信服。从《汉书·地理志》关于高句丽、上殷台、西盖马三县的排列顺序，以及高句丽县和西盖马县的方位来看，上殷台当在高句丽县和西盖马县之间的古道上。在今新宾县永陵镇汉代古城以东到鸭绿江上游集安之间，有南北两条古道，两座汉代古城。一是新宾县白旗堡汉代古城；二是吉林省通化县（县治在快大茂子）赤柏松汉代古城。这两座汉代古城都在第二玄菟郡与高句丽初期边界的西北，并在从第二玄菟郡通往高句丽的古道附近。新宾县红升乡白旗堡西一里苏子河畔的汉代古城，周长一里，出土有汉代绳纹瓦、卷云纹瓦当、汉五铢钱等，在永陵汉城（即第二玄菟郡）之东五十里。有的推定为上殷台县的城址[1]。前面提到《三国志·魏书·东夷传》高句丽条记载的玄菟郡以东的小城"帻沟溇"，和北沃沮的置沟溇（买沟）不能混淆。两者不在一地。今白旗堡汉城在第二玄菟郡（今新宾县永陵镇汉城）之东五十里，在沸流水（今富尔江）之西四十里，与当时高句丽初期的西部边界邻近。因此，推定白旗堡汉城当为后汉时期的帻沟溇。

从汉代古城和古代交通的分布情况来看，今通化县城（快大茂子）西南大都岭河西岸的赤柏松村西的汉代古城当为汉代上殷台县城故址。这里南距浑江五十里。1987年5月笔者曾亲临考古调查，城内至今还有大量的灰色和红褐色的汉代绳纹瓦块，有的绳纹板瓦上端还有凸起弦纹，都是汉代古城中常见到的瓦片纹饰。城内还采集到灰色、黑色、红褐色夹沙陶器耳、石球等。古城附近还出土过三角形汉代铜镞和青铜矛。从这些文物看，可以肯定是汉代古城。它正处在高句丽初期边界之北，

---

① 徐家国：《汉玄菟郡二迁址考略》，载《社会科学辑刊》1984年第3期。

南距盐难水（今浑江）约五十里，并在从辽东郡或第二玄菟郡通往高句丽的通道上。古城建筑在高台地上，周长二里，北依山，南临约二三十米的高土崖，土崖之下（即古城下），即现在南到集安，西到新宾的公路。这条公路也是一条古道，即高句丽南北道中的北道。

《奉天通志》推定通化县境为汉时玄菟郡上殷台故地。通化县城即今通化市，而今通化县城当时称快大茂子，在今县城西端的赤柏松汉城在当时的通化县境内。也有的认上殷台为今赤柏松汉城之东四十里，通化市内的自安山城（在哈泥河与浑江汇流处），但 1987 年 5 月调查中，山城内没有发现一片汉代瓦块和陶片。《通化市文物志》也没有记载自安山城出土过汉代文物，但却有桥状耳陶片等，是为高句丽文物，当为高句丽山城。也有的把上殷台县推定在今吉林市。吉林市龙潭山到东团山一带，虽出土过汉代文物，但无汉代古城，是夫余前期王城的所在地[1]。夫余"在玄菟北千里"，虽归玄菟郡管辖[2]，但不是玄菟郡直辖县的所在地。因此，上殷台县不可能置于此地。

第二玄菟郡置于高句丽县，即今辽宁省新宾县永陵镇汉城，领有高句丽、上殷台、西盖马三县，"户四万五千六，口二十二万一千八百四十五"[3]。其辖境较一、三玄菟郡的辖境都大，户口也多，是汉代玄菟郡的最盛时期。当时的夫余和高句丽也归玄菟郡管辖。但非直辖县。第二玄菟郡于汉代所置四郡中领县最少，领地最小。其所辖县境约当今鸭绿江上游和浑江中游，以及苏子河和浑河上游一带。

（四）第三玄菟郡及其所辖县城的位置

前汉末到后汉年间，汉在东北的势力日趋削弱，高句丽则建国后日益强大，不断向西扩张，第二玄菟郡县之地，后来大部被高句丽占据，不得不再度西迁。有的认为《后汉书·郡国志》玄菟郡条并没有迁移的

---

① 拙著：《东北史地考略》，第 17—25 页。
② 《三国志》卷 30，《魏书·东夷传·夫余》。
③ 《汉书》卷 28，《地理志》下。

记载，因此认为玄菟郡迁至高句丽西北以后再没有迁移过，第三玄菟郡之说有重新考虑的必要^①。但从其他记载看是的确再度迁移过的。《三国志·魏书·东夷传》东沃沮条所载：玄菟郡沃沮城"徙郡句丽西北，今所谓玄菟故府是也"。所谓"故府"即第二玄菟郡，"今府"则必为第三玄菟郡。《后汉书·郡国志》玄菟郡注说玄菟郡在"洛阳东北四千里"。从其首县高句丽县有"辽山，辽水出"的记载可知，高句丽县即第二玄菟郡的郡治所在地，而不是第三玄菟郡的郡治所在地。又从《后汉书·郡国志》所载：辽东郡（今辽阳市）在"洛阳东北三千六百里"，可知辽东郡距第二玄菟郡（高句丽县）为"四百里"，约当今二百八十里，还是从今辽阳到新宾县永陵镇汉城的里数，这也是推定第二玄菟郡在今新宾县永陵镇汉城的重要根据。《三国志·吴书·孙权传》裴注引《吴书》云："玄菟郡在辽东北，相去二百里。"当今一百四十里。玄菟郡距辽东郡一书"四百里"一书"二百里"，显然是前后两个玄菟郡的不同距离。这后一玄菟郡到辽东郡（今辽阳市）的距离为"二百里"，当今一百四十里，正当今沈阳市东北三十里的上柏官屯汉、魏古城。《后汉书·郡国志》载玄菟郡领有"六城"。所谓六城，即除原有高句丽、上殷台、西盖马以外，在后汉安帝即位的永初元年（107 年），又从辽东郡划出高显、候城、辽阳三县来属玄菟郡^②。说明原有高句丽、上殷台、西盖马三县已被高句丽占据，内迁到今浑河中上游，成为侨置县。高句丽县迁到今上柏官屯汉、魏古城；上殷台西迁地址不详；西盖马已西迁到今抚顺市劳动公园汉代古城。从辽东郡划归玄菟郡的三县：高显县，有的推定在今铁岭县境^③；候城，有的推定在今沈阳市苏家屯区沙河乡魏家楼子古城遗址^④；辽阳，

① [日]首藤丸毛著，兴国、云铎译，顾铭学校：《玄菟、临屯、真番三郡之我见》，载《东北亚历史与考古信息》1986 年第 1 期。

② 《后汉书》卷 23，《郡国志》玄菟郡。

③ 中央民族学院编：《中国历史地图集》释文汇编，东北卷，第 11—12 页、第 22 页。

④ 阎万章：《沈阳历史沿革及有关问题》，载《辽宁省博物馆学术论文集》第一辑，第 409 页。

在今太子河与浑河汇流处附近,即今辽中县茨榆坨乡偏堡子古城[①]。从辽东郡划出三县归玄菟郡管辖的记载来看,玄菟郡再度西迁的年代,当在永初元年,即 107 年以前,或同时。

第三玄菟郡的郡治所在目前主要有两说:一为今沈阳市东三十里的上柏官屯汉、魏古城[②];二为今抚顺市劳动公园的汉代古城[③]。据《三国志·吴书·孙权传》裴注引《吴书》,第三玄菟郡"在辽东北,相去二百里"。从辽东郡(今辽阳)沿小辽水(今浑河)北行到玄菟郡,是汉、魏时代经常通行的大道,相距二百里,约当今一百四十里,正当今沈阳市东三十里的上柏官屯汉、魏古城。而抚顺市劳动公园汉代古城,距辽阳今为二百里,约当汉、魏二百八十里,与记载不符。上述第二玄菟郡(今新宾县永陵镇汉城)到辽东郡(今辽阳市)为"四百里",第三玄菟郡到辽东郡为"二百里",由此可知,第二玄菟郡到第三玄菟郡的距离为二百里,当今一百四十里。把第三玄菟郡推定在今上柏官屯汉、魏古城正与这一距离里数相符。其次,新城在今抚顺市浑河北岸四里山上,即今高尔山城。而劳动公园汉代古城,则在抚顺市浑河南岸三里山上,隔浑河南北相对。第三玄菟郡是后汉安帝永初元年(107 年)以后控制东方高句丽的军事重镇,而新城则是在 3 世纪末以前,直到 7 世纪,高句丽西部的边防重镇。两座军事重镇同在今抚顺市内,而且隔河相距仅七里,是不可能的。从文献记载[④]和考古发掘资料来看,新城在今抚顺市高尔山城殆已定论[⑤],则第三玄菟郡不应推定在今抚顺市的劳动公园汉代古城。今抚顺市劳动公园汉代古城当为后汉西盖马县(即再度西迁后的

① 中央民族学院编:《中国历史地图集》释文汇编,东北卷,第 11 页。

② 陈连开:《唐代辽东若干地名考释》,载《社会科学辑刊》1981 年第 3 期;《满洲历史地理》第 1 卷,第 96—98 页,推定在今沈阳附近。

③ [日]和田清:《东亚史研究》(满洲篇),第 7—8 页。

④《资治通鉴》卷 182,隋大业九年四月条,新城条下胡三省注云:"新城在南苏之西。"南苏在新城之东、木底之西,南苏在今新宾县上夹河乡五龙村高句丽山城,南苏西之新城正当今抚顺市高尔山城。

⑤ 徐家国、孙力:《辽宁抚顺高尔山城发掘简报》,载《辽海文物学刊》1987 年第 2 期。

西盖县）的所在地。到三国魏时，因被高句丽占据而废掉。到唐代为古盖牟（在安东都护府即今辽阳市的东北，盖牟当为盖马的音转）城的所在地①。

① 陈连开：《唐代辽东若干地名考释》，载《社会科学辑刊》1981 年第 3 期；《满洲历史地理》第 1 卷，第 96—98 页，推定在今沈阳附近。

四　真番郡考评述

汉武帝元封三年（前108年）灭卫氏朝鲜置四郡。即在朝鲜本地置乐浪郡，在其属领的玄菟[①]、临屯、真番之地[②]置玄菟、临屯、真番三郡。初置这四郡之地即卫氏朝鲜的领域。关于这四郡的地理方位问题，中、朝、日史学家在过去发表了许多论文，其中关于乐浪、玄菟、临屯三郡的地理位置问题，各说基本上已趋于一致，唯有真番郡的方位问题，历来众说不一。综合真番考的各种论点，主要有真番在朝鲜之南和在朝鲜之北两说。置四郡以后，即真番郡在乐浪郡之南和在乐浪郡之北两说，简称在南、在北两说。而在北说中又分为在玄菟（即指鸭绿江上游）和在肃慎（即指今宁安一带）两种不同意见。究以何说为是，这主要看哪一说提出的论据符合文献记载和考古资料的实际。今将两说争论的要点和提出的论据评述如下，以就正于方家。

（一）真番在朝鲜之南，还是在北的问题

笔者认为要搞清这一问题，首先要搞清汉置四郡以前与卫氏朝鲜的边界在浿水[③]的地理位置问题，浿水是推定真番在南还是在北的重要根据。浿水是卫氏朝鲜的西界亦云北界[④]。把真番推定在浿水之东还西，即南还是北，是判断其说正确与否的关键所在。

---

① 《后汉书·东夷传·沃沮》。

② 《史记·朝鲜列传》。

③ 《史记·朝鲜列传》;《魏略》。

④ 因为浿水是从东北向西南的流向，故浿水以西亦云以北，以东亦云以南。

汉初的浿水为当今哪一条河流？过去中、朝、日史学家发表了许多论文，主要有鸭绿江、大同江、清川江三说。由于中外史学家多年来的深入探讨和考古资料的新发现，逐渐澄清了许多有争论的问题。如弄清了浿水在西汉时指今清川江，后汉至隋、唐则指今大同江。在鸭绿江下游丹东市九连城叆河尖汉代古城内发现"安平乐未央"五字的圆瓦当以后，汉代辽东郡的西安平在今叆河尖汉代古城，马訾水当今鸭绿江已成定论，浿水当今鸭绿江的旧说已被否定。特别是近年来，朝鲜在大宁江畔发现古长城以后，浿水在长城塞外（即塞东）的这一塞外的位置也就明确了。大宁江畔的古长城即燕、秦、汉长城的东段①，大宁江和鸭绿江皆在这一长城东段的塞内，而今清川江则在塞外，即塞东。又从燕人卫满"东走出塞，渡浿水"②。以及元封二年（前109年），汉使涉何从王险城（今朝鲜平壤）西行，渡浿水以后，进入塞内③的记载可知，汉初与卫氏朝鲜分界的浿水当在塞外即塞东，即今大同江以西，鸭绿江和大宁江以东的清川江。经过中外史学界长期的论证，汉初的浿水当今清川江说，可谓已成定论。因此，卫氏朝鲜领内的真番必在今清川江以东之地求之，这也和汉初的燕"东缩秽貉、朝鲜、真番之利"④的记载相符。

主张真番在朝鲜以北者，把真番推定在西迁后的玄菟郡境内，即今鸭绿江上游⑤，或推定在肃慎之地，即今宁安一带⑥。但这是在汉初，是

①［朝鲜］孙永钟著，顾禹宁译：《关于大宁江畔的古长城》（载《博物馆研究》1990年第1期）。原文载朝鲜《历史科学》杂志1987年第2号，原作者认为大宁江畔的古长城是（王建）高丽为防御契（辽）而修筑的，系误，当为燕、秦、汉长城的东段；参见《中国历史地图集》，第1册，图35—36。

②《史记·朝鲜列传》。

③《史记·朝鲜列传》。

④《史记·货殖列传》。

⑤丁谦：《史记·朝鲜列传笺证》认为真番郡"在今奉天兴京厅边外，东南至鸭绿江地"；［朝鲜］丁若镛：《大韩疆域考》卷1，《玄菟考》，认为在鸭绿江上游的盖马；《满洲历史地理》卷1，第3—12页，认为真番郡在今鸭绿江及佟佳江流域。

⑥《增补东国文献备考》卷13，引安鼎福《东史考异·真番考》；吴廷燮：《真番郡说》，载《学海月刊》卷1，第2期。

高句丽和肃慎之地，特别是这一地区在沮水（今朝鲜清川江）以西，并非卫氏朝鲜的领地。鸭绿江上游和浑江一带，虽是西迁后的玄菟郡辖境，但不是初置玄菟郡时的辖境，西迁后的玄菟郡并非卫氏朝鲜的领地（详后述）。卫氏朝鲜领内的真番不应在沮水以西，即不应在卫氏朝鲜境外之地求之。在北说的问题是没有搞清卫氏朝鲜的西界，把西迁后的玄菟郡也划归卫氏朝鲜领内。其所提出的论据多属臆测，与史实并不相符。如认为真番郡与苍海郡有密切关系，二者同在一地。认为苍海郡在辽东外徼之地，即今鸭绿江上游及佟佳江（今浑江）流域，真番郡亦当在此。提出的论据是《汉书·食货志》："彭吴穿秽貉、朝鲜、置苍海郡。"认为苍海郡是夺取了属于朝鲜及秽貉的领土而建置的，认为这里所说的秽貉不是在今朝鲜江原道的秽貉，而是在今鸭绿江流域的秽貉，这都是正确的，但认为苍海郡置于这一地区（即鸭绿江上游）则是错误的。因为苍海郡是"穿秽貉、朝鲜"而置，不是"穿秽貉"而置，即是不在今鸭绿江流域的秽貉建置的，而是通过秽貉、朝鲜之后建立的。苍海郡当邻大海，在北说者认为是渤海。但鸭绿江上游，不邻渤海。史学界多数认为苍海郡在今朝鲜江原道内，这海是日本海。因已有较为可靠的论证[1]，不再赘述。从所提出的论据来看，苍海郡在今朝鲜江原道说较鸭绿江上游说更为可靠可信。

主张真番郡在鸭绿江上游者又提出《史记·朝鲜列传》真番注《索隐》引应劭说"玄菟本真番国"作为论据。但这一注文是错误的（见后述），不能成为真番郡在玄菟郡即今鸭绿江上游的可靠根据。提出的其他论据和论断也多属臆测。如认为苍海郡和真番郡同在一地，都在辽东外徼之地，即今鸭绿江上游。但辽东外徼之地，不在今鸭绿江上游，而在沮水以东和王险城以西的边境地带。在北说者提出的其他论据多属似是而非，都在卫氏朝鲜西界（沮水）之外。

①《中国历史地图集》释文汇编，东北卷，第49—50页。

真番在南说者[①]的主要论据是：《史记·朝鲜列传》"真番旁众国，欲上书见天子，又拥阏不通"。《汉书·朝鲜传》作"真番、辰国欲上书见天子，又雍阏阏弗通"。史学界多以辰国为正[②]。真番与辰国邻近，还见于《魏略》"辰国亦与朝鲜、贡蕃（真番）不相往来"。在南说者据上述文献记载认为辰国在朝鲜半岛的南端，则在其附近的真番必在朝鲜之南，即在朝鲜与辰国之间，这样，真番、辰国的通汉才能受到朝鲜的阻隔。真番在朝鲜之南的论据，较在北说的论据更为可靠可信，因此，中外史学界多取在南说。

（二）真番郡并入乐浪郡还是并入玄菟郡的问题

主张真番郡在乐浪郡以北的玄菟郡者，其主要论据是《后汉书·东夷传·秽》："昭帝始元五年，罢临屯、真番，以并乐浪、玄菟。玄菟复徙居句丽。"据此认为临屯并入乐浪，真番并入玄菟，因此，真番郡当在玄菟境内，即今鸭绿江上游一带。

在北说者提出的这一论据，从表面形式上看似无问题，但实际并非如此。因为在罢临屯、真番以后，"玄菟复徙居句丽"。即最初（武帝元封四年）在沃沮地建立的玄菟郡，"后为夷貊所侵，徙郡句丽西北"[③]或书"徙郡於高句丽西北"[④]，即今辽宁省新宾县永陵镇汉代古城，此即第二玄菟郡址的所在地。西迁后的玄菟郡在沇水以西，或云以北，不是卫氏朝鲜的领地。初置于沃沮的玄菟郡才是卫氏朝鲜的领地。

史学界一般多认为玄菟郡初置时的辖境和县，包括沃沮和辽东郡以东到海的广大地区。其属县除沃沮外，还包括《汉书·地理志》所载高

① 杨守敬《晦明轩稿》；汪士铎《汉志释地驳议》；[朝鲜]李丙焘：《真番郡考》，载《史学杂志》，第40编，第5号；周一良译文载《禹贡半月刊》，第2卷，第7期和第10期；[日]稻叶岩吉著、杨成能译：《满州发达史》，第28页；《中国历史地图集》释文汇释，东北卷，第50—51页；周振鹤：《汉武帝四郡考》，载《历史地理》，第4辑。

② 张文虎：《校刊史记·集解、索隐、正义札记》，宋本"众"作"辰"。

③《三国志·魏书·东夷传·沃沮》。

④《后汉书·东夷传·沃沮》。

句丽、上殷台、西盖马三县。笔者认为初置于沃沮的玄菟郡，辖境较小，仅限于沃沮一地，不包括高句丽等三县之地 [1]。《后汉书·东夷传·高句丽》载："武帝灭朝鲜，以高句丽为县，使属玄菟，赐鼓吹伎人。"好像汉武帝灭朝鲜初置玄菟郡时就置有高句丽县和赐鼓吹伎人之事，实际并非如此。玄菟郡初置于沃沮城（今朝鲜咸镜南道咸兴）时，当时的属县并没有明确记载。高句丽县在今辽宁省新宾县永陵镇，东距沃沮城（第一玄菟郡治）千余里，从汉代各个郡县的辖境来看，还没有发现在郡治千里之外设县的例证。特别是《三国志·魏书·东夷传》和《后汉书·东夷传》沃沮条均载玄菟郡"徙郡于高句丽西北"，而不是徙郡于高句丽县。如果初置玄菟郡时就有高句丽县，则应具体指出从沃沮徙郡于高句丽县，而不应是"徙郡于高句丽西北"。从"徙郡于高句丽西北"，而不是"徙郡于高句丽县"可知，初置的玄菟郡并无高句丽县。从《汉书·地理志》仅记有乐浪、玄菟两郡，而不是四郡，以及玄菟郡的首县是高句丽县，而不是沃沮城等事实可知，这是至"昭帝始元五年，罢临屯、真番，以并乐浪、玄菟。玄菟复徙居句丽" [2]。以后建置的郡县，不是汉武帝时元封四年初置玄菟郡于沃沮城时的属县。《三国志·魏书·东夷传》高句丽条载："汉时赐鼓吹伎人"之事，而《北史·高句丽传》则记载为"汉昭赐衣帻、朝服、鼓吹，常从玄菟受之"。这说明赐鼓吹伎人之事是在汉时或汉昭帝时代。从高句丽之名始见于汉昭帝始元五年（前82年），以及赐衣物常从玄菟郡受之的记载来看，当在公元前37年高句丽建国以后之事。由此可知，高句丽县的设立，以及"赐鼓吹伎人"之事，不是在汉武帝时代，而是在汉昭帝时代。从形式上而不是从实质上理解分析文献记载，便认为高句丽县是在汉武帝时代建置的说法，并不符合文献记载的实际。

真番郡在北说者把初置的玄菟郡和西迁后的玄菟郡混同起来，认为

---

① 拙稿：《玄菟郡的建立和迁移》，载《东北地方史研究》1990年第1期。

② 《后汉书·东夷传·秽》。

都是卫氏朝鲜的领地，把真番郡推定在浿水以西，即朝鲜之北，亦即卫氏朝鲜辖境之外，这都是明显的错误。

主张真番在北说者提出的另一论据是《史记·朝鲜列传》真番下的两条注文。一是《集解》引徐广说："辽东有番汗县者，据《地理志》而知也。"意即以真番郡当辽东的番汗县。二是《索隐》引应劭说："玄菟本真番国。"在北说者据此认为真番郡当在玄菟郡境内，不应在乐浪郡以南之地求之。这两条注文都是根据对"罢临屯、真番，以并乐浪、玄菟。玄菟复徙居句丽"这一文本的误解，而做出的错误注文（见后述）。特别是徐广所说的真番为辽东郡的番汗县更是明显的错误。因为汉代辽东郡的番汗县在浿水之西，即朝鲜之北，在辽东郡东部的边界上，不是真番郡的所在地。《索隐》引应劭所说"玄菟本真番国"，即《汉书·地理志》玄菟郡条下应劭原文的玄菟郡"故真番、朝鲜胡国"。略去朝鲜二字。改为"玄菟本真番国"。以这样不确切的注文为论据，必然得出错误的结论。所谓玄菟郡"故真番、朝鲜胡国"，显然不是玄菟郡本真番国之意，而当是玄菟郡本真番、朝鲜一类胡国之意。真番在北说者，从形式上而不是从实质上来研究分析理解上述本文和注文，便引以为据，当然难以做出正确的结论。

主张真番在朝鲜之南说者杨守敬等根据"自单单大岭以东，沃沮、秽貊悉属乐浪"的记载，认为《汉书·地理志》所载乐浪郡的 25 个县，不是初置乐浪郡时的属县，而是"罢临屯、真番，以并乐浪、玄菟"以后的属县。杨守敬等在南说者认为真番郡并入乐浪，而不是并入玄菟。杨守敬发现乐浪郡 25 县，除去岭东 7 县，还有 18 县，他又与《晋书·地理志》对照，发现带方郡属县中有 7 县为乐浪旧属，推测这 7 县就是始元五年并入乐浪郡的真番故县。他说："魏分屯有以南置带方郡，以晋志昭之，疑带方、列口、吞列（后汉更名乐都，当为乐浪郡属县）、长岑、提奚、含资、海冥 7 县，亦真番故县也。其余屯有、浑弥、遂成、镂方、驷望、黏蝉、增地、讲邯，当本乐浪旧属，以晋志昭之，亦约略可睹。"

杨守敬的这一发现，中外史学界均认为是精当之论。由于他的考证，明确了《汉书·地理志》乐浪郡所领 25 县，实际是乐浪（11 县）、真番（7 县）、临屯（7 县）三个地区的联合体。真番郡属县始元五年以后，改属乐浪，后隶南部都尉。建安中，又由乐浪郡分出成立带方郡。因此，真番在南说者认为真番郡并入乐浪，而不是并入玄菟。认为《后汉书·东夷传·秽》所载："罢临屯、真番，以并乐浪、玄菟。玄菟复徙居句丽。"前玄菟二字当为衍文。应是"罢临屯、真番，以并乐浪。玄菟复徙居句丽"之误。从上述真番郡并入玄菟，还是并入乐浪的问题，笔者认为在南说提出的论据比较可靠可信，在北说的论据多是从表面的理解，而不是实质上进行对比研究来论证其论据是否可靠，和其他记载有无矛盾。

（三）真番在北说和《茂陵书》的记载有矛盾

《汉书·武帝纪》颜师古注引臣瓒曰："茂陵书临屯郡治东暆县，去长安六千一百三十八里，十五县。真番郡治霅县，去长安七千六百四十里，十五县。"临屯郡在今朝鲜的江原道已成通论，真番郡距长安比临屯郡还远一千五百里。真番郡在北说者把真番郡推定在今鸭绿江上游之地，比临屯郡距长安还近，真番郡在北说和《茂陵书》的记载不符。因此，有的朝鲜学者又把真番郡推定在今宁安一带。说"真番远于临屯，则我国界内不可得，似在今宁古塔近处矣"[1]。认为只有在玄菟郡的东北，才能置下比临屯远一千五百里的真番，今宁安一带正当其地。这里是肃慎之地，认为真番是肃慎之异称。笔者认为这完全是臆测，并无可靠的论据，今宁安一带，从来没有与卫氏朝鲜的真番有关联的记载。

关于真番通汉受阻于朝鲜的问题，在北说者认为，卫氏朝鲜曾经控制了在今吉林省南部，亦即鸭绿江上游的秽貊，认为彭吴穿秽貊，秽君南间率二十八万人降汉，汉置苍海郡始复归汉。认为在今宁安一带的真番通向汉朝，正好受到在其南部朝鲜的阻隔，认为并非只有真番在朝鲜

---

①《东国文献备考》引金伦说;《增补文献备考》卷13,引安鼎福:《东史考异·真番考》。

之南才能为其所阻。实际是，如前所述，卫氏朝鲜的西界在浿水，今鸭绿江上游，吉林省的南部，曾是第二玄菟郡的辖境，但不是第一玄菟郡，更不是卫氏朝鲜的辖境。真番郡在北说者提出的种种论据和论点的错误在于没有搞清卫氏朝鲜的领域四至，特别是对卫氏朝鲜的西界没有明确的认识，以致把西迁后的玄菟郡也当成卫氏朝鲜的领域，把真番郡推定在浿水以西，即卫氏朝鲜领域之外，都是明显的错误。

五 高句丽的都城和疆域

关于高句丽建都和迁都之地，中外史学界一般均认为初都纥升骨城（今辽宁省桓仁县五女山城），继迁都到国内（今吉林省集安县城）、尉那岩城，即后来的丸都城（今集安县城西北五里的山城子），最后又迁都到平壤。近年来，有人对上述殆已成定论的通说提出异议，是否如此，实有再度探讨的必要。

（一）纥升骨城

关于高句丽建国立都之地，较为可靠的记载应当首推高句丽的《好太王碑》，其次是中国的《魏书·高句丽传》，此外还有朝鲜的《三国史记》等文献记载。

《好太王碑》云：邹牟（朱蒙）"出自北夫余"，"命驾巡车南下，路由夫余奄利大水"，"然后造渡，於沸流谷忽，本西城山上而建都焉"。

《魏书·高句丽传》云："高句丽者，出於夫余"，后来"弃夫余，东南走，朱蒙遂至普述水"，"至纥升骨城，遂居焉。号曰高句丽，因以为氏焉"。

《三国史记》卷一三，始祖东明圣王条则云：高句丽"出自东夫余"，"朱蒙行至毛屯谷(《魏书》云行至普述水)遇三人。……与之俱至卒本川(《魏书》云至纥升骨城)。观其土壤肥美,山河险固,遂欲都焉。而未遑作宫室,但结庐于沸流水上居之,国号高句丽,因以高为氏(一云朱蒙至卒本扶余,王无子,见朱蒙知非常人,以其女妻之。王薨,朱蒙嗣位)。时朱蒙年二十二岁。是汉孝元帝建昭二年、新罗始祖赫居世二十一年甲申岁也"。

同书东明圣王四年（前 34 年）秋七月：“营作城廓宫室。”

根据上述记载，首先要搞清的问题是：高句丽的始祖邹牟（朱蒙）出自北夫余、东夫余，还是夫余的问题；其次是高句丽初都之地的沸流水、忽本（卒本）、纥升骨城当今何地的问题。

1. 邹牟（朱蒙）“出自北夫余、出自东夫余”，还是“出于夫余”的问题。

《好太王碑》中所说的“出自北夫余”，即《魏书·高句丽传》中所说的“出于夫余”，并不是在夫余之北还有北夫余。所谓北夫余是指高句丽人对其北方夫余的称呼，而不是在夫余之北又有北夫余。《三国史记》和《三国遗事》中所说的东夫余，是神话传说，不是历史事实，不足为据，因此，在文献记载中找不到它的地理位置。《好太王碑》中所说的东夫余，不是神话传说中的东夫余，而是指夫余。即在东晋永和二年（346 年）“西徙近燕”[1] 以前，原来居于鹿山一带的夫余。因其在“西徙近燕”以后的夫余之东，故称东夫余，以别于西徙后的夫余。这一“西徙近燕”以前的夫余亦称北夫余或东夫余。北夫余、东夫余即夫余的别称，这就是出现邹牟（朱蒙）“出自北夫余”“出自东夫余”“出于夫余”等不同记载的原因。关于这一问题，因拙著已经发表[2]，故不详述。

夫余“西徙近燕”以前的王城在鹿山，即今吉林市龙潭山和东团山一带，后迁到今农安[3]。从《好太王碑》的记载可知，邹牟建立的高句丽国在夫余的南方，即今吉林市以南。《魏书·高句丽传》则记为东南，当以《好太王碑》的记载为准。

2. 沸流水、忽本（卒本）、纥升骨城当今何地的问题。

沸流水、忽本（卒本、卒本川、卒本州）、纥升骨城是高句丽建都之地，在夫余的南方，中外史学界一般均推定在今辽宁省桓仁县五女山城，这是符合文献记载和考古资料的。

---

① 《资治通鉴》卷 97，《晋纪》19，东晋穆帝永和二年正月条。
② 拙著：《东北史地考略》第 252 页，第 17—25 页，吉林文史出版社 1986 年版。
③ 拙著：《东北史地考略》第 252 页，第 17—25 页，吉林文史出版社 1986 年版。

沸流水为当今何水，众说不一。有当今集安的洞沟河[1]、今朝鲜大同江上游的成川江（在成川府西北）[2]、今辽宁省新宾县苏子河[3]、今浑河[4]、浑江[5]、富尔江[6]等说。史学界一般多取浑江说，也有少数取富尔江说者，而其他各说均为明显的错误，为史学界所不取。

笔者认为沸流水即今浑江支流的富尔江，富尔即沸流的音转。今浑江，史有明确记载，为盐难水[7]，而不是沸流水。沸流水当今何水，是推定高句丽建都之地的重要根据。推定沸流水当今富尔江的根据除上述音同以外，还有下述四点根据。

第一，沸流水是由辽东郡（今辽阳市）和玄菟郡（第三玄菟郡，今沈阳市东北三十里的上柏官屯汉、魏古城）通往高句丽（今集安）的重要交通道，也是高句丽出入的重要通道。据《三国史记》卷一四载：高句丽大武神王四年（21年）冬十二月，"王出师伐扶余，次沸流水上"，从夫余的南部进攻。正始五年（244年），毌丘俭从玄菟出发东征高句丽时，高句丽东川王进军沸流水上迎击毌丘俭军，东川王在梁口（今通化市江口村，即富尔江入浑江处）大败，毌丘俭乘胜攻陷丸都[8]。由此可知，沸流水当在玄菟与丸都之间的交通道上。有的认为毌丘俭从诸道进攻高句丽，"句丽王宫将步骑二万人，进军沸流水上"，并不一定向西进军。

① 金毓黻：《东北通史》（社会科学战线杂志社翻印本），上编，第84页，《辑安乡土志》。

②《新增东国舆地胜览》卷54，成川都护府，建置沿革。

③《大韩疆域考》卷3，卒本考。

④ 王国维：《魏毌丘俭丸都山纪功石刻跋》，载《观堂集林》卷20。

⑤ ［日］池内宏：《洞沟》；见《中国历史地图集》释文汇编，东北卷，第25—26页。

⑥ ［日］白鸟库吉：《丸都城及国内城》，载《史学杂志》第25编第4号、第5号。

⑦《汉书·地理志》玄菟郡、西盖马县注："马訾水，西北入盐难水，西南至西安平入海"；杜佑：《通典》卷186，高句丽下："马訾水，一名鸭绿水，……经国内城南，又西与一水合，即盐难水也。二水合流，西南至西安平城入海。"

⑧《三国志》卷28，《魏志·毌丘俭传》。

这一推论和实际并不相符。因为正始五年 [①]，进攻高句丽的主力军，是从西方玄菟郡出发的毌丘俭所率领的万人大军，而不是其他路军，更不是正始六年（245 年），向岭东不耐濊地进军的乐浪太守刘茂，带方太守弓遵这一路军。所以正始五年，高句丽东川王迎击的主要对象是毌丘俭军，而不是正始六年刘茂和弓遵所率领的军队。因此，沸流水必在从玄菟通往丸都（今集安）的通道上，而富尔江正在其间。从辽东、玄菟两郡沿今浑河东北行，然后再沿苏子河东进，到今新宾县旺清门，由此分南北两路（即后来所说的高句丽的南北道），进入丸都。一路由今旺清门孤脚山高句丽山城，沿富尔江南下，到富尔江与浑江汇合处，过浑江，然后沿新开河南下进入丸都，此即东晋咸康八年（342 年），慕容皝进攻高句丽时的南道。另一条是从旺清门孤脚山高句丽山城东行，到通化县城（快大茂子），在县城的西南赤柏松屯有一座汉代古城，此即汉代上殷台县城故址，由此沿苇沙河、清河山谷地南行，越老岭，再沿洞沟河山谷地到集安（丸都），此即后来所说的高句丽的北道。从这两条道路附近分布的汉城、高句丽山城、高句丽墓葬情况可知，这两条通往集安的道路古今相同。

第二，富尔江下游有许多高句丽早期山城和墓葬。今富尔江下游有三座高句丽早期的山城。一是新宾县旺清门附近的孤脚山山城，在富尔江的西岸。二是新宾县响水河子乡转水湖山城，在富尔江左岸。三是新宾县红庙子乡四道沟黑沟山城，东距富尔江六里 [②]。此外，在富尔江下游东岸，今桓仁县拐磨子乡还有西古城和东古城两座平原城，今已湮没，时代不明。从富尔江所处的地理位置和高句丽早期山城以及墓葬的分布情况来看，富尔江流域是高句丽时代来往的交通要道，兵家必争之地，

---

① 《文献通考》卷 325，高句丽条："正始三年，位宫寇西安平，五年幽州刺史毌丘俭将万人出玄菟讨之，战于沸流水，位宫败走"；《三国史记》卷 17，东川王条，将毌丘俭进攻高句丽置于东川王二十年（246 年）系正始五年（244 年）之误。

② 抚顺市博物馆、新宾县文化局：《辽宁省新宾县黑沟高句丽早期山城》，载《文物》1985 年第 2 期。

也是从辽东、玄菟通往丸都的最近道路。这就是高句丽进攻夫余经过沸流水，和毌丘俭进攻高句丽在沸流水大战的原因。这是推定今富尔江为沸流水的可靠根据之一。

第三，沸流水在渌州（今吉林省浑江市临江镇）的西北。据《辽史·地理志》渌州条载："正州本沸流王故地，国为公孙康所并，渤海置沸流郡，有沸流水，户五百，隶渌州，在西北三百八十里。"这一记载说明沸流水、沸流国、沸流郡在渌州西北，即今临江镇西北三四百里处。但今富尔江下游在今临江镇的西南，而不是西北三四百里处。从文献所载沸流水的方位可知，西北当为西南之误。据《三国史记》卷一三，《高句丽本纪》，东明圣王元年、二年的记载可知，邹牟（朱蒙）建都之地和沸流国邻近，高句丽国在沸流水下游，沸流国在沸流水上游。沸流国王松让和高句丽国琉璃明王都说过"寡人僻在海隅"[1]，因此，有的认为沸流国和高句丽当在沃沮，即今朝鲜东北临海之地。这一看法，和上述有关高句丽在夫余国南，以及沸流水的方位等记载并不相符。

第四，高句丽建都之地的沸流水在哪里？除依靠文献记载以外，更主要的还是要从考古资料来证实。高句丽建都之地，是高句丽经济文化的中心，较其他地方必有更多的高句丽的历史遗迹。据已发表的考古资料和亲自调查情况来看，在今鸭绿江上游，浑江、富尔江流域，高句丽的山城和墓葬最多，而高句丽墓葬最为密集的地方，还是在今桓仁[2]和集安[3]。从东部山区的自然地理环境来看，桓仁、集安是东部山区比较大的平原地带，有山、有水、有平原，自然环境在东部山区来说是比较优越的。从气候来看，集安较桓仁更为温暖。因此，以今桓仁、集安为高句丽建都和迁都之地，是符合文献记载和考古资料实际情况的。

《好太王碑》所说的在沸流谷忽本之西建立的山城，即《魏书·高句丽传》所说的纥升骨城。忽本亦书卒本、卒本川、卒本州。卒本即卒

---

① 《三国史记》卷13，《高句丽本纪》，东明圣王元年和琉璃明王二十八年条。

② 陈大为：《桓仁县考古调查发掘简报》，载《考古》1960年第1期。

③ 《集安县文物志》，第98—122页。

本扶余的所在地。据上述《三国史记》的记载"朱蒙至卒本扶余,王无子,见朱蒙知非常人,以其女妻之。王薨,朱蒙嗣位"。卒本川当在今富尔江(即沸流水)口以西的桓仁水库和桓仁县城的平原地带。高句丽早期墓葬最为密集的地方是在今桓仁水库,因修水库,今已淹没。五女山城即纥升骨城,在今桓仁水库之西。其地理位置和《好太王碑》所说的"於沸流谷忽本西城山上而建都焉"的记载相符。

关于卒本当今何地的问题,从来就有不同看法。《三国遗事》卷一载:"高句丽即卒本扶余也。或云今和州,又成州等,皆误矣。卒本州在辽东界。"又同书卒本州注云:在"玄菟郡之界"。和州即今朝鲜咸镜南道的永兴,成州今朝鲜平安南道的成川。《三国遗事》认为卒本在辽东或玄菟郡之界。《三国史记》卷三七,杂志第六;地理四亦云"朱蒙所都纥升骨城、卒本看,盖汉玄菟郡之界。大辽国东京之西(按:当为东之误),汉志所谓玄菟属县高句丽是欤?"从高句丽早期山城和墓葬分布比较密集的地区来看,以今富尔江口以西三四十里处的桓仁之王女山城为高句丽建都之地是符合文献记载和考古资料的。近年来,辽宁省博物馆和桓仁县文物管理所的同志,通过对五女山城的发掘得知,五女山城不但出土过大量的辽、金文物,而且也出土过高句丽的陶器残片。从五女山城的出土文物、山城形制,及其附近数以千计的高句丽早期墓葬(今已大部被水库淹没)来看,中外史学界长期以来,以今桓仁五女山城为高句丽建都之地当属不误。

(二)国内、尉那岩、丸都、平壤、长安

史学界一般均认为国内、尉那岩即高句丽第一次迁都之地,在今集安,也有的认为国内即不耐,在今朝鲜咸镜南道的永兴,尉那岩即其附近的山城。

1. 国内、尉那岩在今集安

据《三国史记》卷一三,琉璃明王二十一年春三月,由追寻逃猪,发现了国内、尉那岩之地,有人建议迁都于此。二十一年九月,"王如国内观地势"。二十二年（3年）冬十月，"王迁都于国内，筑尉那岩城"。国内、尉那岩的地名始见于 2 年，国内、尉那岩同在一地，即今集安。28 年，辽东太守率兵进攻高句丽，大武神王"入尉那岩城，固守数旬"[1]，汉军没有攻下这座城，遂引军而退。据载，尉那岩城乃岩石之地，城内有泉水、鱼池，可知尉那岩城是山城。琉璃王二十二年（3年），从纥升骨城迁都国内，历 425 年（3 年至 427 年）。长寿王十五年（427 年），从国内迁都平壤。高句丽山上王二年（198 年）春二月，"筑丸都城"。十三年（209 年）十月，"王移都于丸都"[2]。从此以后，不见尉那岩之名。《通典》卷一八六载："高句丽伊夷模更作新国于丸都山下"，可知伊夷模即山上王[3]，新国即丸都山城。国内、尉那岩和国内、丸都是 3 年到 427 年间的都城，一是平原城，即今集安市的石城；一是山城，即今集安市西北五里的山城子，山城内的泉水、鱼池今已干涸。在 425 年间，高句丽的王都有时书都国内[4]，有时书都丸都[5]，可知两者同在一地，即今集安，从今集安市附近只有一座高句丽山城可知，新筑的丸都城即尉那岩城的新名。到故国原王十二年（342 年）二月，为了防御前燕慕容皝的进攻，积极维修被毌丘俭军破坏的丸都城。在"修葺丸都城"的同时，"又筑国内城"。从此（342 年）以后，才有国内城的城名，在此以前，只有国内的地名，而无国内城的记载。《三国史记》关于"孺留王（琉璃明王）二十二年移都国内城，……都国内，历四百二十五年"的记载，当是后来（342 年）"又筑国内城"以后的名称。

琉璃王二十二年，"王迁都于国内，筑尉那岩城"，有的认为琉璃明王"迁都于国内，不筑国内城，去筑尉那岩城，就意味着当时国内已经

---

① 《三国史记》卷 14，《高句丽本纪》2，大武神王十一年秋七月。

② 《三国史记》卷 16，《高句丽本纪》4，山上王。

③ 《三国史记》卷 16，以伊夷模（山上王）当作故国川王男武；以位宫（东川王）当作山上王延优，均系误记，漏掉故国川王男武。

④ 《三国史记》卷 37，杂志 6；地理 4。

⑤ 《新唐书》卷 43 下，《地理志》引贾耽《道里记》。

有了城垣，而且很可能正是那个土城垣。"即在今集安国内城基上发现的土筑城墙。1975年和1977年，集安县文物管理所在国内城南墙和北墙挖掘的三条探沟中，均在高句丽石墙的下部"发现一道坚硬的土垄。土垄宽7—8米，高1.7—2米，断面呈弓形，土质为泥沙黄褐土，更有少量卵石。从其坚硬程度看，似经过人工打夯，但不见夯窝"①。有的认为"国内城在以石垒筑之前，先有土筑城垣，土垣中出土有石斧、石刀、圆形石器，这些文物经过考古鉴定，应属战国时期，说明在高句丽建国前，这里已建成了土垣城墙，国内城是在土垣的基础上建起来的"②。有的认为从"又筑国内城"的记载来看，说明原来已有城，所以才说"又筑"。但是文献所说的"又筑"，是指"修葺丸都城"的同时，"又筑国内城"，不是说在原有城墙的基础上"修葺国内城"，而是"又筑国内城"。过去在集安虽出土过战国刀币和汉五铢钱，以及汉代铁铧（现藏集安博物馆），但还没有发现过汉代瓦片、陶片，因此，在国内城修筑以前，有无汉代古城，还有待商讨和考古资料的证实。从文献记载来看，在高句丽琉璃明王迁都到国内、尉那岩以前，只有国内和尉那岩的地名，而没有城名的出现；从考古资料来看，虽在集安市区石墙之下发现一段土墙，但这是汉代土城，还是国内城石墙内的城基，还有待商讨和研究。

2. 国内城和不耐城

《翰苑》卷三〇，《高句丽》引《高丽记》云："不耐城今名国内城，在国（指平壤）东北六百七十里，本汉不而县也。《汉书·地理志》不而县属乐浪郡东部都尉治所，后汉省。"《三国史记》卷一七，东川王二十年秋八月条引《括地志》云："不耐城即国内城也。城累石为之，此即丸都山与国内城相接。"因此，有的认为国内城即不耐城，不耐城即汉东部都尉治所，在单单大岭之东，史学界一般均认为不耐城在今朝鲜咸镜南道的永兴。上述二处记载均谓不耐城即国内城，但是这里所说

---

① 魏存成：《高句丽初、中期的都城》，载《北方文物》1985年第2期。
② 《集安县文物志》，第64页。

的不耐城即国内城是在平壤东北六百七十里的地方，是石城，而且与丸都邻近。丸都在今集安已成定论，则与丸都相接的国内城也在今集安，而不在单单大岭以东，即不在今朝鲜东部沿海一带的永兴。永兴在平壤东三四百里，集安在平壤东北六百七十里的地方。唐里略小于今里，集安和"在国（平壤）东北六百七十里"的记载相符。《翰苑·蕃夷记》引高句丽佚文云："马訾水，高句丽一名淹水，今名鸭绿水，其国相传云，水源出东北靺鞨白山，色似鸭头，故名鸭绿水。去辽东五百里，经国内城南，又西与一水合，即盐难水也，二水合并至安平入海。"杜佑《通典》（卷一八六）高句丽亦云："马訾水，一名鸭绿水，……去辽东五百里，经国内城南，又西与一水合，即盐难水也。"《三国史记》卷三七，杂志六，地理四亦云："鸭绿北已降城十一，其一国内城。"这些记载明确指出马訾水即今鸭绿江，流经国内城南，国内城在鸭绿江北。这是国内城在今集安，而不是在今朝鲜咸镜南道永兴的明证。上述《翰苑》和《括地志》虽云：不耐城即国内城，但是这里所说的不耐城的方位不是在单单大岭以东的汉代东部都尉治所的不而县（即不耐城）。汉代不耐城在今朝鲜的永兴，但是国内城决不在永兴，而在今集安。从"自朱蒙立都纥升骨城，历四十年，孺留王（琉璃明王）二十二年移都国内城，……都国内，历四百二十五年，长寿王十五年，移都平壤"[①]的记载，以及在集安的《好太王碑》等遗迹、遗物可知，国内城即今集安市区的石城，而不是汉代岭东七县之一的不而县（不耐城）。特别是《三国史记》载：高句丽太祖大王四年（56年）秋七月，"伐东沃沮，取其地为城邑，拓境至沧海，南至萨水"。这和《三国志·魏志·东夷传》东沃沮条所载：汉光武六年（30年），"不耐、华丽、沃沮诸县皆为侯国"。其后沃沮因国小，迫于大国之间，遂臣属句丽的史实相符。由此可知，高句丽在3年迁都到国内、尉那岩的五十三年以后，才将其势力扩展到东沃沮，即今朝鲜东北部沿海一带。从太祖大王四年（56年）才"拓境东至沧海，

① 《三国史记》卷37，杂志6；地理4。

053

五　高句丽的都城和疆域

南至萨水（今清川江），"以及东沃沮在光武六年（30年）以后，才臣属高句丽的记载，可以证实公元前37年，高句丽建都之地卒本、纥升骨城和3年迁都之地的国内、尉那岩不在今朝鲜东北部沿海一带的咸兴和永兴，而是在沧海之西，萨水（今清川江）之北，正当今集安，而不是朝鲜的永兴。主张国内城在今朝鲜的永兴者提出的另一论据是，沸流国王松让和3年迁都到国内的高句丽琉璃明王都自称"寡人僻在海隅"①。因此，认为沸流国和高句丽最初建都之地当在东沃沮，即今朝鲜东北沿海一带。但这一看法，与上述《好太王碑》和文献所载高句丽在夫余之南，沸流水在今富尔江，以及国内城在今鸭绿江北岸的方位都不相符。特别是和56年高句丽才将其疆域扩展到东沃沮即今朝鲜东部沿海一带的史实不符。因此，所谓"寡人僻在海隅"的海不当是指今日本海，而应是指今黄海。从上述纥升骨城和国内城的方位来看，所谓"寡人僻在海隅"的海隅，当指今黄海的东北隅。

3. 丸都城和国内城是否同在一地的问题

有人认为国内城与丸都城不在一地，认为国内城即汉代的不而县（不耐城），在今朝鲜的永兴；丸都城在今集安市西北五里的山城子。从前述文献记载可知，国内城在鸭绿江的北岸，即今集安市的石城。丸都城也在今集安，即今集安市西北五里的山城子。《新唐书》卷四三下，《地理志》引贾耽《道里记》云：自泊汋口（今丹东市东北安平古城东的叆河河口）"又泝流五百里，至丸都县城，故高丽王都，又北泝流二百里，至神州"。从今叆河口泝流而上五百里，正当今集安，这是高句丽王都丸都在今集安的可靠证明。由此可知，国内城和丸都城都在今集安，一为平原城，即今集安市的石头城；一为山城，即市区西北五里的山城子。又据《北史·高句丽传》云：都平壤城，"其外复有国内城及汉城，亦别都也。其国中呼为三京"。这里提到国内城而不是今朝鲜永兴的不耐城为高句丽三京之一。《三国志·魏志·东夷传》高句丽条谓：高句丽"都

---

① 《三国史记》卷13，《高句丽本纪》，东明圣王元年和琉璃明王二十八条。

于丸都之下"，而《三国史记》只书"都国内，历四百二十五年"，而不书丸都，这些都说明高句丽中期王都包括国内城和丸都城，两者都是王城的组成部分，一为平原城，一为山城，同在今集安。

4．关于平壤城和长安城的问题

《三国史记》卷一七，高句丽本纪五，东川王二十一年（247年），"春二月，王以丸都城经乱不可复都，筑平壤城。移民及庙社。平壤者本仙人王俭之宅也，或云王之都王险"。所谓"丸都城经乱不可复都"，是指245年—246年，毌丘俭破丸都城而言。

对247年"筑平壤城"和"平壤者本仙人王俭之宅也"的记载，有的认为不可信。理由是认为今平壤在东川王时还不是高句丽的领土。认为筑平壤城当在313年，高句丽攻占乐浪郡以后，而迁都当是在长寿王十五年（427年）。

东川王二十一年（247年），"筑平壤城"。这一平壤不在今平壤是可以肯定的，因为247年时，今平壤还不是高句丽的辖境，这里还没有平壤的地名。从高句丽"都国内，历四百二十五年"[①]的记载来看，247年所筑的平壤城正是高句丽都国内的时期。在国内先后筑有尉那岩城、丸都城、平壤城、国内城。因此，247年所筑的平壤城当在国内，即今集安，而不是今平壤。美川王三年（302年）秋九月："王率兵三万侵玄菟，虏获八千人，移之平壤。"此平壤即今集安。不能因为公元247年所筑的平壤城不在今平壤，便认为这一记载不可信，否定它的存在。因为历史上由于都城郡县的变动迁移，名同地异的例子很多。如美川王侵占乐浪郡（313年）、带方郡（314年）以后，为了南攻百济，西防慕容燕，在南方建立根据地，并为迁都作准备，所以在故国原王四年（334年），又"增筑平壤城"。所谓增筑，就是在247年，在国内筑平壤城以外，又在原乐浪郡地附近增筑一座平壤城，在今平壤。到故国原王十二年（342年），为了加强防御前燕慕容皝的入侵，"春二月，修葺丸都城，

---

①《三国史记》卷37，杂志6；地理4，高句丽。

又筑国内城。秋八月，移居丸都城"。同年冬十月，前燕慕容皝进攻高句丽的丸都城，"烧其宫室，毁丸都城而还"。十三年（343年）秋七月，"移居平壤东黄城，城在今西京木觅山中"。高丽（王建高丽）时代的西京即今平壤。由此可知，334年增筑的平壤城和343年移居的平壤城指今平壤，而不是今集安。所谓移居不是迁都，而是充实加强平壤城的防御力量，为迁都作准备。又从故国原王四十一年（371年）冬十月："百济王率兵三万来攻平壤城，王出师拒之，为流矢所中"[1]的记载也可以证实，故国原王时代的平壤指今平壤，而不是指今集安。特别是《好太王碑》所记，好太王九年（己亥年，399年）"王巡下平穰"的史实，可以证实有两个平壤的问题。从南下北上可以推知，所谓"下平穰"即南平壤，而上平壤即北平壤，今平壤和集安正是南北相对。又从"王巡下平穰"可知，当时的"平壤"即今平壤还不是高句丽的都城。到长寿王十五年（427年），才正式从国内迁都到平壤，即迁到今平壤东方的大城山城及其山脚下的安鹤宫址[2]。此即平壤东的黄城，亦即西京木觅山中的都城。到高句丽阳原王八年（552年），又"建都长安"，到平原王二十八年（586年），又迁到长安城，在今平壤市内，即今大同江和普通江所环绕的地区。迁都长安城后，安鹤宫依然存在，平壤城和长安城均在今平壤市。所以586年，虽迁都长安城，但其后的高句丽都城仍名平壤。

由上述可知，247年所筑的平壤城和334年增筑的平壤城不在一地，是同名异地。明确这一点，才能明确王险城和乐浪郡在哪里的问题。247年所筑的平壤城在国内，即今集安，是高句丽的中期都城，是玄菟郡辖境[3]，不可能是王险城或乐浪郡的所在地。《三国史记》的编者对247年修筑的平壤城和334年增筑的平壤城并没有搞清。既云平壤城

①《三国史记》卷18，高句丽本纪6，故国原王。

②［日］永岛晖臣慎著、刘力译：《高句丽的都城和建筑》，载《东北亚历史与考古信息》1986年第1期。原文载日本《难波宫址研究》1981年3月第7期。

③《汉书·地理志》下，玄菟郡，西盖马县下注。

在西京，即今平壤，又云"平壤城似今西京"和"不可知其然否"①。特别是把王险城推定在247年所筑的平壤城更是明显的错误。

（三）高句丽的疆域

1. 汉、魏时代的高句丽疆域

《三国志·魏志·东夷传》高句丽条云："高句丽，在辽东之东千里，南与朝鲜、涉貊，东与沃沮，北与夫余接。都于丸都之下，方可二千里，户三万。多深山大谷，无原泽，随山谷以为居，食涧水，无良田，虽力佃作，不足以实口腹。"这是汉、魏时代高句丽的疆域。辽东即今辽阳，当时高句丽的王都在今集安，汉代的千里约当今七百里，从今辽阳到集安正当七百里之数。两汉之际，中原多事，战乱不已，高句丽乘机向外扩张。如《三国史记》载：高句丽东明王二年（前36年），沸流国王来降。六年（前32年），伐太白山东南荇人国，取其地为城邑。十年（前28年），灭北沃沮，以其地为城邑。此事不见于中国文献记载，朱蒙建国初，能否到达这一带，值得研究。琉璃明王三十三年（14年）秋八月，西灭梁貊，并进兵袭取汉高句丽县。大武神王五年（22年），杀夫余王而未能灭其国。大武神王九年（26年），王征盖马国，以其地为郡县。大武神王二十年（31年），袭乐浪。太祖王四年（56年），伐东沃沮，取其地为城邑，拓境至沧海，南至萨水（今清川江）。沃沮在高句丽东，故亦称东沃沮，东沃沮又分南沃沮和北沃沮。因此，太祖王四年，攻占东沃沮之地，包括北沃沮。太祖王四十六年（98年）春三月，王东巡栅城（北沃沮）。从东明王到太祖王（前36年到56年），东征西讨的结果，先后统一了沸流（今富尔江上游）、荇人（太白山东南）、梁貊（今太子河上游）、盖马国（今朝鲜狼林山脉之西）、东沃沮（今朝鲜咸镜南道的成咸兴）、栅城（今珲春县沙齐城）等地。高句丽征服邻近各部以后，又不断向辽东、玄菟二郡进攻，安帝即位之年（107年），玄菟郡被迫内迁到辽东郡境内。

———————

① 《三国史记》卷37，杂志6；地理4，高句丽。

后汉安帝时，今苏子河和浑河上游已属于高句丽的势力范围，到达夫余的南界。

高句丽的建国初，仅占据浑江、鸭绿江中游一带。后汉时，其疆域扩大，北至夫余南界，今浑河上游一带。东至沃沮，南至萨水（今清川江），西至第二玄菟郡（今辽宁省新宾县永陵镇汉代古城）一带。

高句丽的疆域在后汉时，大为扩张，然从后汉末到曹魏和两晋时期，连遭袭击，国土日蹙。后汉末，公孙氏雄据辽东，乘高句丽王伊夷模（山上王）与其兄拔奇争夺王位之际，"建安中，公孙康出军击之，破其国，焚烧邑落"①。沸流水故地为公孙康所并，高句丽的版图缩小。曹魏正始中，幽州刺史毌丘俭，督诸军步骑万人出玄菟（第三玄菟，今沈阳市东二十里的上柏官屯汉、魏古城），从诸道大举进攻高句丽，高句丽东川王战败，单将妻子逃窜到买沟。"俭遣玄菟太守王颀追之，过沃沮千有余里，至肃慎氏南界，刻石纪功；刊丸都之山，铭不耐之城。"②1906年，在集安小板岔岭发现毌丘俭丸都山纪功石刻。这里所说的不耐城，不是在今集安的国内城，而是汉代不而县。毌丘俭的这次远征，获得巨大的胜利，高句丽遭到巨大的打击，势力一度中衰，领地较后汉时大为缩小。当正始六年（245年），王颀追击东川王时，"乐浪太守刘茂，带方太守弓遵，以岭东涉属句丽，兴师伐之，不耐侯等举邑降。其八年（247年），诣阙朝贡，诏更拜不耐涉王，居处杂在民间，四时诣郡朝谒。二郡有军征赋调，供给役使，遇之如民"③。说明高句丽东部沿海地区的不耐涉地，已为曹魏征服。后来，曹魏忙于和南方吴、蜀争衡，沃沮、不耐涉等地又被高句丽夺回。

2. 两晋、南北朝时代的高句丽疆域

到高句丽故国原王时，西方慕容燕兴起，339年（故国原王九年），慕容皝进攻高句丽，兵及新城（今抚顺市高尔山城)，故国原王乞盟乃还。

---

① 《三国志·魏书·东夷传·高句丽》。
② 《三国志·魏书·毌丘俭传》。
③ 《三国志·魏书·东夷传》条。

高句丽为了加强防御,在故国原王十二年(342年)春二月,"修葺丸都城。又巩国内城。秋八月,移居丸都城"。同年十一月,慕容皝从高句丽的南北道进攻高句丽,"烧其宫室,毁丸都城而还"①。经过这次战争,高句丽的势力日趋衰落。400年,"燕王盛自将兵三万袭之,以骠骑大将军熙为前锋,拔新城、南苏二城,开境七百余里,徙五千余户而还"②。这时,新城、南苏(今新宾县上夹河乡五龙村山城)等地,即今浑河上游、苏子河下游一带已归后燕占据。

东晋时,中原战乱不已,高句丽北方的夫余也日趋衰落,高句丽乘这有利时机,便以全力和慕容燕争夺辽东、玄菟(第三玄菟郡)两郡。到东晋安帝义熙元年(405年),高句丽尽得辽东、玄菟两郡之地③。在"辽东、玄菟等数十城,皆置官司以相统摄"④,高句丽与慕容燕争夺辽东、玄菟两郡地获胜以后,到高句丽好太王二十年,即410年,便以全力进攻东夫余(即夫余),占领了东夫余即夫余的大片领土⑤。从《魏书·高句丽传》载:长寿王时,高句丽"北至旧夫余",可知,好太王和长寿王时,高句丽的北界已到达夫余内地。

4世纪后半叶,高句丽与百济之间,经过369年在百济的雉壤城和371年在平壤的两次战争,高句丽已将其势力推进到今大同江一带。4世纪末,好太王攻占了百济许多村镇,进逼百济首都汉城(今朝鲜京畿道广州)。高句丽长寿王十五年(427年),迁都到平壤。475年,长寿王时,攻陷了百济首都汉城,将其势力推进到汉江以南一带。

百济在公元前18年,定都于慰礼城(今北汉山一带),公元前5年,迁到汉江以南的汉城(今朝鲜京畿道广州),475年,又迁都到熊津(今朝鲜忠清南道的公州),480年间,汉城一直是百济的首都。538年,百

①《三国史记》卷18,《高句丽本纪》6,故国原王。

②《资治通鉴》卷111,安帝隆安四年二月丙申条。

③《资治通鉴》卷114,《晋纪》736,安帝义熙元年正月戊申条。

④《周书》卷49,《高句丽传》。

⑤《好太王碑》。

济又迁都到泗沘（今朝鲜锦江口）。

　　总之，高句丽建国后，逐渐向四邻扩张，后汉时，领土大为扩张，地方二千里，户三万。后汉末，魏、晋时，军事失利，高句丽王都先后经公孙康、毌丘俭、慕容皝的攻陷，三次被毁，高句丽西部版图大为缩小，而南部则略有扩大。东晋、南北朝时代，乘中原战乱，夫余衰落之机，占领了辽河以东和夫余的大片领土。同时，由于好太王和长寿王不断向南进攻百济的结果，将其势力扩展到汉城以南一带。435年，北魏世祖派李敖册高句丽长寿王为"都督辽海诸军事，征东将军，领护东夷中郎将，辽东郡开国公高句丽王"。并访知当时高句丽的疆域四至是："辽东南一千余里，东至栅城，南至小海，北至旧夫余，民户三倍于前魏时，其地东西二千里，南北一千余里。"[①] 这里没有谈到高句丽的西界，从高句丽已占据辽东、玄菟二郡，并在"辽东、玄菟等数十城，皆置官司以相统摄"的记载，以及辽河以东分布的高句丽古城[②] 来看，其西界当为今辽河。从唐代高丽[③] 修筑的东北从夫余，西南到海千余里的长城[④]，以及在辽河以西，迄今未发现高句丽古城的情况来看，从东晋安帝义熙元年（405年），直到唐灭高丽以前，高句丽的西部边界一直在辽河以东，并没有大的变动。

　　① 《魏书·高句丽传》；《三国史记》卷18，长寿王二十三年六月。
　　② 拙著：《东北地区中部的边岗和延边长城》，载《辽海文物学刊》1987年第1期。
　　③ 据《北史·高句丽传》载：北魏宣武帝正始中（504年—508年）始称高句丽为高丽。
　　④ 拙著：《东北地区中部的边岗和延边长城》，载《辽海文物学刊》1987年第1期。

六 关于高句丽南北道的探讨

高句丽的南北道，是中、外史学界有争论和有待进一步探讨的问题。早在五十到七十年以前，日本学者箭内亘[1]、津田左右吉[2]、今西春秋等[3]，都发表过专题论文。其后，中、朝学者在有关著作中也提出过自己的看法，虽然和日本学者的看法略有不同，但大同小异[4]。综合各家所论，可以概括为两种看法：

一、认为南道从今沈阳出发[5]，沿今浑河、苏子河，经通化到集安；北道有的认为自开原沿清河东行，经辉发河上游[6]，有的认为自辽阳（辽东郡）沿浑河东北行到辉发河上游[7]，自辉发河上游向东南行，两者一致

① [日]白鸟库吉监修：《满洲历史地理》第1卷，第347—356页。

②[日]津田左右吉：《安东都护府考》附录—《关于高句丽时期，新城、木底及南苏城》，载《满鲜地理历史研究报告》第1册，1915年；《民族译文集》13，第234—238页，1985年。

③[日]今西春秋著、高洁等译：《高句丽的南北道和南苏、木底》，载《民族译文集》13，第217—226页，1985年。原文见《青丘学丛》第22号（1935年10月）。

④ 金毓黻：《东北通史》上编，第140页（社会科学战线杂志社翻印本）；朝鲜民主主义人民共和国社会科学院考古研究所编、李运铎译：《朝鲜考古学概要》第187—188页（黑龙江省文物出版编辑室，1983年内部发行）。

⑤其以今沈阳为第三玄菟郡所在，实际应在今沈阳市东三十里的上柏官屯汉、魏古城。

⑥ [日]白鸟库吉监修：《满洲历史地理》第1卷，第347—356页。

⑦[日]津田左右吉：《安东都护府考》附录—《关于高句丽时期，新城、木底及南苏城》，载《满鲜地理历史研究报告》第1册，1915年；《民族译文集》13，第234—238页，1985年。

认为经通化到集安。

二、认为高句丽的南北道都从今辽阳出发，上述南道正是北道，而南道沿今太子河溯流而上，经新宾、通化到集安[①]。

以上两说都是根据文献记载提出的，缺乏实地考古调查资料的证实，不能指出一条符合实际的令人信服的古道来。

此外，还有的认为高句丽的南北道，是从今集安通往浑江的两条道路，南道从今集安出发，经麻线沟越老岭，沿双岔河、新开河西北行到浑江；北道从今集安出发，越老岭，沿苇沙河到浑江[②]。笔者认为这两条道路，仅是高句丽南北道的一部分，而非全部。

高句丽的南北道应是从丸都（今集安）通往新城和玄菟郡的两条主要道路，既不是从辽东（今辽阳）或玄菟（今沈阳市东三十里的上柏官屯汉、魏古城）分，也不是从南陕、北置分，而是从今新宾县旺清门到集安的南北两条道路。

（一）高句丽的南北道是从丸都通往新城和玄菟郡的两条道路

《资治通鉴》卷九七，咸康八年（342年）冬十月：前燕慕容皝"将击高句丽。高句丽有二道，其北道平阔，南道险狭，众欲从北道"。《晋书·慕容皝载记》记此事于咸康七年（按：当以八年为是），将南道记为南陕，北道记为北置。《晋书》云：慕容皝"率劲卒四万，入自南陕"，以及"遣长史王寓等勒众万五千，从北置而进"。即《通鉴》所说的"皝自将劲兵四万出南道，以慕容翰、慕容霸为前锋；别遣长史王寓等将兵万五千出北道。以伐高句丽"。由此可知，南陕即南道，北置即北道。《通鉴》所说的"其北道平阔，南道险狭"，是对"南陕""北置"原义的正确解释。北置即北道平阔；南陕即南道险狭的略写或简称。《通鉴》胡注云：

---

①［日］白鸟库吉监修：《满洲历史地理》第一卷，第347—356页；［日］津田左右吉：《安东都护府考》附录一《关于高句丽时期，新城、木底及南苏城》，见《满鲜地理历史研究报告》，第1册，1915年。

②《集安县文物志》，第53—55页。

"北道从北置而进；南道从南陕入木底城"，以南陕、北置为地名，是南、北道的起点，和正文原义不符。在其他文献中并不见南陕、北置的地名，故不可取。有人从其说，认为高句丽的南北道，应从南陕、北置分，当为误解。

《通鉴》所说的"高句丽有二道"，是指咸康八年高句丽辖境内的南北两条道路。咸康八年以前，高句丽的势力虽已到达今抚顺市浑江一带，但辽、沈一带还没有被高句丽占据，还不在高句丽辖境内。当时高句丽西部的边防重镇是新城[①]，即今抚顺市浑江北岸的高尔山城。高句丽和前燕、后燕争夺辽东、玄菟二郡，完全占有这两郡，还是在东晋安帝义熙元年（405年）的事情[②]。因此，咸康八年所说的高句丽的南北道，不可能在当时高句丽辖境外的辽东郡或玄菟郡求之。据《旧唐书·高丽传》载：唐朝将领李勣说："新城是高丽西境镇城，最为要害，若不先图，余城未易可下。"由此可知，新城是高丽（即高句丽）西部的边防要塞，是从辽东、玄菟进入高句丽境内的西大门。前燕慕容皝[③]、后燕慕容盛[④]，以及隋、唐进攻高句丽（高丽）时[⑤]，都在新城等地经过激烈的战斗获胜以后，才能长驱直入丸都。所以高句丽的南北道，是通往新城的重要交通道，同时也是通往玄菟郡（今沈阳市东三十里的上柏官屯汉、魏古城）的重要交通道。高句丽建国后，归汉代玄菟郡管辖，"汉时赐鼓吹技人，常从玄菟郡受朝服、衣帻，高句丽令主其名籍。后稍骄恣，不复诣郡"[⑥]。

①《资治通鉴》卷96，成帝咸康五年（339年）九月："皝击高句丽，兵及新城。"胡三省注："新城，高句丽之西鄙，西南傍山，东北接南苏、木底等城。"

②《资治通鉴》卷114，安帝义熙元年（405年）正月戊申条。

③《资治通鉴》卷96，咸康五年（339年）九月条："（慕容）皝击高句丽，兵及新城。"

④《资治通鉴》卷111，安帝隆安四年（400年）二月条"燕王盛自将兵三万袭之，以骠骑大将军熙为前锋，拔新城、南苏二城"。

⑤《资治通鉴》卷182，隋大业九年四月，隋征高丽，"（王）仁恭进军至新城"。《新唐书》卷220，《东夷传·高丽》：贞观二十一年三月，李勣"率营州都督兵，由新城道以进，次南苏、木底"；同上书，乾封二年正月，"（李）勣引道次新城"。

⑥《三国志》卷30，《魏书·高句丽》。

玄菟郡在 107 年前后西迁以后①，高句丽王（太祖王）在后汉安帝永初元年（111 年），虽然仍"遣使贡献，求属玄菟"②，但同时，又不断进攻玄菟、辽东等地。因此，高句丽和玄菟的关系密切，高句丽的进贡和进攻，主要通往或指向玄菟郡。

关于 107 年西迁后的玄菟郡为当今何地的问题，目前主要有两种说法，一是认为在今沈阳市东三十里的上柏官屯汉、魏古城。二是认为在今抚顺市劳动公园的汉代古城。笔者同意前说，因陈连开同志已发表论文③，不再详述，仅补充以下两点：第一，据《三国志·吴书·孙权传》裴注引《吴书》的记载：107 年西迁后的玄菟郡，"在辽东北，相去二百里"。从辽东郡（今辽阳）到玄菟郡，是汉、魏时代通行的大道，所载这段道路的里程是推定玄菟郡所在地的可靠根据。汉、魏时代的二百里，约当今一百四十里，今辽阳北一百四十里，正当今沈阳市东三十里的上柏官屯汉、魏古城。而抚顺市内的劳动公园汉代古城，距今辽阳当今二百里，约当汉、魏时代的二百八十里，和"玄菟郡在辽东北，相去二百里"，当今一百四十里的记载不符。第二，新城为高句丽西部的边防重镇，在今抚顺市浑河北岸四里的山上，即高尔山城。而劳动公园汉代古城则在抚顺市浑河南岸三里的山上。两座山城隔浑江南北相对。玄菟郡是控制东方高句丽的军事重镇，而新城则是高句丽西部的边防重镇，两座军事重镇同在今抚顺市内，而且相距仅为七里之近，这是不可能的。

（二）新城、南苏、木底等城是在高句丽的南道还是在北道的问题

中、外史学界对此有不同看法，有的认为是南道④，有的认为是北

①《后汉书》卷 23，《郡国志》玄菟郡条，刘昭注引《东观书》："安帝即位之年（107年），分三县（即高显、候城、辽阳）来属。"

②《后汉书》卷 85，《东夷传·高句丽》。

③陈连开：《唐代辽东若干地名考释》，载《社会科学辑刊》1981 年第 3 期。

④〔日〕白鸟库吉监修：《满洲历史地理》第 1 卷，第 347—356 页。

道[①]。认为是南道者，便将北道推定在这条道路以北的从辉发河上游东南行，经柳河、通化到集安这条道路。认为是北道者，便将南道推定在这条道路以南的太子河流域。

从辽、沈地区通往集安各条公路沿线上的汉、魏古城、古墓，和高句丽古城、古墓的分布情况来看（详后述），笔者认为浑河、苏子河沿岸的新城、南苏、木底这条道路，既不是南道，也不是北道，而是从辽东郡或玄菟郡进入高句丽南北道以前的一段必经之路。这就是如前所述，前燕慕容皝、后燕慕容盛、隋朝王仁恭、唐朝李勣等进攻高句丽（高丽）时，为什么都经过新城、南苏、木底等城进入高句丽的原因。

认为新城、南苏、木底是南道者，提出的根据是：既然前燕慕容皝和高句丽王钊（故国原王）都是南道军队的统帅，慕容皝的前锋军"（慕容）翰与钊战于木底"[②]，慕容皝"入自南陕，战于木底"[③]，则木底当在南道上。但事实恐非如此，第一，慕容皝的前锋军"（慕容）翰与钊战于木底"，并不能说明木底在南道上，因为高句丽王钊所率领的军队，准备从南道堵截，决不能等到前燕慕容皝所率领的南路军进入南道以后，才进行抵抗，而是在慕容皝军进入当时高句丽西部边境的新城、南苏、木底以后就进行抵抗，而燕军只有在这里打败高句丽军以后，才能长驱直入丸都。所以，慕容皝从南道进军。高句丽王钊由南路防御，二军战于木底，并不能证明木底在南道上。第二，《魏书·高句丽传》载："建国四年（341年，按：实为咸康八年），慕容元真（慕容皝，字元真）率众伐之，入自南陕，战于木底，大破钊军，乘胜长驱，直入丸都。"单从"入自南陕，战于木底"来看，木底当在南道上。但细读《资治通鉴》卷九七，咸康八年十一月："慕容翰等先至，与钊合战，皝以大众继之"，可知，慕容

---

①［日］津田左右吉：《安东都府考》附录一《关于高句丽时期，新城、木底及南苏城》，载《满鲜地理历史研究报告》第1册，1915年；［日］今西春秋著、高洁等译：《高句丽的南北道和南苏、木底》，载《民族译文集》13，第217—226页，1985年。

②《晋书》卷109，《慕容皝载记》。

③《魏书》卷100，《高句丽传》。

皝、慕容翰两军的先遣军在进入高句丽南北道之前，与高句丽军在高句丽西部边防城已进行了战斗，并不是进入南道以后，战于木底。《晋书·慕容皝载记》：慕容皝"入自南陕，以伐宇文、高句丽"。伐宇文决不能从南陕即南道进入。因此，不能孤立地从"入自南陕，战于木底"这一不确切的记载来推定木底在南道上。隋、唐军队进攻高句丽时，也经过木底等城，但都没有记载木底在南道上。据《隋书·炀帝纪》，大业八年正月条载：隋军进攻高句丽的各路中有南苏道、玄菟道、辽东道等。又《新唐书·高丽传》载：贞观二十一年（647年），唐将李勣"率营州都督兵，由新城道以进，次南苏、木底"。《旧唐书·张俭传》载：唐军进攻高丽（即高句丽）时，"诏俭率兵自新城路邀击之"。新城在今抚顺市浑河北岸的高尔山城，木底在今新宾县西木奇镇，南苏在新城之东[①]、木底之西[②]，正当今新宾县西北上夹河乡五龙村的高句丽山城[③]。新城、南苏、木底地处浑河、苏子河流域，是东晋和隋、唐时代，从辽东或玄菟进入高句丽南北道以前必经之路，经过这三座城镇后进入丸都。

其次是认为木底在南道者说，木底在今苏子河沿岸，"苏子河两岸山势险狭，仅有一路可通，与南道险狭，或南陕之语相合"[④]。这一说法，和实际情况并不相符。因为高句丽地处东部山区，"多大山深谷"[⑤]"山险

①《资治通鉴》卷182，隋大业九年四月条，新城条下胡三省注云："新城在南苏城之西"；同上书卷96，东晋成帝咸康五年冬，新城条下胡三省注云："东北接南苏、木底等城"；唐·张楚金撰：《翰苑》卷30，高丽条雍公睿注引《高丽记》：南苏城"在新城北七十里山上也"。从唐军进攻高丽的路线，和现有高句丽古城的方位来看，当以南苏在新城之东的记载为是。

②《资治通鉴》卷114，东晋安帝义熙二年（406年）二月条，胡三省注："木底城在南苏之东。"

③关于南苏城的位置，中外史学界众说纷纭，日本今西春秋推定在今浑河和苏子河汇流处附近的铁背山或萨尔浒山，但这是明清之际的"界藩城"和"萨尔浒山城"，而不是高句丽山城。

④［日］白鸟库吉监修：《满洲历史地理》第1卷，第347—356页。

⑤《三国志·魏书·高句丽传》。

而路隘"①，通往丸都（今集安）的道路，多是沿河流的峡谷地带，很少有平坦宽阔的大道。所谓"北道平阔，南道险狭"，是相对而说的。据1983年和1987年的实地考察，沿苏子河两岸的道路在东部山区来说，还是比较平坦易行，并不险狭，因此，把木底推定在险狭的南道，和实际情况并不相符。

将苏子河流域推定为南道者，便将北道推定在苏子河以北之地，即由开原沿清河东行到辉发河上游，或由辽阳沿浑河东北行到辉发河上游，然后由辉发河上游（今柳河）的海龙山城镇即北山城子等地东南行，经柳河、通化到集安这条道路。但这条道路，一是去高句丽的丸都城绕道较远；二是高句丽的古城、遗址、墓葬较少，难以连成一线，求出一条令人信服的古道来；三是这道路通过的地区为今海龙、柳河一带，在东晋咸康八年以前，还不在高句丽的辖境内，而是夫余的辖境，高句丽占据这一地区，还是在东晋穆帝永和二年（346年），夫余"为百济（按：为前燕之误）所侵，部落衰散，西徙近燕"②以后的事。因此，它不可能是高句丽的北道。

把苏子河流域推定北道者，便把南道推定在从辽阳出发，沿太子河东行，经新宾或桓仁到集安这条路线③。如前所述，当时辽阳还不在高句丽辖境内，高句丽的南北道不可能从辽阳分为南北道。其次是这条道路去高句丽丸都城（今集安）绕道较远，而且多山谷地带，从辽阳去丸都不会舍近求远，舍易求难。又从这条道路上高句丽古城、古墓较少的情况来看，它也不可能是高句丽主要交通道之一的南道。

①《三国史记》卷16，新大王八年冬十一月条。
②《资治通鉴》卷97，东晋穆帝永和二年正月条。
③［日］津田左右吉：《安东都护府考》附录一《关于高句丽时期，新城、木底及南苏城》，载《满鲜地理历史研究报告》第1册，1915年；［日］今西春秋著、高洁等译：《高句丽的南北道和南苏、木底》载《民族译文集》13，第217—226页，1985年。

（三）哪两条道路是高句丽的南北道？

从东部山川地理形势，交通路线，文物古迹的分布情况来看，从今辽、沈通往集安的道路，自古至今不外以下三条：

一是从辽阳或沈阳出发，沿浑河、苏子河到新宾县永陵镇、旺清门，由旺清门分为南北两路。南路，沿富尔江南下，过浑江，再沿新开河东南行，越老岭沿麻线沟到集安；北路，从旺清门沿河流北行转东行到通化县城（快大茂子），然后南行过浑江，沿苇沙河、清河山谷地南行，越老岭以后，再沿通沟河山谷地到集安。

二是从辽阳出发，沿太子河山谷地东行，经新宾或桓仁到集安。

三是从沈阳出发，沿浑河东北行，到辉发河上游（今柳河）山城镇，由此东南行，经柳河、通化到集安。

高句丽的南北道，无疑应从以上三条道路中求之。但哪两条道路是高句丽的南北道？这主要看哪两条道路是通往集安比较近而易行，哪两条道路上的高句丽古城、古墓葬比较多，就能明显地证明是令人信服的古道。

笔者于 1983 年和 1987 年亲自实地调查，以及据已发表的考古调查、发掘资料，可知上述第二、三条道路，一是绕道较远，二是高句丽古城、古墓较少，而第一条道路中的南北两条道路，一是从辽、沈地区去集安较近而易行，二是汉代古城、古墓和高句丽的古城、古墓较多，城站相连，可以肯定是一条古道。因此，以第一条道路中的南北两条道路，推定为高句丽的南北道，比推定在第二、三两条道路更符合考古资料的实际。

现将第一条道路上的汉代和高句丽古城、古遗址、古墓葬的分布情况简述如下。

从辽阳北行一百二十里到沈阳，由沈阳沿浑河南岸东北行三十里到上柏官屯汉、魏时代的古城（第三玄菟郡址），古城附近有汉、魏时代的墓群[①]。从上柏官屯古城东行五六十里到抚顺市高尔山城（新城），抚

---

① 沈阳市文物工作组：《沈阳伯官屯汉、魏墓葬》，载《考古》1964 年第 11 期。

顺市东西浑河沿岸一带,汉代和高句丽的墓葬较多[1]。从高尔山城(新城)沿苏子河东行,到新宾县上夹河乡五龙村山城(高句丽山城),此即南苏城。由此沿苏子河东行约二三十里到木奇镇(木底城)。由木奇镇东行约二三十里到下房子汉城,今已无城址,有灰色绳纹瓦。由下房子东行约二三十里到永陵镇汉代古城(第二玄菟郡址)[2]。由永陵镇沿苏子河东行约五十里,到白旗堡汉代古城(在新宾县城东十里,苏子河南岸),城内有汉瓦、卷云纹瓦当、汉五铢钱。又东行四十五里到新宾县旺清门附近的孤脚山上的高句丽山城。旺清门孤脚山城,在富尔江和旺清河汇流处,地处南北交通的要冲。由此分南北两路到集安。

南路:由旺清门孤脚山高句丽山城出发,顺富尔江南下,二十里到新宾县响水河子乡转水湖山城(高句丽山城,在富尔江左岸)。又南行约五十里到新宾县红庙子乡四道沟黑沟山城(周长三里),这是高句丽的早期山城,东距富尔江六里,南距聚流河四里[3]。又东南行约五十里到桓仁县拐磨子乡西古城和东古城,两城皆在富尔江东岸的平原上,今城址不清,时代不明。它是从桓仁通往通化这条公路上的一个驿站。从富尔江流域的三座高句丽早期山城可知,富尔江山谷地带,是高句丽时代来往的交通要道,是去集安(丸都)最近的道路。沿富尔江又东南行约五十里到通化县两江口,即富尔江和浑江汇合处的江口村,这里有高句丽古墓群。三国魏正始中,毌丘俭率军出玄菟征讨高句丽,高句丽进军沸流水(今富尔江)上,大战梁(梁音渴)口之地,当即今江口村一带[4]。从江口村过浑江到集安县财源乡霸王朝高句丽山城,山城周长为1 260米,在县城西北200里处,新开河口右岸。是沿新开河这条道路上

---

① 抚顺市博物馆:《辽宁抚顺县刘尔屯西汉墓》,载《考古》1983年第11期;王增新:《辽宁抚顺市前屯、洼浑木高句丽墓发掘简报》,载《考古》1964年第10期。

② 徐家国:《汉玄菟郡二迁址考略》,载《社会科学辑刊》,1984年第3期。

③ 抚顺市博物馆、新宾县文化局:《辽宁省新宾县黑沟高句丽早期山城》,载《文物》1985年第2期。

④ 吉林省文物管理委员会:《吉林通化市江口村和东江村考古发掘简报》,载《考古》1960年第7期;参见中央民族学院编:《中国历史地图集》东北地区资料汇编,第31页。

的咽喉,也是通往集安这条道路上的第一道重要关口①。由霸王朝山城沿新开河山谷地南行 20 里到财源乡,这里有高句丽古墓群。又东南行 20 里到花甸乡,这里有高句丽古墓群②。由花甸乡沿新开河山谷地东行到台上乡,由台上乡沿新开河山谷地南行到荒崴子,这里有高句丽古墓群。由荒崴子沿新开河南行到三家子水库,这里有著名的望波岭关隘。这一关隘在新开河峡谷中,峡谷宽不及百米,通道在半山腰。关隘系石筑城墙,残高 1.50 米—2.50 米,全长 750 米,现已被三家子水库淹没一部分。据 1987 年的实地考古调查得知,在通往集安各条道路的险要处,都有石筑关隘以扼通道,而望波岭关隘是各路现存关隘中最大、最险要的一处关隘。这里形势险要,距集安县城一百余里,是通往丸都的第二道关口。在望波岭南山坡上,残存十余座高句丽积石墓,并出土过许多铁马镫、铁箭头等③。从望波岭关隘沿新开河上源(双岔河)山谷地南行到天沟门,1963 年修公路时,在天沟门发现了大量的铁矛、铁箭头、马镫、四齿兵器、铁刀等④。由天沟门沿双岔河到双岔乡,这里有高句丽墓群。由双岔乡沿双岔河山谷地东南行过老岭,这一段山谷地,山高路狭,最为险要难行。过老岭后,又沿麻线河上游东行到小板岔。光绪三十二年(1906 年)筑路时,在小板岔西北天沟山坡上(即小板岔岭)发现了曹魏毌丘俭丸都山纪功石刻(残)⑤,这是研究高句丽历史和南北道的重要资料,这一石刻的发现,明确了毌丘俭的进军路线。由小板岔沿麻线沟东行约四里到石庙子乡,这里有高句丽墓群。由石庙子乡沿麻线沟河东南行约二里到二道阳岔,从这里沿山谷地东北行,越过山岭即到丸都山城。从二道阳岔到丸都山城这一段山道,通道险狭,仅能行人。从"毌

①方起东:《吉林辑安高句丽霸王朝山城》,载《考古》1964 年第 2 期;《集安县文物志》,第 69—71 页。

②《集安县文物志》,第 55 页。

③《集安县文物志》,第 76—78 页。

④《集安县文物志》,第 54 页。

⑤《集安县文物志》,第 91—93 页。

丘俭追至岘岘，悬车束马，登丸都山”^①的记载可知，岘岘当在丸都山附近的石庙子乡，这里不但较为宽阔，而且距丸都山城也不远。由此经二道阳岔到丸都山城不能通车，只能步行，必须在这里"悬车束马，登丸都山"。有的把岘岘推定在石庙子乡西四里的小板岔村，或石庙子乡东南二里的二道阳岔，据1987年的实地调查，小板岔和二道阳岔地方狭小，难以容纳大批车马，故把岘岘推定在较为宽阔的石庙子乡较为实际。上述这条道路现在虽然不是主要公路，但仍是县级公路，当为"南道险狭"的高句丽南道。

由旺清门孤脚山高句丽山城沿河流山谷地北行转东行20里到通化县三棵榆树乡石庙沟南有土城，今已无。又东行到英额布乡，在乡北小倒木沟附近有高句丽山城。又沿河流山谷地东行到通化县城（快大茂子）。在县城西南赤柏松屯附近有汉代古城，周长约2里，此城建在山坡上，在山城内地表上散布着许多汉代灰色绳纹板瓦。由赤柏松汉城南下，经大都岭（有高句丽墓群）、繁荣（旧名高丽墓子，有高句丽墓群）到江沿村（有高句丽墓）。由通化江沿村过浑江，然后沿集安县境内的苇沙河南下，经头道、清河、大川等地，都有高句丽墓群。在这条道路上，也有两道关卡，即大川哨卡和关马墙。大川哨卡在清河乡东南四里，大川村后山（北山），周长153米，是从北方控制敌人入侵丸都城的第一道重要小城堡。在大川哨卡的东南热闹乡上围子村南，清河（北流入大苇沙河）左岸，通（化）、集（安）公路两侧，有三道石筑城墙，即关马墙。城墙均修筑在高山深谷中通道的两侧，确有"一夫当关，万夫莫开"的险要形势。是从丸都北百里处，防御敌人入侵的第二道关口。由关马墙沿清河南下，过老岭，然后又沿通沟河山谷地（有大量的高句丽古墓群）南下到集安（丸都城）。上述从旺清门经通化到集安的这条古道，至今仍是主要公路，虽然也多沿山谷地而行，但较上述南道还是比较易行的，因此，它当为"北道平阔"的高句丽北道。

---

① 《北史》卷94，《高句丽传》。

上述南北两条道路，从集安出发分南北两路，到旺清门合二而一，沿苏子河西行通往辽沈地区。因此，苏子河沿岸的交通线，是高句丽南北道出入必经之地。上述第一条道路中的南北两道，是从集安到辽沈地区的最近道路，其他道路不但绕道较远，而且多深山峡谷，难于通行。其次是在上述第一条道路中的南北两条道路上，每隔二十到五十里都有汉代和高句丽的古城、古墓群，可谓城站相连，是其他道路所没有的。尤其是在这两条道路上，距集安（丸都）北百余里的峡谷险要处，都设有城堡和关隘，是防御敌人入侵的第一、二道关口。从上述道路上分布的汉代和高句丽古城、古墓群来看，可以肯定这是一条古道。

据日本稻叶岩吉著：《兴京二道河子旧老城》一书中所收录的《申忠一书启及图录》可知，万历二十四年（1596 年），朝鲜宣祖王派申忠一出使建州女真到努尔哈赤居地虎拦哈达（今新宾县旧老城）时的路线，从满浦过鸭绿江到集安，由集安西北行，沿新开河西北行过浑江到富尔江口，然后再沿富尔江北行到旺清门，最后沿苏子河西行，经白旗堡到旧老城。可见直到明代，从集安到新宾县旧老城仍是走这条古道。

上述第一条道路及其中的南北两道，既是现在的公路干线，也是一条古道。高句丽时代，从丸都通往新城和玄菟郡的两条主要道路，即南北两道，不会舍近求远，舍易求难而走上述第二、三条道路。把高句丽的南北道，推定在上述第一条道路中的南北两道，比推定在第二、三条道路，更符合文献记载和考古资料的实际。

七 东北地区中部的边岗和延边长城

　　中国东北地区长城遗迹较多，在东北的南部，即今内蒙古自治区和辽宁省境内，有横贯东西的燕、秦、汉长城；在西部，即沿今大兴安岭东麓有东北、西南走向的金代长城——界壕边堡；在辽宁省境内，有明代边墙；在辽宁省和吉林省境内，有清代柳条边。此外，在东北地区的中部，即吉林省和辽宁省的中部平原地带，还有东北、西南走向的老边岗；在吉林省东部延边地区和黑龙江省的牡丹江地区也发现了长城遗迹。前四道长城，经过调查研究，已有专著和论文发表，关于它的走向和建筑年代，已经基本清楚；后两道长城，即老边岗和延边长城，关于它的走向和建筑年代，有的尚未搞清，有的还有不同看法，但都没有专文发表。今据考古调查资料和有关文献记载，对这两道长城的基本走向和建筑年代，试作如下探讨。

（一）老边岗——高丽长城

　　东北中部的松辽平原，以老边岗、边岗、小边、土龙等命名的地名是很多的，这些地名基本上都是在东北——西南这条线上。从东北往西南有吉林省农安县境内的龙王乡西北十二里的边岗和边岗乡境内的三岗。笔者在 1983 年调查农安西南部的顺山古城（白土埃古城）时，当地老人曾谈到有一道边岗从怀德进入农安的情况，当时还能看清楚，今天遗迹已不明显。在怀德县境内有双城堡镇境内的边岗、四道岗乡境内

073

的四道岗和小边、秦家屯东南十五里的边岗。在梨树县境内有河山乡东南十里的土龙村、三合乡西南二十里的三道岗子、金山乡东南十八里的王家岗子。由此再往西南进入辽宁省。在辽宁省境内有些老边的地名，多是因靠近明代边墙而命名的，是否和东北、西南走向的边岗这一长城遗迹重合在一起，还难以断定。在辽宁省境内，以边岗、老边命名的地名，有开原县三家子乡南十五里的西老边，新民县东北辽河东岸的三道岗子，沈阳市郊西北的老边，海城县西北浑河东岸的三道岗，由此再往西南进入营口县北部的二道边和营口市郊区的老边村、老边站。把这些边岗、老边、小边土龙等地名连成一线，就不难看出它的基本走向。

边岗地名，地处东北中部松辽平原，这一带开发较早，有许多地方早已夷为平地，仅有边岗的地名，而无长城的遗迹。在辽宁省境内的边岗地名附近，虽然还没有发现长城遗迹的报导，但在吉林省怀德县境内的边岗地名附近，已经找到长城遗迹。据《怀德县志》载："此边在四区戬子街西南入境，至五区大青山南入长春界，斜亘境内七十余里。凡境内诸屯，以边岗、小边名者，均以此。"[①] 说明边岗就是古代长城的遗名。《怀德县文物志》载：根据 1981 年、1983 年的实地考古调查资料，在怀德县境内的边岗，"横跨秦家屯、双榆树、四道岗、育林等四乡，经平安堡、老城堡、榆树堡、东黄花甸子、陈家窝堡、边岗屯、八岔沟子西、梁家炉、姜德屯、边岗四队、幸福村后直入农安县境，全长五十余华里"。这段长城遗迹，有的夷为平地，成为乡道，遗迹已不明显；有的地段尚高于地表，遗迹还较为明显。"其中，又以三皇庙村东和黄花甸子北保存较好。三皇庙村东边岗基宽约六米，顶宽约三米，高约一米。"据当地群众讲："四十年前，此岗超过屋脊，有五米余高。"其他地方，因缺乏考古调查资料，关于它的确切位置和走向，目前还不清楚，但从吉林、辽宁两省有关老边岗或边岗的地名连起来看，也可以推知它的基本走向。尤其从吉林省怀德县境内的实地考古调查资料和营口市郊区的老边村、

---

① 李宴春：《怀德县志》卷 10。

老边站等地名连起来看，可以推知这一长城的起止点和走向。这一边岗，东北从今农安起，西南到营口海滨止。

根据已发表的考古调查资料，在辽河东岸老边岗的东部附近，又有西南、东北排成行的高句丽（高丽）山城。从西南向东北数起有：1. 金县东十五里的大黑山山城；2. 复县北得利寺附近的龙潭山城；3. 新金县东大郭屯北山上的高丽城；4. 盖县青石岭乡高丽城村的高丽城（建安城）；5. 海城县东南十五里的英城子山城（安市城）；6. 辽阳市东六十里西大窑乡官村东山上的高丽城（岩州城）；7. 沈阳市东南陈相屯塔山山城；8. 抚顺市高尔山城（新城）；9. 铁岭东南凡河北岸催阵堡山城；10. 开原威远堡山城；11. 西丰县凉泉乡南十五里的城子山山城等①。从开原威远堡山城东北行，进入吉林省，今吉林市有龙潭山城，是目前所知最北端的高句丽山城。除吉林市龙潭山城以外，把以上这些高句丽（高丽）山城连成一线，很明显是一条由西南到东北走向的高句丽（高丽）西部的边防城。在这些山城的西部附近，就是西南—东北走向的边岗，即长城遗迹。这一边岗当是上述高句丽山城西部的第一道防线。

关于老边岗的建置年代问题，据目前已发表的资料可知有四种说法：一是认为"是汉塞故址"；二是认为"是辽代为抵御崛起于其东北的女真人所筑的边塞"②；三是认为"此边为明代与蒙古之界"③；四是认为"是高句丽长城"④。以上四种说法，因非专题论文，所以并没有提出论据，有进一步探讨的必要。笔者认为前三种缺乏可靠的根据，和历史事实不符，后一说和有关高句丽长城的文献记载是相符的。

关于记述高句丽即高丽⑤长城比较早的历史资料有《旧唐书·高句

---

① 辽宁省博物馆：《辽宁史迹资料》；中央民族学院：《中国历史地图集》东北地区资料汇编。

②《怀德县文物志》，第106页、第107页。

③ 李宴春：《怀德县志》卷10。

④《吉林风物志》，第70页。

⑤ 据《北史·高句丽传》载：北魏宣武帝正始中（504—508年）始称高句丽为高丽；《梁书·武帝纪》，天监七年（508年）、十一年、十五年。

丽传》和《新唐书·高丽传》，记载比较详细而明确的是高丽仁宗时期的高丽人金富轼撰成的《三国史记》①。

《旧唐书·高丽传》："建武惧伐其国，乃筑长城。东北自扶余城，西南至海，千有余里。"

《新唐书·高丽传》："建武惧，乃筑长城，东北首扶余，西南属之海。"

《三国史记》卷二〇，《高句丽本纪》八："荣留王十四年春二月，王动众筑长城，东北自扶余城，西南至海千余里，凡十六年毕功。"高句丽即高丽，荣留王即建武。由此可知，高句丽荣留王（建武）为了防御唐朝的进攻，用十六年的时间，即自荣留王十四年、唐太宗贞观五年（631年），到宝藏王五年、贞观二十年（646年），修筑了千余里的长城。汉代、辽代、明代都没有在东北的中部平原地区修筑从东北到西南千余里长城的文献记载。汉代在今东北的长城，以及明代边墙。文献记载和考古资料都比较明确，并没有到达今吉林省境内。辽代为了防御东北生女真的南下，曾修筑过城堡障塞和烽火台②，并没有在东北的中部修筑千余里长城的记载。从辽代各族和重要城镇、驿站的分布来看，辽代也没有在这里修筑长城的必要。老边岗的走向和起止点，以及长度和文献所载高丽修筑的长城完全相符。

前述文献记载皆云高丽长城东北自扶余城起，西南至海止。关于高丽扶余城为当今何地的问题，中外学者有多种说法③，主要有辽宁省昌图四面城说和开原说。笔者认为唐代高丽长城"东北自扶余城"的扶余城，是指在今农安的夫余王国的后期王城——夫余城，而不是指在今吉林市龙潭山山城一带的夫余前期王城亦即后来高丽的扶余城。其根据是：

第一，《三国史记》载："渤海国南海、鸭绿、扶余、栅城四府，并是高丽旧地也。"④ 这一记载证实，渤海的扶余府原是高丽旧地。据《辽

①《高丽史》卷17，仁宗，二十三年（1145年）撰成。
②《辽史·圣宗本纪》卷17；许亢宗：《宣和乙巳奉使行程录》；洪皓：《松漠纪闻》。
③［日］和田清：《东亚史研究·满洲篇》。
④《三国史记》卷37，地理4引贾耽：《古今郡国志》。

史·地理志》东京道通州和龙州黄龙府条的记载：渤海的扶余府就是"扶余国王城，渤海号扶余城"。夫余王城有前期和后期之分，这一夫余王城就是"西徙近燕"后的王城。渤海的扶余府（扶余城）就是辽代最初的黄龙府所在地。有人认为辽代最初的黄龙府在今农安的西南，即今昌图四面城[①]，复置的黄龙府在今农安。因此，认为渤海的扶余府和夫余后期的王城在今昌图四面城。中、日史学界多从此说。这是对《辽史·地理志》通州和龙州黄龙府这两条记载的误解。从这两条的记载可知，辽代前期和后期的黄龙府都在今农安，中间因渤海人燕颇起义，保宁七年（975年）西南迁到通州仍名黄龙府。到辽圣宗开泰九年（1020年），又"迁城于东北"，即迁到通州的东北，亦即迁回原地，仍名黄龙府。在开泰九年（1020年）迁城的同时，遂将西南迁的龙州黄龙府改名为通州。由此可知，辽代黄龙府曾一度西南迁，但最初和最后，都在今农安，也就是渤海的扶余府和夫余后期王城的所在地。渤海的扶余府是高丽旧地，而不是高丽的扶余城旧地。高丽的扶余城即原来夫余国前期王城，而不是后期王城。因此，《辽史·地理志》只说辽代的黄龙府即渤海的扶余府和扶余国王城，而没有说亦即高丽的扶余城。

第二，推定高丽长城东北端的扶余城的位置时，还应注意到所推定的扶余城附近及其西南一带，有无长城遗迹的问题。

据调查，在今农安的西南和东部，以及怀德县和德惠县境内，有"边岗"，即长城的遗迹。如把高丽的扶余城推定在昌图四面城等地，则和高丽长城"东北自扶余城"的记载不符。农安、怀德、德惠等地的边岗长城遗迹，为推定高丽长城东北端的扶余城是哪一个扶余城提供了可靠的根据。

其次，关于高丽长城"西南至海"的具体地址问题。在西南沿海一带有老边地名的地方是营口市，今营口市郊区有老边村、老边站的地名。

---

① 金毓黻：《渤海国志长编》下编和《东北通史》上编，第168页（1981年社会科学战线翻印本）。

据文献记载，在这一带除高丽外，还没有其他朝代在这里修筑长城的记载。尤其和高丽长城"西南至海"的记载相符，这海当指渤海，老边当指高丽长城。因此，推定高丽长城"西南至海"的具体地点当在今渤海沿岸的营口老边村一带。

从今农安、德惠到营口，断断续续的边岗地名，即长城遗迹的所在地，正是自东北到西南的方向，其间的距离，也和"千有余里"的记载相符。如将高丽扶余城推定在今昌图四面城或开原等地，则和"西南至海，千有余里"的记载不符。唐代的尺度虽然比现在略短，但相差无几，唐代的"千有余里"当今千里是没有问题的。但从昌图四面城或开原到海（今渤海营口一带）的距离仅有六百余里。因此，推定在东北中部平原地区自东北农安到西南营口千有余里的边岗即长城遗迹，为高丽长城，是高丽5到7世纪中期的西部边界。

（二）延边长城—金代长城

在今吉林省东部延边地区和黑龙江省牡丹江地区先后发现了古代长城遗迹。关于延边长城在珲春县境内的一段，魏声和在其所著《珲春古城考》中，曾有片断的记述："边壕，珲春北境，东自中俄分界之分水岭起（拉字界碑北），有边墙一道，向西北行，每隔十里有土筑堡垒一，或双垒并峙，高约丈许，其基广一丈五六尺。又自勇智乡洛特河子山起，并见边墙蜿蜒，堡垒接续，至兴仁乡之水湾子，随山高下，值高山之顶，常有巨垒建其上。更向西北，在德惠乡方面，又有壕堑，深约六七尺、三四尺不等，堑左犹存边墙形迹。由密江屯迤西，至珲春与汪清分界之黑滴达，循图们江山岭西南，筑有石墙，高及丈许，远至汪清县界之孤山子北，凉水泉子街始尽。又石头河窟窿山顶亦有土筑边墙，迤逦而西，至延吉县境。上述墙堡，是否互相联属，以年久湮没，若断若续，难以指认。或谓金源之兴，与高丽争界，此实当交战之冲，古垒纵横，即其遗迹云。"

又据《珲春县文物志》有关珲春县境内边墙的记载：位于珲春平原

北部的长城，"东北从哈达门乡和平村西山经过涌新、涌川，再经镇郊的车大人沟等地方，直至英安乡关门咀子西山，大致东西向，横跨3个山岭，3个沟，总长约50华里。边墙均土筑，多湮圮，断续不连，只有跨越山岭的地方尚明显。保存较好的是涌新东山城墙，基宽8米，高1到1.5米，壕宽6到7米，深1到2米不等。墙和壕大致方向是一致的，但有分有合，不完全一致。城墙所经过的临近山顶皆有土垒或石垒，有的地方双垒并峙，共发现八处"。笔者于1972年在珲春河流域进行考古调查时，当地老人说，在珲春县杨泡乡沙齐城向北到哈达门一带也有一道边壕。据实地调查，在珲春河西北沿岸还发现两座金代山城。在哈达门乡干沟子屯东附近的山上有石筑山城一座。城内出土过"熙宁重宝"一枚、带柄铜镜一面。有角楼、马面，周长约3 000米。在春化乡梨树沟西北二里，小六道沟东北四里，春化桥畔，还有一座周长1 500米的山城。在城内出土一块金代板瓦滴水，以及一些灰褐色细泥陶片。过去在这一山城内还出土过"菜栏河谋克印"①，印背阴刻"定十八年三月，礼部造"。山城有角楼、马面、瓮城。从出土文物以及文献记载来看，这两座山城为金代城址无疑。《宁安县志》载："在镜泊湖有边墙一道，盖辽金防戍之最重要边堡。"

此外，在和龙、龙井两县境内也发现了长城遗迹，"西起和龙县土山乡东山村二道沟的山坡上，向东北伸延到延吉市和龙井县（原称延吉县）境内，最后终止于龙井县长安乡磨盘山附近，全长约一百五十公里"，"在古长城内外，还建筑有烽火台（当地人称作墩台），已经发现的有十四座"②。

又据《和龙县文物志》载：和龙县境内的古长城，"它起筑于海兰江北岸土山乡东山村二道沟的山坡"，"穿越土山、西城、龙门三乡，横跨亚东水库，然后向北龙井县细鳞河的长城村方向伸延"，"城垣多见土

---

① ［日］斋藤甚兵卫：《"间岛"的史迹》3，高丽城。
② 友之：《吉林东部延边地区发现古长城》，载《辽金契丹女真史研究》1985年第1期。
吕遵禄：《镜泊湖周围山城遗址调查》，载《北方文物》1989年第1期。

筑，亦有石砌或土石混筑的"。在这里也发现烽火台遗迹五处，"皆分布于古长城的内侧"。

据笔者于 1978 年 10 月在和龙、龙井两县境内的考古调查得知，在这两县境内不但有长城遗迹，而且还有一些渤海和金代古城，其中重要的渤海古城有和龙西古城子（中京显德府址）和獐项古城。龙井县太阳乡村东一里的太阳古城和长安乡河龙屯内的河龙古城。重要的金代古城有延吉市东二十里的城子山山城（城内出土有高句丽、渤海、金代文物），和龙县的东古城在和龙西古城之东三十里，有角楼、马面、瓮城，周长四里。据《和龙县文物志》载：过去在城内曾出土过兽面瓦当和金代官印三方。这是海兰江北岸的重要金代古城。

此外，在黑龙江省东部牡丹江地区也发现了两道长城遗迹："一道在牡丹江左岸支流海浪河的北岸，略呈东西走向；另一道在镜泊湖东岸的山村中，也是呈东西走向。"[①] 据调查这一段长城"建筑风格已具备辽金时期的特点，与金代东北路界壕边堡的特点相同。

根据上述考古调查资料，可知延边长城分布在今珲春、龙井、和龙以及牡丹江一带，关于它的全部分布情况还有待于今后的考古调查。这一带不但有许多渤海古城和遗址、遗物，而且还有许多金代古城和遗址、遗物[②]，为考证延边长城的时代提供了可靠的根据。

就目前所知，东北的古代长城遗迹，在历史上都有文献记载。延边长城这一巨大工程和重要历史遗迹，在历史上也不可能没有记载。因此，我们只能根据文献记载和考古资料来推定它的建置时代，没有文献根据的推测是不会得出正确结论的。我认为在今延边地区修筑长城，只有金代，其他时期还没有在这一带修建长城的记载。

女真完颜部从始祖函普五传至昭祖（石鲁）时，"耀武至青岭、白山，顺者抚之，不从者讨伐之，入于苏滨、耶懒之地，所至克捷"。青岭即

---

① 友之：《吉林东部延边地区发现古长城》，载《辽金契丹女真史研究》1985 年第 1 期。
② 详见珲春、龙井、和龙三县文物志。

今张广才岭，白山即今长白山，苏滨即今绥芬河，耶懒即今苏城河。六传至景祖（乌古乃）时，"兵势稍振，前后愿附者众"[1]。这时已将其势力发展到统门水（今图们江）、曷懒水等地。九传至穆宗（盈歌）、十传至康宗（乌雅束）时，已进入曷懒甸（今朝鲜咸镜南道咸兴平原），和高丽发生冲突。"康宗（乌雅束）嗣，遣石适欢，以星显（今布尔哈通河）、统门（今图们江）之兵往至乙离骨岭，益募兵，趋活涅水，徇地曷懒甸。"[2]高丽靖宗十年（1044年），筑定州城[3]的同时，修筑一道长城[4]，此即与高丽接界的曷懒甸长城。"高丽背约，杀二使，筑九城[5]于曷懒甸，以先数万来攻，斡赛败之。斡鲁[6]亦筑九城，与高丽九城相对。高丽复来攻，斡赛复败之。高丽约以还逋逃之人，退九城之军，复所侵故地。"[7]女真建国后，天辅三年（1119年），"高丽增筑（曷懒甸）长城三尺，边吏发兵止之，弗从。报曰：'修补旧城'，曷懒甸孛菫胡刺古、习显以闻。诏曰：'无得侵轶生事，但慎固营垒，广布耳目而已'"[8]，以上是女真在建国前后，和高丽在曷懒甸修筑城堡和长城互相对峙的记载。今延边长城，在金代属曷懒路统辖。金太宗天会九年（1131年）正月，"命以徒门水（今图们江）以西，浑瞳（今珲春河）、星显（今布尔哈通河）、潺春（今海兰江）三水以北闲田给曷懒路诸谋克"[9]。由此可知，金代曷懒路的辖境，除包括今朝鲜东北部的咸镜南、北道以外，还包括今珲春、延吉、龙井、

---

①《金史·世纪》。

②《金史·高丽传》。

③定州在今朝鲜咸镜南道咸兴西南三十五里的定平。

④《东国舆地胜览》，定平府古迹条：古长城，高丽时所筑，西逾大岭，东接都连浦。

⑤九城即成、英、福、雄、吉五州城和公崄、通泰、真阳、崇宁四镇城，皆在今朝鲜咸兴平原。

⑥《金史·斡鲁传》："斡赛母疾病，使斡鲁代将其兵数月，斡鲁亦对筑九城与高丽抗。"

⑦《金史·世纪》，并见《金史·高丽传》《金史·斡鲁传》。

⑧《金史·高丽传》《金史·太祖本纪》。

⑨《金史·太宗本纪》天会九年正月戊申条。

和龙等地。金代"曷懒（路）地接高丽"[1]。今延边金代古城以及长城和高丽所筑曷懒甸九城以及长城南北相对，当为金代为防御高丽的进攻而修建的。今延边长城的形制有界壕、边墙、堡垒，和今大兴安岭东麓的金代界壕、边堡的形制相同。又据《大金国志》卷二四，章宗皇帝本纪记载：泰和元年（1201年）"冬，浚界，深广各三丈，东接高丽，西达夏境，列屯戍兵数千里，防其复至"。这一记载，明确指出金代曾修筑了"东接高丽"和"西达夏境"的两道界壕、边堡。今延边和朝鲜咸镜南道境内的城堡和长城遗迹，当为金代曷懒路"东接高丽"的长城。所谓"西达夏境"，即指东北自呼伦贝尔盟莫力达瓦旗起，沿大兴安岭东麓西南行，穿过锡林郭勒盟草原，直到阴山背后大青山北部群山中的金代界壕边堡。

过去也曾认为今延边长城，可能是金末蒲鲜万奴为防御蒙古而修筑的，但这仅是推断，缺乏文献根据。考蒲鲜万奴在1215年建国，初称大真，后改国号为东夏，直到1233年灭亡，仅十九年。在这短短的十九年中，东征西讨，转战各地，难以动员大量人伕修筑规模巨大的长城。况且蒲鲜万奴偏安于东部沿海一带时，"仍羁属蒙古"[2]，在1218年和1219年，和蒙古、高丽三方联合攻打契丹反金势力[3]，因此，在1219年以前，不会修筑长城以防蒙古。1217年，木华黎进军中原，1219年，成吉思汗西征，这时蒙古无暇东顾，因此，蒲鲜万奴在1224年，曾企图乘机脱离蒙古而独立[4]。但这时（1224年）距东夏灭亡（1233年）仅八九年的时间，怎有能力和时间修筑这样大规模的长城呢？特别是对蒲鲜万奴的建国及其东征西讨，攻城略地等均有记载，独对修建长城这一大事没有记载，这是不可能的。从文献没有关于东夏修筑长城的记载也可推知，今延边长城不是蒲鲜万奴的东夏国修建的。魏声和说："或谓金源之兴，与高丽争界，此实当交战之冲，古垒纵横，即其遗迹云"，这一推论是

---

① 《金史·蒲察世杰传》。
② 屠寄：《蒙兀儿史记·蒲鲜万奴传》。
③ 《高丽史》卷22，高丽世家。
④ 《高丽史》卷22，高丽世家。

和文献记载相符的。到金章宗时代，又挖筑界壕，"东接高丽"，以防高丽再来进攻。根据文献记载以及延边长城的形制和西部金代界壕边堡相同的情况来看，延边长城（实即界壕、边堡）当为金代长城。

八 唐代高丽长城和扶余城

唐代高丽（即高句丽）西部的千里长城,东北自扶余（一书扶余城）起,但其东北端的具体地址当今何地,因无考古调查资料,还不清楚;高句丽北部的边防重镇扶余城当今何地,虽有所指,但史学界还有争论。搞清这两个问题,对于了解唐代高丽的西部和北部边界具有重要意义。

（一）唐代高丽长城东北端起自何地?

唐代高丽西部的千里长城即今东北中部松辽平原地区的边岗遗迹,因过去已发表了两篇论文[1],不再重述;这里仅对高丽长城（今边岗遗迹）的东北端起自何地的问题,根据实地调查情况简述如下。

在东北中部平原地区的边岗遗迹,有的同志在1971年10月和1983年5月,对吉林省怀德县境内的边岗进行过两次实地踏查[2],基本搞清了怀德县境内的这一段边岗（长城）情况。但从怀德县境再往东北延伸到何处,尚未搞清。过去一般认为唐代高丽长城"东北自扶余城"[3]即自今农安起,但这只是根据文献记载的推定,并没有考古调查资料的证实。

笔者为了搞清边岗（即高丽长城）的东北端起自何地的问题,首先

① 拙著:《东北地区中部的边岗和延边长城》,载《辽海文物学刊》1987年第1期;王健群:《高句丽千里长城》,载《博物馆研究》1987年第3期。

②《怀德县文物志》,第106—107页。

③《旧唐书·高丽传》;《三国史记》卷20,《高句丽本纪》8;《新唐书·高丽传》则记为"东北首扶余"而无"城"字。

根据比较详细的地图，摸清了农安、德惠两县境内所有以边岗命名的地名，并将地图上这些以边岗屯命名的地名，和怀德境内的边岗相连，恰好连成东北、西南走向的一条边线，在这条边线以外，绝无边岗屯的地名。笔者根据这一线索，在1988年4月末和1989年10初，先后和王业钧、庞治国、刘安平等同志对农安县龙王乡北十余里的边岗屯、德惠县和平乡西二十里的西边岗屯、腰边岗屯、东边岗屯，以及从德惠县边岗乡的东、西边岗屯往西南沿边岗线到郭家乡东5公里的曹家屯一带进行了调查访问。根据从边岗乡的东、西边岗屯到郭家乡曹家屯这一段长约20公里的实地调查结果证实，在地图上边岗屯与边岗屯之间连成一线，和实际边岗线相差无几。最后，在1989年10月12日，到德惠县松花江乡老边岗屯进行了调查。另外，在农安县前岗乡北4公里的于家村老边岗屯，据有的同志调查，也有过边岗遗迹，今已不见，其附近仅有一处辽、金遗址①。

　　笔者经过两次调查访问得知，凡有以边岗命名的地方，均有过边岗（长城）遗迹。这些边岗遗迹，绝大部分今已不见，有的地段早已成为边岗道。现在连边岗道也因改道而夷为平地，今已不见任何遗迹，仅留有边岗的地名。当地老年人大多数都看见过边岗道，都说通往怀德。现在只有个别地方还能看到断断续续的小土包。如1989年10月11日，在德惠县和平乡西10公里的西边岗屯调查时，在屯南的耕地里还能看到已成慢坡形的小土包。据当地85岁的杨玉田老人说，每隔三四华里就有一个较高的土包。据实地调查，在西边岗屯东北三四华里的腰边岗屯有一土包，在腰边岗屯东北三四华里的东边岗屯也有一个小土包，这三个小土包都在从东北到西南走向的这一条线上，当地群众称之为烽火台。在各边岗屯调查时，仅在这里还能看到边墙的部分遗迹。在其他边岗屯调查访问时，据当地老住户、六七十岁以上的老人说，他们在年幼

八　唐代高丽长城和扶余城

----

①《农安县文物志》，第340页，1985年5月，邹世魁同志曾到前岗乡老边岗屯进行过调查。

时已不见边墙遗迹，大部分边墙已改成边岗道，成为西南通往怀德的大车道，故称为边岗道。现在连边岗道也因改道而早已不见，只有当地老年人还能指出原来边岗道的位置和走向。根据德惠县郭家乡东 5 公里的曹家屯当地老住户、68 岁的李树成老人说，曹家屯这一段边岗道在 40 年前还比较高，后因改道，原边岗道早已开垦为耕地，今已不见任何遗迹。在老人的指引下，在个别地方还能隐约看出一道慢岗。1988 年 4 月 29 日，到德惠县边岗乡的东、西边岗屯调查访问时，当地 66 岁的苏廷发老人说，过去拖拉机在边岗道翻地时，看到边岗道上的土不是自然的松土，都是较硬的蒜瓣土，而边岗道两侧则都是松土。1973 年到 1975 年，这段边岗道已开垦为耕地，在西边岗屯西边的烧锅屯就是建筑在边岗道上。1989 年 10 月 12 日，到德惠县松花江乡的老边岗屯进行调查，这里早已不见边墙遗迹。据农民说，在屯内挖菜窖时，曾挖出过铁锅（当地群众称之为高丽锅，当即金代的六耳铁锅）、铁铧、大青砖、石臼等物。据屯内老户、76 岁的王兆祥老人说，在老边岗屯南有一土岗。我们和当地老人来到屯南这一外表如同自然形成的土岗调查，当地群众都说，在挖地时，这土岗上的土都是黄褐色的蒜瓣土，两边都是松土。现在已经很难看出边墙遗迹，这里是通往农安的边岗道。松花江乡老边岗屯是边岗东北端最后的一个以边岗命名的地名。由此可知，边岗的东北端，即唐代高丽长城的东北端。搞清唐代高丽长城的东北端起自何地的问题，不但有助于了解唐代高丽的西部边界问题，而且对考证扶余和扶余城的方位也是有帮助的。

（二）唐代高丽的扶余城在哪里？

关于唐代高丽的扶余城在哪里的问题，日本学者发表了许多论文，众说纷纭，约有四说：在今佟佳江（即今浑江）下游，古卒本扶余之地[①]；

---

① 〔日〕和田清：《东亚史研究》（满洲篇），第 22—54 页。

在今朝鲜咸镜南道咸兴①；在今农安②；在今昌图四面城③。前两说，和田清已撰文批驳④。推定唐代高丽扶余城方位的关键在于唐军进攻高丽的路线和金山的位置。但文献所载唐军的进攻路线和金山的方位并不明确，难以确定，因而其所推定的唐军进军路线和金山的方位都是作者主观推定的，和后述文献记载以及考古资料并不相符。

从唐代高丽长城"东北自扶余城，西南至海，千有余里"⑤，以及"东北首扶余，西南属之海"⑥的记载来看，在对高丽长城（今边岗）的东北端起自何地的问题没有调查清楚以前，笔者也曾误认为高丽的扶余城在今农安⑦。通过调查访问，搞清了高丽长城（今边岗）从今农安东二十公里处的德惠县境内通过，而且还明确了唐代高丽长城"东北自扶余城"的扶余城，不是指高丽的扶余城，而当是指在今农安的扶余后期王城故城。

第一，据《辽史·地理志》东京道龙州黄龙府和通州两条的记载可知，辽代黄龙府在今农安，保宁七年（975年）一度西南迁到通州（今四平市一面城）。开泰九年（1020年），又向东北迁回原地，即今农安城。辽代初期和后期的黄龙府在今农安，即渤海的扶余城和扶余后期王城。通过调查得知，农安城在今边岗以西，即高丽长城之外，高丽北部边防重镇的扶余城决不可能在高丽长城之外，所以高丽的扶余城不可能在今农安。

第二，《辽史·地理志》东京道载，辽代前期黄龙府即渤海的扶余府和扶余后期王城，但并没有记载是高丽（即高句丽）的扶余城。特别

---

① ［日］和田清：《东亚史研究》（满洲篇），第22—54页。

② ［日］和田清：《东亚史研究》（满洲篇），第22—54页。

③ ［日］和田清：《东亚史研究》（满洲篇），第22—54页。

④ ［日］和田清：《东亚史研究》（满洲篇），第22—54页。

⑤《旧唐书·高丽传》；《三国史记》卷20："（高句丽）荣留王十四年（631年）春二月，王动众筑长城，……凡一十六年毕功。"

⑥《新唐书·高丽传》。

⑦ 拙著：《东北地区中部的边岗和延边长城》，载《辽海文物学刊》1987年第1期。

是从今农安城在边岗之外，以及农安及其周围并没有发现高丽（高句丽）遗物来看，可以推知辽代黄龙府并不是高丽的扶余城。因此，《三国史记》卷三七，地理志引贾耽《古今郡国志》关于渤海扶余府为"高丽旧地"的记载，当指渤海扶余府的一部分，而不是全部。又据《魏书·高句丽传》载："夫余为勿吉所逐。"北魏太和十八年，（高句丽文咨明王三年，494年），夫余王率妻孥逃亡到高句丽[①]，夫余遂亡。由此可知，夫余最后为勿吉所逐，夫余后期王城（今农安）当为勿吉所攻占，而不是被高句丽攻占。因此，把高丽的扶余城推定在今农安，和考古资料以及文献记载并不相符。关于高丽长城东北起自扶余城[②]，还是扶余[③]的问题，通过对边岗东北端的调查，在搞清了边岗即高丽长城的走向和东北端的位置以后，进而明确了高丽西部长城东北起自扶余的记载是正确的。

关于昌图四面城是不是高丽扶余城的问题。四面城在今昌图老城镇北四十里、二十家子北二道河支流之北，为一周长二华里的小型辽、金古城，并无高句丽和渤海遗物。同时，四面城在高丽之西，而不是在高丽之北；在高丽长城的中部，而不是在其东北端。这和文献所载高丽扶余城在高丽之北、为高丽北部边防重镇，以及在高丽长城的东北端不符。

文献记载的夫余城，即夫余王城。夫余王城有二，一为初居鹿山的夫余王城；一为"西徙近燕"以后的夫余王城。高句丽的扶余城即被高句丽占据的夫余前期王城，亦即初居鹿山的夫余王城，此外并没有所谓扶余城。

第一，高丽（即高句丽）的扶余城，即《三国史记》卷三七，《地理志》所说的"鸭渌水以北未降十一城"中的"北扶余城州"，亦即集安《牟头娄墓志》中所说的好太王时代"教遣令北扶余守事"[④]的北扶余城。这

---

① 《三国史记》卷 19，《高句丽本纪》第 7。

② 《旧唐书·高丽传》：高丽长城"东北自扶余城"。

③ 《新唐书·高丽传》：高丽长城"东北首扶余"。

④ ［日］武田幸男著、刘力译：《牟头娄一族与高句丽王权》，载《东北亚历史与考古信息》1986 年第 4 期。

一北扶余城即在高句丽北部的夫余前期王城，而不是"西徙近燕"以后，在今农安的夫余后期王城。今农安城在边岗以西即高丽长城边外的事实说明，夫余后期王城并没有被高句丽占据。同时，在公元410年，即好太王二十年，好太王大举进攻夫余，并占领了夫余的大片领土和许多城镇以后，夫余并没有灭亡。北魏高宗太安三年（457年），还有"于阗、扶余等五十余国各遣使朝献"[①]的记载。后来，"夫余为勿吉所逐"[②]，北魏太和十八年（494年），夫余王率妻孥逃亡到高句丽[③]，夫余遂亡。说明夫余后期王城（今农安）不是被高句丽占据，而是被勿吉（后称靺鞨）占据。高句丽在公元410年前后占据的是夫余前期王城，即初居鹿山的王城。这一王城即北扶余城。

第二，《好太王碑》云：好太王"廿年庚戌，东夫余旧是邹牟王属民，中叛不贡，王躬率往讨，军到余城，而余举国骇服。""凡所攻破城六十四，村一千四百。"碑文中所说的东夫余，既不是神话传说中在东海之滨迦叶原地方建立的东夫余[④]；也不是如有人所说的在西晋太康六年（285年），慕容廆破夫余，"其王依虑自杀，子弟走保沃沮"[⑤]时在北沃沮建立的所谓东扶余[⑥]。因为第二年即公元286年，夫余后王依罗在西晋的援救下，打败慕容廆军，又"还复旧国"。同时，在东海之滨的北沃沮之地，并不存在所谓东扶余的文献记载。因此，这两个所谓东扶余一是来自神话传说，一是来自后人的主观推测；实际上并不存在。《好太王碑》中所说的东夫余，是指在"西徙近燕"以后的夫余之东，故称之为东扶余。此即初居鹿山的夫余，因为它在高句丽之北，故又称北扶余。

---

① 《魏书》卷5，《北魏高宗文成帝纪》，太安三年十二月。

② 《魏书·高句丽传》。

③ 《三国史记》卷19，《高句丽本纪》第7，文咨明王三年二月。

④ 《三国遗事》卷1，东扶余。

⑤ 《晋书》卷97，《四夷传·夫余》。

⑥ ［日］池内宏：《夫余考》，载《满鲜地理历史研究报告》第13册；［日］岛田好：《东扶余的位置和高句丽的开国传说》，载《青丘学丛》第16号（昭和九年5月）。

从高句丽"出自北扶余"①"出于夫余"②"出自东夫余"③的不同记载可知，不是哪一记载正确与不正确的问题，而是夫余即北夫余、东夫余的问题。《好太王碑》中的"余城"即东夫余城，亦即"初，居于鹿山"④的夫余前期王城。好太王在410年，占领东夫余的大片领土和城镇以后，便派官前往镇守，此即《牟头娄墓志》中所说的好太王时代"教遣令北夫余守事"的问题。好太王打败东夫余，派遣的官员为什么不是东夫余守事，而是北夫余守事呢？这也是东夫余即北夫余亦即夫余的明证。关于夫余即北夫余亦即东夫余的问题，因笔者已有专文论述⑤，不再详述。《好太王碑》中的"余城"即东夫余城，亦即"初，居于鹿山"的夫余前期王城。据《资治通鉴》卷九七⑥和《好太王碑》的记载可知，夫余前期王城最晚当在高句丽好太王时代已被高句丽占领，成为高句丽防御勿吉即后来的靺鞨南下的北部边防重镇扶余城。南北朝时，勿吉在高句丽之北部，与高句丽为邻，延兴（471—476年）中，曾攻陷"高句丽十落"；太和（477—499年）初，密谋联合百济夹攻高句丽，由于北魏的劝阻而未能实现⑦。勿吉后称靺鞨，隋、唐时代居住在高句丽的北部，其中的粟末部"与高丽接，依粟末水以居"⑧。粟末水居住在这一带的粟末靺鞨经常和高句丽发生战争，高丽的扶余城就是防御靺鞨南下的军事重镇。唐乾封三年（668年）二月壬午：唐派薛仁贵进攻高丽扶余城，"杀获万余人，遂拔扶余城，扶余川中四十余城，皆望风请服"⑨。高丽泉男建"复遣兵五万人，救扶

①《好太王碑》；《牟头娄墓志》。

②《魏书·高句丽传》；《魏书·百济传》。

③《三国史记》卷13，《高句丽本纪》第1，始祖东明圣王；《三国遗事》卷1，《高句丽》。

④《资治通鉴》卷97，《晋纪》19，东晋穆帝永和二年正月。

⑤拙著：《东北史地考略》，第25—32页。

⑥《资治通鉴》卷97，东晋穆帝永和二年（346年）正月："初，夫余居于鹿山，为百济所侵，部落衰散，西徙近燕。"

⑦《魏书·勿吉传》。

⑧《新唐书·黑水靺鞨传》。

⑨《资治通鉴》卷201；《新唐书·高丽传》。

余城，与李勣等遇于薛贺水，合战大破之，斩获三万余人"①。从唐与高丽在争夺扶余城的战斗中投入的兵力和杀获人数，可以推知高丽扶余城在战略上的重要地位。

第三，高丽扶余城在粟末靺鞨的东南，与粟末靺鞨相接。《太平寰宇记》卷七一，燕州（武德元年改辽西郡为燕州）条引隋《北番风俗记》云："初，开皇中，粟末靺鞨与高丽战，不胜，有厥稽部渠长突地稽者，率忽使来部、窟突始部、悦稽蒙部、越羽部、步护赖部、破奚部、步步括利部、凡八部，胜兵数千人，自扶余城西北举部落向关内附，处之柳城。"突地稽后因从征有功，大业年间，"拜辽西太守，封扶余侯"②。从封扶余侯可知，原居扶余故地。隋文帝开皇时期（581—604年）的粟末靺鞨部在高丽扶余城的西北，而高丽的扶余城则在粟末靺鞨的东南，这是推定高丽扶余城的重要而可靠的根据。粟末靺鞨"依粟末水以居"。"靺鞨在高丽之北，……与高句丽相接，胜兵数千，多骁武，每寇高丽"③，即经常和其邻近的高丽发生战争。在今吉林市西北粟末水北岸的永吉县乌拉街镇杨屯大海猛④和榆树县大坡乡后岗大队老河深村、农安县北部松花江南岸⑤，均发掘出唐初渤海前期的粟末靺鞨的墓群和文化遗物。从粟末靺鞨墓群的分布及其居住"在高丽之北"、在粟末水和在扶余城的西北与高丽相接并经常与高丽发生战争等记载来看，把高丽的扶余城推定在今吉林市龙潭山高句丽山城比推定在上述其他四处城址更符合上述文献记载和下述考古资料的实际。

第四，吉林市龙潭山高句丽山城当为高句丽北部的边防重镇——扶余城。

①《资治通鉴》卷201；《新唐书·高丽传》。
②《册府元龟》卷970，外臣部。
③《隋书·靺鞨传》。
④ 吉林市博物馆编：《吉林史迹》，第20—22页，吉林人民出版社1984年出版。
⑤ 吉林省文物考古研究所编：《榆树老河深》，第120页，文物出版社1987年出版；《农安县文物志》，第60—67页。

在今吉林市龙潭山南麓的龙潭山车站和东团山东南麓的南城子附近，都出土过较多的汉代遗物，而龙潭山山城、东团山山城和九站南山城城内则均出土过较多的高句丽样式的红色绳纹板瓦块。出土汉代文物比较集中的地区是龙潭山车站附近，而不是东团山附近。从龙潭山到东团山之间约五华里的铁道两侧，出土的汉代文物有：五铢钱、白铜镜残片、三角形铜镞、玉饰、耳饰、带有"长"字的瓦当残片、陶耳环、陶灶、陶甑、印有五铢钱和王莽货泉花纹的陶片、鹿头骨、鹿角，此外，还出土大量的绳纹陶片等[①]。从这一地区的山川地理形势和出土的文物来看，以龙潭山车站为中心的平原地区当为初居鹿山的夫余前期王城所在地[②]。在龙潭山车站以北的龙潭山山城，及其南面的东团山山城，当为其卫城。也有人认为东团山东南麓的南城子为夫余前期王城[③]，但东团山仅为高出地面 50 余米的小山，而且东团山山城（周长一里）、南城子（周长二里）[④]，都比较小，以其为夫余王城（今龙潭山车站附近）的卫城，较之为王城更符合实际。龙潭山高出地面约 100 余米，其上为周长 2 396 米的黄土和碎石混筑的较大山城。东团山山城在龙潭山山城之南稍偏西约 5 华里，紧临松花江的东岸。九站南山城，即三道岭子山城，在龙潭山山城的西北约 20 余华里的松花江西岸。在这三座山城内部都出土过高句丽的红色绳纹板瓦[⑤]。这三座高句丽山城，以龙潭山山城最为高大雄伟。当为夫余前期王城所在地的鹿山，而东团山山城和九站南山城（三

---

① 李文信：《吉林市附近之史迹及遗物》，载《历史与考古》第 1 号（民国 35 年 10 月出版）。

② 拙著：《夫余的疆域和王城》，载《社会科学战线》1982 年第 4 期。

③ 武国勋：《夫余王城新考》，载《黑龙江文物丛刊》1983 年第 4 期。

④《吉林通志》卷 24，《舆地志》12，城池：伊兰茂城即今东团山山城，周长一里，南城子周长二里。

⑤ 李文信：《吉林市附近之史迹及遗物》，载《历史与考古》第 1 号（民国 35 年 10 月出版）。

道岭子山城）则为较小的山城 [1]，分扼松花江上下游的要隘处，当为龙潭山山城的卫城。从上述文献所载高句丽的扶余城在粟末靺鞨东南的方位来看，以龙潭山山城为中心的高句丽山城，当为高句丽北部边防重镇的扶余城，亦即北扶余城。从龙潭山山城的南麓和东团山山城的东南麓出土的汉代文物来看，龙潭山山城是否始建于高句丽值得研究。龙潭山山城不是石筑的典型的高句丽山城，而是黄土和碎石混筑的山城，当为汉、魏时代，初居鹿山的夫余前期王城的卫城，高句丽占据后又加以修筑和沿用。东晋穆帝永和二年（346 年），夫余"为百济（当为高句丽之误）所侵，部落衰散，西徙近燕"，即夫余从鹿山西迁到今农安，此为夫余后期王城，494 年，为勿吉攻占。夫余前期王城被高句丽占据的时间，从东晋永和二年（346 年）前后，或最晚从好太王二十年（410 年）算起，到唐总章元年（668 年），唐军攻陷高丽扶余城止，高句丽占据扶余城（即北扶余城）达二三百年之久。

综合上述，高丽即高句丽的扶余城（即北扶余城），亦即夫余初居鹿山的前期王城，在粟末靺鞨的东南，与粟末靺鞨邻近，是高句丽防御勿吉亦即后来粟末靺鞨南下的北部边防重镇，在今吉林市龙潭山山城，而东团山山城和九站南山城则为其卫城。把高句丽的扶余城推定在其他各地者，不但没有考古资料的证实，而且也和高丽扶余城在高丽之北、粟末靺鞨东南并与粟末靺鞨相邻的文献记载不符。

---

[1] 董学增：《吉林市龙潭山高句丽山城及其附近卫城调查报告》，载《北方文物》1986 年第 4 期；康家兴：《吉林市龙潭山的山城和水牢》，载 1957 年吉林省博物馆编：《文物工作通讯》。

九　吉林市龙潭山山城考

吉林市周围群山环抱，丘陵起伏，松花江流经市区，沿江两岸都是冲积平原，自然环境优越，有山、有水、有平原，适于农耕和渔猎，自古以来就是各族人民劳动、生息、繁衍的好地方。古代各族人民在这里创造了绚丽多彩的文化，留下了丰富的历史遗迹、遗物，生动地记录着这一地区的历史进程。

吉林市龙潭山山城位于龙潭山上。龙潭山山城及其附近的龙潭山车站、东团山、帽儿山一带，是西团山文化（青铜时代文化）最为密集的地区，是燕、秦、汉东北古长城以北汉代文化遗迹、遗物最为丰富的地区，是东北高句丽山城中最北的一座规模较大的山城，是吉林省省级重点文物保护单位。

龙潭山山城及其附近的历史遗迹、遗物是古代哪一族的遗存？山城兴废的原因和年代如何？搞清这些问题，对东北边疆民族史的研究，以及对旅游事业的开展都有重要意义。

为了搞清上述问题，首先要弄清龙潭山山城及其附近的历史遗迹、遗物，它是研究这一地区历史演变的可靠物证。

吉林市区和郊区松花江两岸的山麓台地上，分布着许多新石器时代、青铜时代、汉、魏时代，以及高句丽、渤海、辽、金、元、明、清时代的遗迹、遗物，其中尤以龙潭山山城及其附近的青铜时代文化（西团山文化），汉、魏时代和高句丽时代的古代遗迹、遗物最为丰富，这说明吉林市龙潭山山城及其附近一带，是古代经济文化的中心。

（一）龙潭山等地的西团山文化是涉人的文化遗存

西团山文化是分布在吉林、长春等地区的青铜时代的文化，吉林市是西团山文化最为密集的地区，仅市内和郊区的西团山文化遗址就有24处 [1]。其中较为著名的有西团山、骚达沟、龙潭山、龙潭山车站、东团山、长蛇山、猴石山、土城子、泡子沿等遗址。在这些遗址或其附近，又分布着许多石棺墓，其中重要的有西团山和骚达沟墓群。吉林市龙潭山及其附近，是西团山文化最为密集的地区。西团山文化的年代分期问题，由于受到考古资料的限制和对地层、器物形态研究水平的限制，目前还难以得出一个确切的结论。但是根据器物类型、房屋建筑和墓葬结构的异同，参考碳十四测定的数据，一般认为西团山文化的年代约在西周初到秦、汉之际 [2]。由此可知，今吉林市早在西周初到秦、汉之际，已经是青铜文化比较发达的地区。

关于西团山文化是古代哪一族的文化遗存的问题，最初有的认为"可能是肃慎族的文化遗存" [3]。但是随着考古资料的新发现和文献研究的深入，又提出新的看法，认为西团山文化应是最早进入阶级社会的涉人的文化遗存，而不是还处在原始社会阶段的肃慎人的文化遗存 [4]。特别是推定夫余王城在今吉林市龙潭山一带以后（见后述）[5]，从"国有故城，名

① 《吉林市市区文物志》，第 13—16 页；《吉林市郊区文物志》，第 17—56 页。

② 董学增：《试论吉林地区西团山文化》，载《考古学报》1983 年第 4 期。

③ 中国科学院考古研究所编著：《新中国的考古收获》，第 42 页；佟柱臣：《东北原始文化的分布与分期》，载《考古》1964 年第 1 期；薛虹：《肃慎和西团山文化》，载《吉林师大学报》1979 年第 1 期。

④ 拙著：《关于西团山文化族属问题的探讨》，载《社会科学战线》1985 年第 2 期；董学增、李澍田：《略谈西团山文化的族属问题》，载《东北师大学报》1984 年第 2 期；刘景文、张志立：《西团山文化及其族属》，载《北方文物》1985 年第 2 期。

⑤ 拙著：《夫余的疆域和王城》，载《社会科学战线》1982 年第 4 期；载《东北史地考略》，第 17—25 页。

涉城，盖本涉貊之地，而夫余王其中"①的记载可知，今龙潭山山城及其附近一带，在西汉初夫余建国之前，当为古代涉人居地，涉城也当在这里。

（二）龙潭山山城及其附近，是汉、魏、晋时代的夫余王城（前206年—346年）

　　吉林市除西团山文化比较密集以外，汉代文化遗物也比较丰富。吉林市的汉代文化遗物和辽宁地区比较，当然谈不上丰富，但在燕、秦、汉古长城以北，即今辽宁省以北的地区来说，还是最为集中和丰富的地区。汉代文化遗物主要分布在龙潭山山城、龙潭山车站、东团山山城、帽儿山及其附近一带。在龙潭山车站到东团山之间的铁路两侧，发现的汉代文物有：五铢钱、白铜镜残片、三角形铜镞、灰色细泥陶耳杯、陶灶、陶甑，印有五铢钱和王莽货泉押印花纹的陶片，以及带有"长"字的灰色瓦当残块（即汉代"长乐未央"瓦当的残部）、大量的绳纹陶片等。在龙潭山山城南和东团山之东三里许的帽儿山一带发现大批相当于汉代的墓葬。在墓地出土的文物主要有铜饰物、青铜扣、玛瑙珠等。玛瑙珠数量极多，亦有较大者，每与金铜饰物同时出土②。近年来，在龙潭山山城南的帽儿山一带，发掘一批古墓葬，多为土坑木椁墓，其时代相当于汉代。此外，在吉林市区内的土城子（江北公园东北角）、小石桥（江南乡永安村）、马家屯（江南乡日升村）、龟盖山（江南乡永安村）等地，均发现有汉代遗迹遗物③。

　　龙潭山山城为土石混筑，平面呈不规则多边形，城墙随山势修筑。周长2396米，山城最高处，海拔388.3米，俗称"南天门"。山城内现存的主要建筑有"水牢"和"旱牢"。"水牢"又名龙潭，在山城内西北隅的最低处。所谓"水牢"，实际是由打制的长方形石块砌筑的蓄水池。"旱

---

①《三国志·魏书·东夷传·夫余》。

② 李文信：《吉林市附近之史迹及遗物》，载《历史与考古》第1号（1946年）；李文信：《吉林龙潭山遗迹报告》（一）（二）（三），载《满洲史学》第1卷第2号、第3号，第2卷第2号。

③《吉林市市区文物志》，第19页；《吉林市郊区文物志》，第57—60页。

东北史地考略续集

096

牢"也是用石块砌筑的，是一直径 10.6 米、深 2—3 米的圆形建筑①。在山城内西南较高处，距"水牢"约为 420 米。"旱牢"，"传为囚房之所，故俗名旱牢"②。也有的认为"它很可能是储备军需物资的重要仓牢"③，或"应是贮存军事物资的地窖"④。笔者认为建筑山城，山上必有水源或蓄水池，没有水源或蓄水池，既不能居住也不可能建山城。据考古调查可知，所有的山城内均有水源或蓄水池，但至今多已干涸，仍有水源流出者已不多见，因此，不能认为"旱牢"地处较高，现在无积水，便认为它不是水源或蓄水池，而是仓库或囚房之所。从"旱牢"的构筑形制来看，圆形的直立石壁，没有出入道，没有上盖的痕迹，不可能是仓库遗址。从直径为 10 米的圆形石壁来看，规模不大，容纳不了多少人，因此，"囚房"说也难以成立。笔者认为"水牢"和"旱牢"同样，都是蓄水池，不过一个至今仍有水不断流出，一个已经干涸而已。

一般山城附近，均有平原城，龙潭山山城、龙潭山车站、东团山一带是一个整体，从龙潭山车站附近出土的大量的汉代文物来看，此处当为平原城，东团山山城当为其卫城。在龙潭山车站附近发现的汉代"长乐未央"瓦当残块，说明龙潭山车站一带，在汉代有重要官衙建筑，绝非一般汉人村落所应有之物。把龙潭山山城、龙潭山车站附近(平原城)、东团山山城（卫城）推定为汉、魏、晋时代夫余王城的根据，除在其附近发现较多的汉代文物以外，在文献方面的根据是：

第一，"夫余，在长城之北，去玄菟千里"⑤。

夫余和中原汉、魏王朝，以及玄菟郡的关系密切，来往频繁，从夫余王城到玄菟郡的距离是推定夫余王城位置的可靠根据，据已发表的夫

---

① 《吉林省文物志》，第 95—97 页。

② 李文信：《吉林市龙潭山遗迹报告》，载《满洲史学》第 1 卷第 2 期。

③ 康家兴：《吉林市龙潭山的山城和水牢》，载 1957 年《吉林省文物工作通讯》。

④ 董学增：《吉林市龙潭山高句丽山城及其附近的卫城的调查报告》，载《北方文物》1986 年第 4 期。

⑤ 《三国志·魏书·东夷传·夫余》。

余的疆域①和古长城方位的调查研究②可知，夫余在今辽宁省的北部是可以肯定的。这里所说的玄菟郡是指107年西迁后的第三玄菟郡的郡治所在地，它"在辽东北，相去二百里"③，汉、魏时代的二百里，约当今一百四十里，辽东指今辽阳，辽阳北一百四十里，正当今沈阳市东三十里的上柏官屯汉、魏古城。"去玄菟千里"，是指从玄菟郡（今上柏官屯古城）到夫余王城的距离，汉、魏时代的千里，当今七百里，今上柏官屯古城北七百里，正当今吉林市一带。从今上柏官屯沿浑河、辉发河流域到吉林市的这条道路上，汉、魏、高句丽时的遗迹、遗物较多，正是一条古代交通道，也是现在的主要交通道。因此，"夫余，在长城之北，去玄菟千里"的方隅里到是推定夫余王城位置的可靠根据。

第二，东晋穆帝永和二年（346年）："初，夫余居于鹿山，为百济所侵，部落衰散，西徙近燕。"④这是推定汉、魏、晋时代夫余王城位置的又一重要根据。据此可知，汉、魏、晋时代的夫余王城是山城或附近有山。346年，夫余王城西迁到今农安⑤。可知夫余前期王城即居住在鹿山一带的王城，当在今农安以东。今吉林市龙潭山山城及其附近的地理形势和出土文物，正符合这一记载。特别是关于"男女淫、妇女妒、皆杀之。尤憎妒，已杀，尸之国南山上，至腐烂"⑥的记载可知，夫余王城的南山，为墓葬之地。今龙潭山山城南面的帽儿山正是古墓葬的所在地。

夫余和汉、魏的关系密切，贡使往来频繁，夫余受汉文化的影响较深。

---

① 拙著：《夫余的疆域和王城》，载《社会科学战线》1982年第4期；载《东北史地考略》，第17—25页。

② 李文信：《中国北部长城沿革考》，载《辽宁省博物馆学术论文集》第1集（1949年—1984年）；冯永谦：《东北古长城考辨》，载《东北亚历史与文化》（辽沈书社1991年版）；孙守道：《汉代辽东长城烽燧遗址考—兼论辽东郡三部都尉治及若干近塞县的定点问题》，载《辽海文物学刊》1992年第2期。

③ 《三国志·孙权传》，裴注引《吴书》。

④ 《资治通鉴》卷97，《晋纪》19，东晋穆帝永和二年正月。

⑤ 拙著：《东北史地考略》，第17—25页。

⑥ 《三国志·魏书·东夷传·夫余》；《魏略辑本》卷2，夫余。

夫余“食饮皆用俎豆”“以殷正月祭天”[①]。“其居丧，男女皆纯白，妇人着布面衣，去环佩，大体与中国相仿佛也。”[②]因此，夫余王城一带，当有较多的汉、魏时代的中原汉族的文化传入，这和吉林市龙潭山山城和东团山山城之间的丰富的汉代文化遗物完全相符。特别是夫余杀人后，“尸之国南山上”的记载，和今龙潭山山城南面的帽儿山一带有大量的相当于汉代的土坑木椁墓和墓葬出土文物完全相符。

文献所载，346年，夫余西迁的原因是“为百济所侵”的问题，史学界一般均认为是“为高句丽所侵”之误。从当时夫余、高句丽、百济所处的地理位置来看，“为百济所侵”的记载肯定是错误的，但是认为是“为高句丽所侵”也是缺乏根据的主观推论。因为夫余在346年西迁前。正是前燕（337—370年）慕容皝大举进攻高句丽和辽东的时期，这时正是高句丽的故国原王时代（331—371年）。342年，前燕慕容皝攻陷高句丽的丸都[③]。345年，前燕和高句丽争夺辽东，“拔南苏，置戍而还”[④]。由此可知，在346年以前的高句丽的故国原王时代，高句丽既无进攻夫余的记载，也无进攻夫余的可能。在346年及其以前，有鲜卑慕容廆和前燕慕容皝（慕容廆的第三子）进攻夫余和夫余西迁的记载。西晋太康六年（285年），慕容廆破夫余，“其王依虑自杀，子弟走保沃沮”[⑤]。在这次战争中，“（慕容）廆夷其国城（夫余王城），驱万余人而归”[⑥]。慕容廆的这次进攻，夫余王自杀，王城被毁，并掠走万余人。这是夫余王城第一次遭到战争的摧毁。夫余在西晋的援助下，打败慕容廆军。第二年（286年），“遂复扶余之国”[⑦]。到前燕慕容皝时，在东晋穆帝永和二年（346年），“遣其世子儁与恪率骑万七千，东袭夫余，克之，虏其王

①《三国志·魏书·东夷传·夫余》；《魏略辑本》卷2，夫余。

②《三国志·魏书·东夷传·夫余》；《魏略辑本》卷2，夫余。

③《三国史记》卷18，《高句丽本纪》，故国原王十二年、十五年。

④《三国史记》卷18，《高句丽本纪》，故国原王十二年、十五年。

⑤《晋书》卷97，《四夷传·夫余》。

⑥《晋书》卷108，《慕容廆载记》。

⑦《晋书》卷108，《慕容廆载记》。

（玄）及部众五万余口以还"①。这是夫余遭到前燕的一次最严重的摧残，夫余王和部众五万余口被俘西迁，依附于前燕。由此可知，夫途西迁的原因，既不是为百济所侵，也不是为高句丽所侵，而是为前燕所侵，夫余王和大批部众被掠而"西徙近燕"。346年，西迁后的夫余王城在今农安，西迁后的夫余，在前燕的羽翼下，勉强维持下来。到北魏高宗太安三年（457年），还有"于阗、扶余等五十余国各遣使朝献"②的记载。南北朝时代，夫余北方的勿吉（隋、唐时称靺鞨）强大起来，不断南侵，到494年，"夫余为勿吉所逐"③，夫余王率妻孥逃亡到高句丽④，勿吉进入夫余故地，西迁后的夫余至此灭亡。从此以后，夫余人融合到高句丽和靺鞨中去，夫余之名不再见于史册。

346年西迁后的夫余，直到494年灭亡止，以今农安为中心，统治达148年之久。

（三）龙潭山山城后来成为高句丽的北部边防重镇—扶余城（410—668年）

东晋时，中原战乱不已。这时，高句丽北方的夫余，在前燕的进攻下，日趋衰落。高句丽这时已无后顾之忧，便乘机以全力和前燕、后燕争夺辽东、玄菟两郡。到东晋安帝义熙元年（405年），高句丽尽得辽东、玄菟两郡之地⑤，在"辽东、玄菟等数十城，皆置官司以相统摄"⑥。高句丽与前燕、后燕争夺辽东、玄菟两地获胜以后，乘夫余在346年西迁，部落衰散，国力削弱之际，高句丽好太王二十年（410年），便以全力进攻东夫余。以"东夫余旧是邹牟王属民，中叛不贡"为借口，"王

---

① 《晋书》卷109，《慕容皝载记》，此处记为永和三年（347年），今采《资治通鉴》卷97，晋纪19，东穆帝永和二年（346年）的记载。

② 《魏书》卷5，《北魏高宗文成帝本纪》，大安三年十二月。

③ 《魏书·高句丽传》。

④ 《三国史记》卷19，《高句丽本纪》7，文咨明王三年二月。

⑤ 《资治通鉴》卷114，《晋纪》736，安帝义熙元年正月戊申。

⑥ 《周书》卷49，《高句丽传》。

躬率往讨，军到余城，而余举国骇服。献□□□□□□。王恩普覆，于是旋还"①。余城即夫余王城，而余即东夫余，东夫余即北夫余、夫余，亦即夫余西迁后，原居鹿山的夫余，因在西迁夫余之东，故称东夫余②。从高句丽"出自北夫余"③"出于夫余"④"出自东夫余"⑤的不同记载可知，北夫余、东夫余即夫余的别称，不是在夫余之北还有北夫余，在夫余之东还有东夫余。高句丽好太王在410年占领的东夫余，即以鹿山为王城的夫余以后，派遣的镇守官员是"北夫余守事"⑥，这也证实东夫余即北夫余，亦即夫余。《好太王碑》中所说的东夫余，既不是神话传说中在东海之滨迦叶原地方建立的东扶余⑦，也不是有的认为是在西晋太康六年（285年），慕容廆破夫余"其王依虑自杀，子弟走保沃沮"⑧时，在北沃沮建立的所谓东夫余⑨。因为第二年即286年，夫余后王依罗在西晋的援助下，打败慕容廆军，又"还复旧国"，同时在东海之滨的北沃沮之地，并不存在所谓东扶余的文献记载。因此，两个所谓东扶余，一是来自神话传说，一是来自后人的主观推论，实际并不存在。东夫余之名始见于《好太王碑》，它是在346年夫余西迁后出现的。《好太王碑》中所说的东夫余即夫余、北夫余。

高句丽好太王在410年占领的东夫余，即以鹿山为王城的夫余以后，

---

① 王健群著：《好太王碑研究》，第189页。

② 拙著：《再论北夫余、东夫余即夫余的问题》，载《东北地方史研究》1992年第1期。

③《好太王碑》。

④《魏书·高句丽传》。

⑤《三国史记》卷13，《高句丽本纪》1，始祖东明圣王。

⑥ 集安下羊鱼头北山麓《牟头娄冢墨书》，载［日］池内宏：《通沟》。［日］武田幸男著、刘力译：《牟头娄一族与高句丽王权》，载《东北亚历史与考古信息》1981年第4期；《集安县文物志》，第122—127页所载：《冉牟墓墨书题记》。

⑦《三国遗事》卷1，东扶余。

⑧《晋书》卷97，《四夷传·夫余》。

⑨［日］池内宏：《夫余考》，载《满鲜地理历史研究报告》第13册。［日］岛田好：《东扶余的位置和高句丽的开国传说》，载《青丘学丛》第16号（昭和九年5月）。

夫余的一部分人北渡那河建立了豆莫娄（达末娄）[1]。此即《新唐书·流鬼传》所说的"达末娄自言北扶余之裔,高丽（即高句丽）灭其（夫余）国,遗人度那河因居之"的记载。留在原地的一部分夫余人,后来与高句丽融合。好太王占领了东夫余以后,领土大为扩张,从此以后,高句丽主要是向南发展,进攻百济。410年以后,高句丽的疆域空前扩大,到435年,高句丽的疆域在"辽东南一千余里,东至栅城,南至小海,北至旧扶余,民户三倍于前魏时,其地东西二千里,南北一千余里"[2]。汉,魏时,高句丽"北与夫余接"[3],好太王以后,"北至旧扶余",说明高句丽已占领了扶余即东扶余。南北朝时,高句丽已不是"北与夫余接",而是北与勿吉接了。这时的勿吉逐渐强大起来,与高句丽邻接,并经常侵扰高句丽[4]。勿吉到隋、唐时称为靺鞨,在高句丽（高丽）之北,凡有七部,其一号粟末部,"依粟末水以居"[5],经常与高句丽作战。410年以后,高句丽的势力已到达粟末水,先后与勿吉、粟末靺鞨邻接。高句丽防御靺鞨南侵的北部边防重镇,就是扶余城,亦称北扶余城。

高句丽的扶余城在哪里?众说纷纭,有在佟佳江（今浑江）的下游,古卒本扶余之地[6],在今朝鲜咸镜南道的咸兴[7],在今农安[8],在今昌图四面城[9]等四说。这四说和文献记载以及考古资料均不相符,因笔者已有专文发表[10],不再重述。笔者认为高句丽的扶余城,即夫余居于鹿山的前期王城,亦即今吉林市龙潭山山城,其论据是:

---

① 拙著:《北扶余、东扶余、豆莫娄的由来》,载《东北史研究》1983年第1期;《东北史地考略》,第32—40页。

② 《魏书·高句丽传》;《三国史记》卷18,长寿王二十三年六月。

③ 《三国志·魏书·东夷传·高句丽》。

④ 《魏书·勿吉传》:"勿吉国,在高句丽北","自云其国先破高句丽十落"。

⑤ 《隋书·靺鞨传》;《旧唐书·靺鞨传》;《新唐书·黑水靺鞨传》。

⑥ [日]和田清:《东亚史研究》（满洲篇）,第22—54页。

⑦ [日]和田清:《东亚史研究》（满洲篇）,第22—54页。

⑧ [日]和田清:《东亚史研究》（满洲篇）,第22—54页。

⑨ [日]和田清:《东亚史研究》（满洲篇）,第22—54页。

⑩ 拙著:《唐代高丽长城和扶余城》,载《民族研究》1991年第4期。

据《太平寰宇记》卷七一，燕州（唐武德元年改辽西郡为燕州）条，引隋《北番风俗记》载："初，开皇中，粟末靺鞨与高丽（即高句丽）战，不胜，有厥稽部渠长突地稽者，率忽使来部……凡八部，胜兵数千，自扶余城西北举部落向关内附，处之柳城。"突地稽后因从征有功，大业年间，"拜辽西太守，封扶余侯"①。从封扶余侯可知，原居扶余故地。隋文帝开皇中（581—604 年）的粟末靺鞨部在高丽扶余城的西北，而高丽的扶余城则在粟末靺鞨的东南，这是推定扶余城的重要而可靠的根据。"靺鞨在高丽之北，……与高句丽相接，胜兵数千，多骁武，每寇高丽"②。居住在今粟末靺鞨部经常和其邻近的高句丽发生战争。高句丽的扶余城就是防御靺鞨南下的北部边防重镇。在今吉林市西北粟末水北岸的永吉县乌拉街镇杨屯大海猛③、榆树县大坡乡后岗大队老河深村④、农安北部松花江南岸⑤，均发掘出唐初渤海前期的粟末靺鞨的墓群和文化遗物。从粟末靺鞨墓群的分布，及其居住"在高丽之北"，在粟末水，在扶余城的西北与高丽相接，并经常与高丽发生战争的记载来看，把高句丽的扶余城推定在今吉林市龙潭山高句丽山城，比推定在没有高句丽山城的其他各地更符合文献记载和考古资料的实际。

东团山山城在龙潭山山城南 5 华里，紧临松花江的东岸。九站南山城，即三道岭子山城，在龙潭山山城的西北约 20 余华里的松花江西岸，因此山城正在松花江的曲折处，也可说是在江的北岸。以规模较大的龙潭山山城为中心，两座较小的东团山山城和九站南山城分扼松花江上下游的要隘处，成为保卫龙潭山山城的卫城。"遗物在此三城中者，仅红色板瓦、筒瓦二种。板瓦表面有绳纹及方点母型纹。筒瓦细长，表无纹，

---

①《册府元龟》卷 970，外臣部。

②《隋书·靺鞨传》。

③ 吉林市博物馆编：《吉林史迹》，第 20—22 页，吉林人民出版社 1984 年出版。

④ 吉林省文物考古研究所编：《榆树老河深》，第 120 页，文物出版社 1987 年出版。

⑤《农安县文物志》，第 60—67 页。

尾无接笋（即榫），里面均为粗布纹。"① 如前所述，吉林市龙潭山山城及其附近，是汉、魏、晋时代居于鹿山的夫余王城，高句丽好太王二十年（410年），占领东夫余即夫余、北夫余以后，又沿用此城，所以龙潭山山城及其附近一带，不但有汉代遗物，而且还有高句丽的板瓦等遗物（现藏吉林市博物馆）。

唐高宗乾封三年（668年）二月（三月改元总章元年），唐派李、薛仁贵进攻高丽的扶余城，"杀获万余人，遂拔扶余城，扶余川中四十余城，皆望风请服"②。当唐军进攻扶余城时，高丽泉男建"复遣兵五万人，救扶余城，与李勣等遇于薛贺水，合战大破之，斩获三万余人"，"李勣等拔高丽扶余城"。胡三省注云：扶余城，"扶余国之故墟，故城存其名"③。如前所述，这一扶余城，即东夫余亦即夫余、北夫余，居于鹿山的夫余前期的王城，在今吉林市龙潭山山城及其附近一带。从唐与高丽在争夺扶余城的战争中所投入的兵力和杀伤人数来看，可以推知高丽的扶余城在战略上的重要地位。

高丽的扶余城，亦称北扶余城④、东扶余城，高句丽从410年占据夫余城到668年被唐军攻陷时止，在这里统治达258年之久。高句丽亡后，"其地多入渤海靺鞨"⑤，城废。

由上述可知，高句丽（高丽）的扶余城，即原来夫余前期的王城（即居于鹿山的王城）。高句丽的扶余城和粟末靺鞨邻近，在粟末靺鞨的东南。在高句丽的北部边境，有高句丽文物（红色绳纹瓦），证明是高句丽山城。符合上述条件者，唯有今吉林市龙潭山高句丽山城，这些是推定龙潭山高句丽山城为高句丽扶余城的根据。

① 李文信：《吉林市附近之史迹及遗物》，载《历史与考古》第1号（1946年）；李文信：《吉林龙潭山遗迹报告》（一）（二）（三），载《满洲史学》第1卷第2号、第3号，第2卷第2号。

② 《新唐书·高句丽传》。

③ 《资治通鉴》卷201，唐高宗总章元年（668年）二月壬午。

④ 《三国史记》卷37，杂志6；地理志4，高句丽。

⑤ 《三国史记》卷37，杂志6；地理志4，高句丽。

高句丽亡后，今吉林市被渤海靺鞨占据，龙潭山山城不见渤海遗物，但东团山山城附近发现渤海时代的鸱尾、灰色指压纹板瓦、花砖等遗物，有的推定为渤海的"涞州独奏州"[①]，当属不误。在渤海时代，今吉林市一带已成为渤海的内地，在军事上虽然已不占重要地位，但仍是渤海中央直辖的重要州城所在地。

到辽、金时代，今龙潭山、东团山一带仅发现少量的遗址、遗物，并未发现辽、金城址，在经济、军事上已不占重要地位。

到元代，今吉林市是从咸平府（今开原老城镇）通往宋瓦江（今松花江）交通驿站中的建州站，中心逐渐转向市区。

到明代，今吉林市松花江一带，是明代造船厂的所在地。吉林市东南 30 里的阿什哈达摩崖，是明朝经营东北的重要历史遗迹、遗物，今吉林松花江一带成为明朝经营黑龙江下游和库页岛一带的重要基地。

到清代，顺治十三年（1656 年），在吉林建立造船厂。十八年（1661 年），建立吉林水师营。康熙十年（1671 年），宁古塔副都统移驻吉林。康熙十二年（1673 年），建吉林城（今吉林市区），康熙十五年（1676 年），宁古塔将军移驻吉林城。乾隆二十二年（1757 年），改宁古塔将军为吉林将军，吉林成为吉林将军辖境内的经济、政治、军事的中心。

---

① 李文信:《吉林市附近之史迹及遗物》,载《历史与考古》第 1 号（1946 年）;李文信 :《吉林龙潭山遗迹报告》(一)(二)(三),载《满洲史学》第 1 卷第 2 号、第 3 号,第 2 卷第 2 号。

十　二十四块石考

二十四块石遗址现已发现 8 处，在吉林省敦化市境内牡丹江上游发现 4 处（江东乡、官地镇、海青房、腰甸子）①，在图们市境内发现 2 处（月晴乡石建坪、马牌）②，在黑龙江省宁安县牡丹江中游镜泊湖东岸松乙沟内的北坡发现 1 处 ③。另外，在今朝鲜咸镜北道渔郎郡会文里发现 1 处 ④。这 8 处二十四块石均在古代交通道附近较高的土台上，具有统一的规格，其规模、形制以及出土文物（板瓦、筒瓦残块）基本相同。除敦化市官地二十四块石为面东，东西排列 3 行外，其他均为面南，南北排列 3 行，每行有 8 块础石，3 行共 24 块，故称为二十四块石。二十四块石每行南北长均 9.2 到 10.5 米左右，东西宽均为 6 到 8.3 米左右。每行间距为 3 米左右，石块间距均为 0.3 至 0.5 米左右。二十四块石的规模，约当今 3 间房的规模。石块的长、宽、高分别为 0.4 到 0.9 米不等，石块的顶部平面有五边形、方形、圆形，均为略加修琢的玄武岩。

在二十四块石遗址，都发现有较多的红色和灰色的板瓦和筒瓦残块，

---

①吉林大学历史系敦化文物普查队第二小组：《敦化县二十四块石遗址调查记》，载《吉林大学学报》（社会科学版）1958 年第 3 期；王承礼：《吉林敦化牡丹江上游渤海遗址调查记》，载《考古》1962 年第 11 期；《敦化市文物志》，第 78—83 页。

②《图们市文物志》，第 43—45 页。

③干志耿、孙秀仁：《黑龙江古代民族史纲》，第 294 页。

④李云铎译：《朝鲜新发现的二十四块石》，载《东北亚历史与考古信息》1984 年第 4 期；载《博物馆研究》1984 年第 2 期。

凹面为布纹，凸面为素面。在敦化市二十四块石遗址中发现过渤海指压纹板瓦残块。在黑龙江省镜泊湖东岸松乙沟二十四块石遗址及其附近的渤海遗址中，均发现有渤海板瓦和莲花纹瓦当残块，这是推定二十四块石为渤海遗址的物证。在敦化官地二十四块石遗址中还曾采集到"檐瓦（按：即滴水）残片一件，渤海遗物（按：当为辽、金遗物），灰色，背布纹，卷缘，缘宽4厘米，缘上有押印两处，似菊花纹"①。据敦化市文物管理所刘忠义同志寄赠的这一菊花纹檐瓦的形制和花纹图样来看，当为辽、金时代的滴水，而不是渤海的滴水。因为渤海的滴水前端无下垂的条形带，而辽、金时代的滴水，则均有下垂的条形带，其上有菊花等纹饰。在敦化市大山嘴子乡腰甸子二十四块石遗址，也有形制和纹饰相同的滴水②。特别是在图们市月晴乡马牌二十四块石遗址中发现了典型的辽、金时代的兽面瓦当和滴水③。这一滴水和在敦化市官地、腰甸子二十四块石遗址中采集到的滴水相同。过去考古学界一直认为二十四块石为渤海遗址，但从在敦化市和图们市境内的二十四块石遗址中发现辽、金时代的瓦当和滴水以后，才得知二十四块石遗址当系始建于渤海，辽、金沿用。此外，在敦化市官地二十四块石遗址中，还发现黄色和黑色的轮制陶片和少量橘黄色的灶基土。在敦化市海青房二十四块石遗址中，也发现有少量的炭灰和红烧土。在图们市月晴乡马牌二十四块石遗址的底部发现铺有碎石和粗砂。在朝鲜咸镜北道渔郎郡会文里二十四块石遗址的底部铺有70厘米厚的河卵石地基。

在二十四块石遗址附近，均有渤海或金代的古城、遗址、墓葬④。如

---

①吉林大学历史系敦化文物普查队第二小组：《敦化县二十四块石遗址调查记》，载《吉林大学学报》（社会科学版）1958年第3期；王承礼：《吉林敦化牡丹江上游渤海遗址调查记》，载《考古》1962年第11期；《敦化市文物志》，第78—83页。

②《敦化市文物志》，第83页。

③《图们市文物志》，第45页，图19。

④吉林大学历史系敦化文物普查队第二小组：《敦化县二十四块石遗址调查记》，载《吉林大学学报》（社会科学版）1958年第3期；王承礼：《吉林敦化牡丹江上游渤海遗址调查记》，载《考古》1962年第11期；《敦化市文物志》，第78—83页。

敦化市江东乡二十四块石西北 2 里处有敖东城（渤海旧国）。敦化市官地二十四块石西南 5 里处有渤海时代的石湖古城。在海青房即今林胜乡东南 2 里有二十四块石，在乡东 3 里处有金代石棺墓葬①。在敦化市大山嘴子乡腰甸子二十四块石之北的"山顶有一古城堡，东去 1 里还有一处渤海建筑址，其东、南、西三面较为开阔"②。在图们市月晴乡马牌三队东二十四块石遗址附近有马牌一队苗圃的渤海遗址③。在黑龙江省牡丹江中游镜泊湖东岸松乙沟二十四块石遗址的深处东端弯沟内发现渤海建筑遗址各 1 处，地面均散布有较多的渤海板瓦及莲花纹瓦当等④。在"朝鲜咸镜北道渔郎郡一带，除会文里二十四块石遗址外，认为属于渤海时期的遗址，还有江防要塞、山城、堵截城等许多遗址⑤"。

明确二十四块石的分布、形制、规模以及出土文物等情况，对推定二十四块石的时代和用途都是有帮助的。

二十四块石是做什么用的建筑遗址，这是考古学界尚未搞清的问题。由于缺乏文献记载，众说纷纭。有的认为是仓库遗址⑥；有的认为是渤海国王死后还葬祖茔在设祭时临时停灵的祭坛⑦；有的认为是渤海王室之纪念性建筑物⑧；有的认为"可能是渤海交通要道上的亭阁式建筑，为行人往来暂歇、打尖提供方便，类似驿站"⑨；有的认为"是在主要交通要道

---

①《敦化市文物志》，第 46—47 页，第 82—83 页。

②《敦化市文物志》，第 46—47 页，第 82—83 页。

③《图们市文物志》，第 34—35 页。

④ 干志耿、孙秀仁：《黑龙江古代民族史纲》，第 294 页。

⑤ 李云铎译：《朝鲜新发现的二十四块石》，载《东北亚历史与考古信息》1984 年第 4 期；载《博物馆研究》1984 年第 2 期。

⑥ 魏声和：《鸡林旧闻录》（长白丛书本）。

⑦ 吉林大学历史系敦化文物普查队第二小组：《敦化县二十四块石遗址调查记》，载《吉林大学学报》（社会科学版）1958 年第 3 期；王承礼：《吉林敦化牡丹江上游渤海遗址调查记》，载《考古》1962 年第 11 期；《敦化市文物志》，第 78—83 页。

⑧ 吉林大学历史系敦化文物普查队第二小组：《敦化县二十四块石遗址调查记》，载《吉林大学学报》（社会科学版）1958 年第 3 期；王承礼：《吉林敦化牡丹江上游渤海遗址调查记》，载《考古》1962 年第 11 期；《敦化市文物志》，第 78—83 页。

⑨ 李殿福、孙玉良：《渤海国》，第 124 页，文物出版社 1987 年版。

上建筑的驿站"①等。上述这些看法,均未提出论据。笔者认为后两说较为可靠,并认为二十四块石当为渤海交通道上的驿馆遗址,辽、金时代又加以修复沿用,其论据如下。

第一,现存的二十四块石均在古道附近,这一古道也是现代的公路。敦化市牡丹江上游的 4 处二十四块石遗址,是比较集中和保存比较完整的遗址,而且均在从渤海旧国(今敦化市内的敖东城)到上京(今黑龙江省宁安县渤海镇的渤海古城)的古代交通路线上。这条交通道是渤海营州道的东北段。辽灭渤海后,是从辽代东平郡(后改称东京,即今辽阳)通往东丹国天福城(即渤海上京)的交通道。图们市月晴乡马牌、石建坪两处二十四块石及朝鲜咸镜北道渔郎郡会文里处的二十四块石,均在从渤海京城通往渤海南京南海府②和新罗的新罗道上。到了金代,则是在从上京(今黑龙江省阿城县白城)通往合懒路(今朝鲜咸镜南道的咸兴)的交通道上。二十四块石均在渤海和辽、金古道附近,这是推定二十四块石为驿馆的根据之一。

第二,从敦化市境内现存比较完整的 4 处和二十四块石遗址之间的距离来看,均为古代驿站一站的距离。从敦化市江东村二十四块石到官地二十四块石为 56 里。由官地到海青房二十四块石为 20 里。由海青房到腰甸子二十四块石为 54 里。从图们市月晴乡的马牌到石建坪二十四块石间的距离最短,约为 10 里。渤海驿站间的距离缺乏记载,但"自新罗泉井郡至栅城府,凡三十九驿"③的记载可以推知:从新罗泉井郡(今朝鲜咸镜南道的德源)到栅城府(即渤海东京,在今珲春八连城)约1 000 余里,则 39 驿,每站间的距离平均约为 30 里。这和《旧唐书·百官志》关于唐代"凡三十里有驿,驿有长"的记载相符。渤海新罗道上

---

① 延边博物馆编:《延边文物简编》,第 69 页,延边人民出版社 1988 年版。

② 渤海南京南海府所在地有在今朝鲜咸兴、镜城、北青三说。今以北青说为是。详见李云铎译:《朝鲜新发现的二十四块石》,载《东北亚历史与考古信息》1984 年第 4 期;载《博物馆研究》1984 年第 2 期。

③《三国史记》卷 37 引,贾耽《古今郡国志》。

所置驿,证实日本《类聚国史》卷一九三关于渤海"无州县馆驿"[①]的记载,并不能成为渤海无驿站馆舍的根据。辽、金时代,驿站间的距离记载较多,一般多在 30—70 里之间,有的中间置有站,间距在 20—30 里,少数驿站间的距离在 80—100 里之间。现存二十四块石之间的距离和古代驿站间的距离可以说是大体相符,这是推定二十四块石为驿馆遗址的根据之二。

第三,二十四块石附近均有渤海和金代古城、遗址,这和文献所载驿馆多在州县城镇郊外的情况相符。渤海没有关于这方面的记载,而辽、金时代,宋使的记录较为详细。路振《乘轺录》载:"是夕,宿于永和馆,馆在城南。"又云:"是夕,宿于大同驿。驿馆在(中京大定府)阳德门外,驿东西各三厅,盖仿京师上元驿也。"许亢宗《宣和乙巳奉使行程录》第二十八程,自兴州至咸州,"未至州一里许,有幕屋数间,供帐略备,州守出迎,礼仪如制"。可见辽、金驿馆一般均在州县城郊外的交通道附近。这和前述二十四块石均在古城、古遗址附近的情况相符,这是推定二十四块石为驿馆遗址的根据之三。

第四,在辽代驿馆遗址中,均发现有板瓦、筒瓦残块、兽面瓦当、滴水以及篦纹陶片和辽白瓷片[②]可知辽代驿站屋顶均以瓦铺盖。今二十四块石遗址均有渤海和辽、金时代的板瓦、筒瓦、兽面瓦当、滴水和红烧土,这和已发现的渤海、辽、金时代驿馆遗址出土文物相同。这是推定二十四块石为驿馆遗址的根据之四。

从上述二十四块石均分布在渤海、辽、金古道附近,而且其间的距离和古代驿站间的距离相符,又从其规模、形制都有统一的规格等情况来看,二十四块石当为渤海、辽、金时代的驿馆遗址。

在渤海、辽、金时代的交通道上,所经州县城镇驿站是很多的,现存的大小古城较多,而规模较小的驿站遗址却已很少见到。渤海 6 条交

---

① 《日本逸史》引,日本《类聚国史》卷 193。
② 承德地区文化局辽驿调查组:《辽中京到南京口外驿道调查》,载《社会科学战线》1984 年第 1 期。

通道上的驿馆，只有营州道的东北段还残存 5 处，新罗道残存 3 处，其他各道均未发现二十四块石。因为二十四块石为建筑用材，易被后人挪用，绝大多数早已不见，所以现存的二十四块石仅仅是渤海驿馆遗址的一部分，只能部分地反映渤海驿馆的分布情况。在二十四块石遗址中发现的渤海、辽、金瓦块，以及 8 处二十四块石，都是在原来渤海辖境内发现的，在原来渤海辖境以外的辽、金地区尚未发现，这都说明二十四块石始建于渤海，辽、金又修复沿用。

在辽、金时代的各条交通路线上，分布着许多大小辽、金古城，一般是每隔五六十里置一站，但也并非完全如此。如许亢宗的《宣和乙巳奉使行程录》载：自第二十一程，即自锦州八十里到刘家庄以后，"行人俱野盘"，即因中间无驿站馆舍，不得不在野外露宿。又如宋绶的《契丹风俗》载："离中京，皆无馆舍，但宿穹帐。"由此可知各路驿站，并非每隔五六十里都置有驿馆，有的地方就见不到城镇和驿馆，不得不"野盘"或"宿穹帐"。现有的二十四块石，只是渤海驿馆遗址的一部分，因此，不能以残存的二十四块石较少等理由，作为否定二十四块石为渤海或辽、金驿馆遗址的根据。

十一　大金得胜陀颂碑和辽代宁江州

大金得胜陀颂碑是吉林省境内的重要历史文物,它是金世宗在大定二十五年(1185年)为了追怀先帝创业的艰难,"尽孝孙光昭之道"而建立的纪念碑。但同时它也反映了女真人民为反对辽代统治阶级的残酷压迫而进行英勇斗争的英雄业绩。石碑的正面(碑阳)是汉字,背面(碑阴)是女真字,它不但是对人民进行爱国主义教育的珍贵资料,也是研究辽、金历史地理和女真文字的珍贵资料。因此,在1961年经吉林省人民委员会公布为省级重点文物保护单位。

1962年6月,笔者曾对大金得胜陀颂碑进行了调查。大金得胜陀颂碑在今扶余县徐家店乡石碑崴子屯东北约4里的地方。石碑周围的环境十分辽阔幽美,其东8里处有拉林河,其西约2里处为一横贯南北的大断崖,似一弓形大屏障。据当地老人讲,在三四十年以前,高崖之上还都是郁郁苍苍的大榆树林,可以想见,在辽、金时代这里曾是一片大森林,今已辟为农耕地,成为一个秃岗子。断崖现高约20到50米不等,土崖下就是石碑崴子屯。石碑即在拉林河平原上,石碑的南、北为60平方华里的拉林河谷平原和草原沼泽地区,这里杂草丛生,是放牧牲畜的好地方。

石碑的周围,有内外两层台地,皆为椭圆形。据实测,现外层台地东西170米,南北570米,高出地面约为1米。在外层台地的中部,又有一椭圆形台地，东西 25 米，南北 62 米，高出地面约为 1 米。石碑就在这一内层台地的正中间，又高出地面约为 1 米。后因修水库取土，石碑周围内外两层椭圆形台地今已不见。

1958 年，当地农民在石碑周围挖了三四个长约 5 米，宽约 2 米，深约 3 米的土坑，在坑壁里有许多辽、金时代的砖瓦块，并采集到一些辽、金时代的勾滴。因在石碑附近出土，这当是建筑碑亭或围墙庭院的遗物。这些勾滴（现藏吉林省博物馆）当是金代的典型勾滴。

据当地老人讲："在幼年时，后世尚未在这里重修碑亭以前，在石碑附近曾看到许多灰色的大方砖和大型长方砖，长为 1.2 尺，宽为 8 寸，并有许多兽面瓦当。"当地群众说在石碑附近，还出土过"铁箭头、铜锅、马镫"等物。

从碑文所云："刻颂建宇"以及石碑周围和内外两层台地出土的大量辽、金砖瓦、勾滴来看，可以推知，金代在石碑附近，不但建有碑亭，而且还可能建有围墙庭院。

石碑在今拉林河（涞流水）下游一带，和《金史》关于女真人民在涞流水（今拉林河）起义的记载是完全相符的，因此，可以肯定，女真在涞流水（今拉林河）起义的具体地点就在今石碑一带。

女真人民在阿骨打的率领下，为什么从其根据地的按出虎水（今阿什河）西行二三百里到涞流水会师起义？这和进攻宁江州有关。过去考证辽代宁江州的方位时，不和女真军在涞流水起义的地点联系起来看，有的把辽代宁江州推定在今吉林省永吉县乌拉街、敦化市厄黑木（今蛟河市天岗乡）、榆树市大坡古城、扶余市石头城子古城、扶余市榆树沟、扶余市小城子古城等地，但这些古城都在女真起义的东部或东南部。阿骨打率领女真军进攻宁江州，不可能先西行到涞流水（今拉林河下游，石碑一带），然后又走回头路，再向东或东南行，进攻宁江州。又从女真军进攻的路线可知，女真军进攻宁江州要经过扎只水和平堑以后，才能到达宁江州城东，在宁江州城东大败辽军以后，直奔宁江州城下，最

十一　大金得胜陀颂碑和辽代宁江州

后攻陷了宁江州。从女真军进攻宁江州要经过一条水和沟堑，以及女真军和辽军在宁江州以东大战的记载可知，从女真军起义处（今石碑崴子）只有西行才能过一条水和沟，由此可知，宁江州当在一条水沟的西部。今石碑以西有一条水沟，即夹津沟，而夹津沟当即辽代扎只水的音转。因此，宁江州当在今夹津沟以西（即扎只水以西）之地求之。

辽代宁江州"在混同江东"，是观察州，为辽代防御女真的前哨基地，在军事上归东北路统军司（在长春州，即今前郭县他虎城）管辖，因此，宁江州当距辽代长春州不远。今扶余市伯都讷古城是扶余市境内最大的辽、金古城，周长6里，具有观察州的规模。伯都讷古城有角楼、马面、瓮城，并出土过辽代沟纹砖，在今混同江的东岸。和文献所载辽代宁江州的方位，以及观察州的规模（一般观察州城的周长均为6里）完全相符。因此，推定今伯都讷古城为辽代宁江州的所在地，比推定在其他地方更符合实际①。如果把宁江州推定在榆树市大坡古城或扶余市石头城子古城等地，则从起义地点向这些古城进攻不可能经过一条水沟，而且也和文献所载宁江州的方位不符，尤其和从女真起义的地点向西进攻宁江州的进军路线也不相符。

从在出河店（即金代肇州）的辽军隔江（混同江，亦书鸭子河）与宁江州女真军对垒的记载可知，宁江州的位置搞清以后，对考证辽代出河店，即金代肇州的位置也是有帮助的。因此，大金得胜陀颂碑是考证辽、金历史地理的一个坐标，是推定辽代宁江州、金代肇州所在地的一个有力的佐证。

---

① 拙著:《辽代宁江州考》，载《东北师大学报》1981年第6期;《辽代宁江州补考》，载《博物馆研究》1984年第1期。

十二 关于辽代宁江州位置的再探讨

辽代宁江州是控制东北生女真的前哨基地，也是辽代榷场和辽帝春猎之地。在军事、经济方面都占有重要地位，其名频见于史册。搞清宁江州的方位，不但对研究辽代历史地理有重要意义，而且对确定吉林省的重点文物保护单位也是有借鉴的。

关于宁江州为当今何地的问题，众说纷纭。先后有大乌拉（今永吉县乌拉街）[1]、厄黑木站（今蛟河市天岗）[2]、石头城子（今扶余市三岔河乡石头城子）[3]、扶余市榆树沟（即大榆树）[4]、扶余市小城子或五家站[5]、扶余市伯都讷古城[6]、榆树市大坡古城[7]等七种说法。前五说，只是提出推论，并没有提出论据。过去史学界一般多采用石头城子说。1961年，吉林省公布的省级重点文物保护单位，也把宁江州推定在石头城子。近年来，随着文献史料研究的深入和考古资料的新发现，否定前五说，又提出扶余市伯都讷古城和榆树市大坡古城两说。

---

① 高士奇：《扈从东巡日录》。

② 杨宾：《柳边纪略》。

③《吉林通志》卷11，沿革中，宁江州条。

④［日］池内宏：《辽代混同江考》，载《满鲜史研究》第1册，第202页。

⑤［日］三上次男：《金史研究》（一），《金代女真社会的研究》第三章，第30页。

⑥ 拙著：《东北史地考略》，第76—91页。

⑦ 绍维、志国：《榆树大坡古城调查—兼论辽宁江州治地望》，载《博物馆研究》1982年创刊号。张英：《辽代宁江州治地望新证》，载《长春文物》1988年第2期。

宁江州是仅次于节镇的观察州，应在较大的辽代古城中求之。如许多辽、金古城，其中以伯都讷古城和大坡古城为最大。两座古城周长均为6里，和辽代观察州一级的州城规模相符。但是哪一座古城是辽代的宁江州，这主要看是否符合以下文献记载。

（一）宁江州在混同江的东岸

《契丹国志》卷一○，天庆四年秋八月条："混同江之东，名宁江州。"《大金国志》卷一，女真军"侵混同江之东，名宁江州"。可知宁江州在混同江之东。扶余县伯都讷古城正在今混同江北流段的东岸，西距江4里。榆树市大坡古城在东北，西南距江12里。从宁江州在混同江东的方位来看，伯都讷古城比大坡古城更符合文献记载。

（二）宁江州在辽帝春猎的地区，与长春州邻近

洪皓《松漠纪闻》载：宁江州一带，"每春冰始泮，辽主必至其地，凿冰钩鱼，放弋为乐"。可知宁江州也是在辽帝春猎的范围内。据《辽史》载：辽帝春猎之地是在长春州（今前郭县他虎城）及其附近。主要在挞鲁河（后改名为长春河，即今洮儿河和嫩江下游）、鸭子河（后改名为混同江）、鱼儿泺（今月亮泡）一带。长春州附近有嫩江、松花江和较多的湖泊，其中较大的有查干泡、月亮泡、茂兴泡。这一带历来是著名的渔场和天鹅、野鸭子群集之地。从辽帝春猎之地来看，宁江州当靠近春猎之地的长春州。今扶余县伯都讷古城西北距长春州仅80里，而榆树县大坡古城西北距长春州则为400里。从文献所载辽帝春猎的范围来看，辽帝春猎之地的长春州不会在黄龙府（今农安）东北的中游一带。因此，把宁江州推定在距长春州较近的伯都讷古城，比推定在距长春州较远的大坡古城更符合文献记载的实际。

（三）宁江州在生女真居地的西南

据《三朝北盟会编》政宣上帙三的记载：辽代生女真居住在"自束沫之北，宁江之东北，地方千余里"。《北风扬沙录》（见《辽史拾遗》

卷一八）云：生女真在"束（沫）江之北，宁江（州）之东"。束沫即粟末江，宁江即宁江州。由此可知，宁江州当在生女真居地之西或西南之地求之。辽（契丹）和生女真的边界在哪里？伯都讷古城和大坡古城是否在生女真居地的西南？这是推定辽代宁江州在伯都讷古城，还是在大坡古城的重要根据之一。

主张宁江州在大坡古城者，认为居住在宁江州东北的生女真，"当是今舒兰、榆树东、五常和阿城一带。具体地说，生女真的居地是在黄龙府之东或东北这一广大地区"①。其提出的论据是《辽史·圣宗本纪》和许亢宗《宣和乙巳奉使行程录》（以下简称《行程录》），以及在榆树东北新庄和舒兰县溪河界的三座墩台。但这些论据既不能证明生女真居住在今舒兰、榆树以东，也不能证明宁江州在今大坡古城。

第一，《辽史·圣宗本纪》，太平六年二月，"黄翩为兵马都部署，……黄龙府请建堡障三、烽台十，诏以农隙筑之"。这些堡障、烽台，目前仅在今榆树东北的新庄发现一处，在舒兰县溪河界发现两处。分布在其他地方的堡障和烽台还没有发现，这些残缺不全的考古资料，只能说明契丹和生女真的部分边界，并不能证明生女真居地的西界在这一带。

第二，《行程录》②第三十五程载：自古乌舍寨（即宾州，今农安县靠山乡新城大队广元店古城）"过江四十里，宿和里闲寨"。第三十六程载："自和里闲寨东行五里，即有溃堰断堑，自此而南，莫知远近，界隔甚明，乃契丹昔与女真两国古界也。"这里明确指出和里闲寨在古乌舍寨过江以北 40 里处，从江北辽、金古城的分布，以及金初自古乌舍寨（宾州）赴上京的交通路线③来看，和里闲寨正当今扶余市的东部，哈大铁路线以西附近。契丹与生女真的边界在和里闲寨东 5 里。金初，还有"溃堰

---

① 张英：《辽代宁江州治地望新证》，载《长春文物》1988 年第 2 期。

② 许亢宗：《宣和乙巳奉使行程录》，见《大金国志》卷 40；参见《三朝北盟会编》政宣上帙二十。

③ 古乌舍寨（宾州）—和里闲寨—句孤字葷寨。农安北靠山乡广元店古城 —扶余市石头城子古城—黑龙江省双城市兰陵镇石家崴子古城。

断垄"的遗迹。洪皓《松漠纪闻》亦云："契丹从宾州混同江北八十里筑寨而守，余尝从宾州渡江过其寨。"说明从今广元店古城（宾州）松花江以北到拉林河（古涞流水）畔这条交通线上有辽代的寨址。《行程录》第三十六程明确指出："自和里闲寨九十里至句孤孛堇寨"之间这条赴上京的路线上，有契丹与生女真的边界。句孤孛堇寨在涞流河北岸 5 里处，即今黑龙江省双城市兰陵镇石家崴子古城，自此以东完全是女真人。《行程录》和《松漠纪闻》所说的这条边界正在今扶余市的东部。《三朝北盟会编》政宣上帙三载：生女真居住在"自束沫之北，宁江之东北，地方千余里"。从生女真居住在束沫之北可知，今扶余市的东南部和榆树市的西南部这一段。从和里闲到句孤孛堇寨之间的边界遗迹可知，契丹与女真的西部边界，在今扶余市的东部哈大铁路线以西的古代交通线上也有其遗迹。不但如此，在今扶余市的西部夹津沟附近也有辽与女真的边界（见后述）。由此可知，辽与女真的西部边界，不在今舒兰、榆树以东，而是在今扶余市境内。今大坡古城在上述边界的东南约 200 里到 400 里处，伯都讷古城在上述边界以西约 100 到 200 里处。因此，以伯都讷古城为宁江州州治所在地，更符合生女真在"宁江（州）之东北"，或在"宁江之东"的记载。

其次是，东北路统军使萧兀纳（即萧挞不也）在奏文中说："臣治与女直接境"[1]，可知，女直即生女真的居地和东北路统军司所在地的长春州[2]邻近。生女真居地的西界在今扶余市境内，而不是在今舒兰、榆树以东，今扶余市正和他虎城（长春州）邻近。

（四）大金得胜陀颂碑是推定宁江州所在地的坐标

大金得胜陀颂碑在今吉林省扶余市徐家店乡石碑崴子屯东北约 4 里的地方，东距拉林河（涞流水）约为 8 里。辽末女真人民在阿骨打的领导下，为什么从其根据地的按出虎水（今阿什河）西行 300 余里来到涞

---

① 《辽史》卷 98，《萧兀纳传》。
② 《契丹国志》卷 22、26。

流水下游会师起义？这和进攻宁江州有关。如果把宁江州推定为大坡古城，女真军进攻宁江州，不可能先西行300余里到涞流水（今拉林河）下游（今石碑崴子屯），然后又走回头路，再向东或东南行300余里，进攻宁江州。又从女真军进军的路线可知，女真军进攻宁江州要经过扎只水和平埶以后，才能到达宁江州城东，在宁江州城东大败辽军以后，才攻陷宁江州[①]。从女真军进攻宁江州要经过一条沟埶，以及女真军和辽军在宁江州以东大战的记载可知，从女真军起义处（今石碑崴子屯）只有西行才能过一条沟埶，由此可知，宁江州当在这一沟埶的西部。今大金得胜陀颂碑以西有一条南北走向，长约100里的沟埶，今名夹津沟，这条沟雨季有水，旱季则无水，就是一条天埶。女真军进攻宁江州时是天庆四年（1114年）十月，正是旱季，所以女真军"次扎只水，光见如初，将至辽界，先使宗翰督士卒夷埶。既度（渡），遇渤海军"[②]来迎战。在这里打败辽军以后，攻陷宁江州，今夹津沟当即扎只水的音转。今夹津沟正在伯都讷古城之东，其方位和女真起义军"夷埶，既度（渡），遇渤海军"，以及"辽兵遇女真于宁江州东"的记载相符。如把宁江州推定在今大坡古城，则从起义地点向宁江州即大坡古城进攻，不可能经过这条沟埶，而且也不可能在宁江州城东和辽兵相遇。从"次扎只水""将至辽界"的记载可知，扎只水附近也有一条契丹与女真的分界线。

主张宁江州在大坡古城者，认为大金得胜陀颂碑"并非是誓师之地"。提出的理由是："因为时（按：为立碑时）从太祖伐辽者多近百岁不复健在，先辈誓师之地大抵已是不能记忆，何况女真故地交通不便，难究就近以讹传讹之嫌。"大金得胜陀颂碑明确指出，"得胜陀，太祖武元皇帝誓师之地也"。"若大事克成，复会于此，当酹而名之，后以是名（按：即得胜陀）赐其地云。"由此可知，"得胜陀"是太祖阿骨打誓师伐辽胜利后命名的地名，到撰《金史》时还提道："涞流河有得胜陀，国言（按：

---

①《契丹国志》卷10，《天祚纪》上，天庆四年九月条；《金史》卷2，《太祖本纪》2，太祖二年九月条。

②《金史》卷2，《太祖本纪》2，太祖二年九月条。

即女真语）忽土皑葛蛮，太祖誓师之地也。"① 太祖时命名的地名，事隔仅七十一年（从起义的 1114 年到立碑时的 1185 年），这样重要的地名金朝皇室和官员会有忘记和搞错的可能吗？

1962 年 6 月，笔者曾到得胜陀一带进行考古调查，石碑建在拉林河左岸草原的高岗上，高出拉林河草原地面约为 3 米。1985 年 8 月，再次到得胜陀碑前考察时，看到石碑周围的台地，因附近修水库取土，皆已不见。碑文所云："太祖先据高阜"誓师伐辽的情况，和拉林河草原上有一高岗的地理形势完全相符。因此，在没有可靠的原始史料做根据的情况下，主观推想否定不了得胜陀是女真起义誓师之地的事实。

其次是，否定大金得胜陀颂碑为女真起义之地者提出的另一根据是：女真军在涞流水誓师起义后，两日到达宁江州。誓师当日"师次唐括带斡甲之地"，"明日，次扎只水"，过扎只水以后，与辽军相遇。有的认为"就时间说需二日"，就空间上说，"明日，次扎只水"，说明女真人行军二日后驻于一条水侧。扎只水如在今夹津沟，此水东距大金得胜陀颂碑仅 40 里，女真军誓师后，"进军宁江州"，行军两日才到达宁江州。认为"速度如此之慢，距离如此之短当不可能"。并进而推论："大金得胜陀颂碑如是誓师之地，夹津沟非是史载的扎只水；夹津沟如是扎只水，大金得胜陀颂碑所在的位置绝非是誓师之地。"莫如说女真人"诸路兵皆会于涞流水，誓师之地在涞流水（今拉林河）某一处比较合适"。笔者认为这是对文献记载的曲解而做出的错误推论。

《金史》卷二，《太祖本纪》的这段原文是：太祖二年（1114 年）九月，在涞流水誓师伐辽以后，"师次唐括带斡甲之地，诸军襄射，介而立，有光如烈火起于人足及戈矛之上，人以为兵祥。明日，次扎只水，光见如初，将至辽界，先使宗翰督士卒夷堑，既渡，遇渤海军"，在过扎只水这条沟堑以后，进行了一次激烈的战斗。"十月朔，克其城"，即在太祖二年（1114 年）十月，攻陷了宁江州城。《金史·太祖本纪》所说的"师

① 《金史》卷 24，《地理志》，上京路会宁府。

次唐括带斡甲之地，诸军襄射”之事，即碑文所说的“时，又以襄袚之法，行于军中，诸军介而立，战士光浮万里之程，胜敌刻日，其兆复见焉”的记载。《金史·太祖本纪》和《大金得胜陀颂碑》明确指出，在涞流水（即得胜陀）誓师伐辽后，到唐括带斡甲之地，举行襄袚之法，明日（即第二天)向宁江州进军，女真军填平沟堑，渡过扎只水以后，进攻宁江州。《金史·太祖本纪》和《碑文》说的是第一天在得胜陀誓师伐辽，在唐括带斡甲之地举行襄袚之法，第一天是进攻宁江州前的准备和动员工作。第二天，过扎只水进攻宁江州，其原意并不是从起义之地的得胜陀到扎只水和宁江州走了两天的路程，更不能说明从得胜陀到扎只水有两天路程之远。因此，那种认为从得胜陀到扎只水仅 40 里，就走了两天路程的看法，是对原文的曲解，在这一曲解的基础上提出的推论，正确与否可想而知。

以上四点是推定宁江州州治所在地的可靠根据。只有正确理解这些文献记载才能对宁江州州治的所在地提出正确的推论。

此外，还有的提出以下三点来论证辽代宁江州在今榆树市大坡古城的问题，但下述三点并不能证明宁江州在今大坡古城。

（一）有的认为“从分析这几次女真与辽的战事，大抵也可以看出榆树大坡古城所处的位置，是宁江州的所在”。是否如此，从女真伐辽，以及天祚帝东征能否证明宁江州在大坡古城，需要认真地分析女真与辽的几次战争路线和地址。

第一，主张大坡古城为宁江州者，认为天庆四年十一月，女真军与辽军“会于鸭子河北”，从而推论宁江州在今大坡古城与史相合。

为了辨明究竟是辽代各路军会于鸭子河北，还是女真军与辽军会于鸭子河北的问题，有必要把《金史》《辽史》有关这一战事的记载全文列出，供读者分析参考。

《金史·太祖本纪》载：太祖二年（辽天庆四年，1114 年）“十一月，辽都统萧乣里（按：为萧嗣先之误）、副都统挞不野（按：即萧挞不也），将步骑十万会于鸭子河北。太祖将击之，未至鸭子河，既夜，太祖方就枕，若有扶其首者三，寤而起，曰：神明警我也，即鸣鼓举燧而行。黎明及河，辽兵方坏陵道，选壮士十辈击走之，大军继进，遂登岸，甲士三千七百，至者才三之一，俄与敌遇于出河店，会大风起，尘埃蔽天，乘风势击之，辽兵溃"。《辽史·天祚帝本纪》天庆四年（1114年）冬十月壬寅朔（按：当为十一月）条载："以守司空萧嗣先为东北路都统，静江军节度萧挞不也为副，发契丹奚军三千人，中京禁兵及土豪二千人，别选诸路武勇二千余人，以虞候崔公义为都押官，控鹤指挥邢颖为副，引军屯出河店，两军对垒，女直军潜渡混同江，掩击辽众。萧嗣先军溃。"《大金国志》卷一，《太祖本纪》载：辽失守宁江州以后，"天祚再以萧嗣先帅奚契丹五千人屯出河店，临白江，与宁江州女真对垒，女真潜渡混同江掩击之，嗣先兵溃"。这些记载说明，天庆四年十月，辽军在宁江州被打败以后，同年十一月，辽派各路军会于鸭子河北，企图从后方包抄女真军，而不是女真军与辽军会于鸭子河北。如女真军与辽军会于鸭子河北，女真军怎么还能渡江，登岸掩击辽军呢？文献明确指出"将步骑十万会于鸭子河北"，女真与辽军隔江对垒。这条江《金史·太祖本纪》记载为鸭子河，《辽史·天祚帝本纪》记载为混同江，《大金国志》记载为白江，都是同一条河流的不同名称。《大金国志》所说的辽军"屯出河店，临白江，与宁江州女真对垒，女真潜渡混同江掩击之"，即说明女真军在宁江州境内，辽军在鸭子河北，两军隔江对垒，女真军才能渡江掩击辽军。如果女真军和辽军会于鸭子河北，即两军都在鸭子河北，女真军怎么还能渡江掩击辽军呢？以鸭子河指今西流松花江下游，以女真军与辽军会于鸭子河北为根据，推定宁江州在今大坡古城者，是在曲解原文的基础上做出的主观推论。

其次是，从天祚帝东征的路线来看宁江州方位的问题。天庆五年（1115年）八月，天祚帝亲自率军东征，这是继宁江州、出河店两次战役后的第三次战役，是具有决定性的一次战役。这次东征的路线是："自长春州分道而进"，一路"北出骆驼口"，一路"南出宁江州"，"发数月粮，期必灭女直"①，这南北两路军都是从长春州出发，向东进攻女真军，形成钳形包围形势。这里所说的南路是从长春州出发，经过宁江州向东进攻的路线，不是像有的所谓"若走南道必过黄龙府，若走西道必经长春州、鸭子河"②的那样路线。这里所说的北道是从骆驼口出发，向东进攻的路线。从西方的长春州向东进攻的南北两路辽军，一路"南出宁江州"，即通过宁江州境内"进至剌离水，与金兵战，败，大军亦却"③；一路"北出骆驼口"，"大军渡鸭子河"④，由于耶律章奴的叛变，"自鸭子河亡去"⑤，再加上这时"契丹末阵，三面争击之，天祚御旗向西南出，众军从而败溃，天祚一日夜走三百里，退保长春州"⑥。这东进的南北两路辽军在剌离水和鸭子河皆大败逃散。对这一次战役的进军路线，有不同的理解，有的认为从"发数月粮，期必灭女真"的记载，可证辽代宁江州治与长春州治相距不近。所谓这次战役，辽军"发数月粮，期必灭女直"的记载，是指辽与女真在这次战役中已经做好长期作战的准备和决心，并不能说明宁江州治与长春州治相距不近，就是把宁江州指定在与长春州较远的大坡古城也没有"数月粮"的距离。有的又云：《辽史》所载天祚东征，"大军渡鸭子河""进至剌离水，与金兵战"，亦不见克复宁江州城事，所以又可证明宁江州治并不占有这一空间⑦。这一推论与史不符。所谓辽军"进至剌离水"，没有一处记载是从鸭子河进到剌离水的。《辽史·耶律章奴传》所谓"大军渡鸭子河……诱将卒三百余人亡归"，是指耶律章奴这一路军在鸭子河叛逃之事。《辽史·萧胡笃传》所谓"五年，从天祚东征，……进至剌离水，与金兵战，败，大军亦却"。是指萧胡

①《辽史》卷 28，《天祚帝纪》天庆五年八月条。

② 张英：《辽代宁江州治地望新证》，载《长春文物》1988 年第 2 期。

③《辽史》卷 101，《萧胡笃传》。

④《辽史》卷 100，《耶律章奴传》。

⑤《辽史》卷 100，《耶律术者传》。

⑥《三朝北盟会编》政宣上帙二十一，《亡辽录》。

⑦ 张英：《辽代宁江州治地望新证》，载《长春文物》1988 年第 2 期。

笃这一路辽军在剌离水战败的事。不能把这两处记载联成"大军渡鸭子河","进至剌离水"这样一句话。进到剌离水的一路辽军,从剌离水即今拉林河的方位来看,当是走"南出宁江州"的南路;进到鸭子河的辽军,当是走"北出骆驼口"的北路。因此,以"大军渡鸭子河","进至剌离水,与金兵战","亦不见克复宁江州城事",是对天庆五年辽军东征路线的误解。如上所述,从天庆五年,辽军东征的路线看不出"榆树大坡古城所处的位置,是宁江州的所在"。

(二)"宁江州去冷山百七十里"的问题。

有的根据洪皓《松漠纪闻》所载:"宁江州去冷山百七十里"这一记载来推定宁江州的位置时,要首先肯定冷山的位置。引用这一记载推定宁江州的位置,但冷山的位置迄无定论。其次是这一记载没有明确指出宁江州在冷山哪一方向的百七十里。据目前所知,关于冷山的位置有六种说法:一是曹廷杰认为"冷山在五常厅山河屯巡检地界内"[①]。二是高士奇的《扈从东巡日录》认为:"曷末沙逻(即俄莫贺索落站)东北二百余里为冷山。"三是杨宾的《柳边纪略》认为在必儿汉必拉北望,相去约数十里的白山为冷山。四是景方昶的《东北舆地释略》,冷山在五家子站。五是认为"冷山在今五常县冲河乡境内"[②]。六是认为"冷山在舒兰县完颜希尹家族墓地附近的小城子一带"。

"冷山去金国所都二百余里"[③],五常市冲河乡西北距阿城市白城(金上京)200里;舒兰市小城子北距阿城市白城300余里。从和金上京的距离来看,五常市冲河镇的南北两座金代古城比较符合文献记载。冷山"地苦寒,四月草生,八月已雪",可知这里是高寒山区。五常市无霜期

---

① 曹廷杰:《东三省舆地图说·冷山考》。

② 王禹浪:《金代冷山考》,载《辽金契丹女真史研究动态》1984年第3、4期合刊。冲河镇即在原山河屯巡检地方境内。

③《松漠纪闻》和《三朝北盟会编》卷2,均载"冷山距上京二百华里"。《宋史·洪皓传》则记为"冷山距金之所都仅百里"。今以二百里为是。

为 124 天①、冲河镇为 110 天②、舒兰市为 130—140 天③。五常市冲河镇东有张广才岭的最高峰大秃顶子山，海拔 1 682 米，山顶积雪终年不化。从气象资料和山川地理形势来看，把冷山推定在大秃顶子山以东的冲河乡比较符合文献记载。舒兰市小城镇东北的东村山里有完颜希尹的家族墓地，因此，有的认为"陈王世居冷山"或"悟室聚落"当在这里。但是在完颜希尹家族墓地的第四墓区（在希尹墓地的西北 5 里处）发掘出两方墓碣，在其中的"大金故昭勇大将军同知雄州永定军节度使"墓碣中，有长男完颜（女真名内刺）"命术人田煦选到乾山为主於大定廿六年四月廿六日乙时依礼合葬记"④等字。从墓碣所云"命术人田煦选到乾山……依礼合葬记"可知，完颜希尹家族墓地所在的山岭当是乾山所在地，而不是冷山的所在地。尤其从舒兰市小城子镇和上京（今阿城县白城）的距离以及气候条件来看，把冷山推定在舒兰市小城子一带是不确切的，更不是定论。因此，以尚未成定论的冷山位置为论据来推定宁江州在榆树市大坡古城是难以令人信服的。

（三）榆树大坡古城是否与《御批历代通鉴辑览》所说的"宁江州故城，在今吉林乌拉北，混同江东岸"⑤相符合的问题。

康熙二十三年高士奇撰成的《扈从东巡日录》云："大乌喇虞村，去船厂八十余里，按：乌喇即辽时辽宁江州。"这里所说的大乌拉虞村即今永吉县乌拉街，船厂即今吉林市，高士奇曾到大乌拉虞村即今乌拉街古城游览过，他认为乌拉古城即辽时宁江州的所在地。乾隆三十二年敕撰的《御批通鉴辑览》亦云："宁江州在今吉林乌拉北，混同江东。"完全沿用了高士奇的看法，并没有像有的说法那样，"作了稍向北移的

① 黑龙江省测绘局编制：《黑龙江省地图册》五常市。
② 王禹浪：《金代冷山考》，载《辽金契丹女真史研究动态》，1984年第 3、4 期合刊本。
③ 吉林省测绘局编：《吉林省地图册》舒兰市。
④ 《舒兰县文物志》，第 114 页。
⑤ 丁涸仁：《大坡古城址》，载《长春文物》1988 年第 2 期。

修正，比较具体指出：'宁江州在今吉林乌拉北，混同江东。'"① 乾隆三十二年所说的"今吉林乌拉北"，系指今吉林市北，不是指今吉林和乌拉北。吉林旧名船厂，即"小吴喇"②，今乌拉街当时称大乌喇。康熙十五年（1676年），镇守宁古塔等处将军移驻船厂，改名吉林乌拉城，吉林乌拉是满语，即沿江之意，后来去掉乌拉简称吉林。因此，吉林乌拉是一地即今吉林，而不是吉林和乌拉两地。《通鉴辑览》所说的："宁江州在今吉林乌拉北"，即《扈从东巡日录》所具体指出的在船厂（今吉林）北八十里的大乌喇（今乌拉街）。《通鉴辑览》并没有指出宁江州的具体地址，指出具体地址的是《扈从东巡日录》。《通鉴辑览》所说的宁江州在吉林乌拉北，即今吉林北的乌拉街，而不是今乌拉街北的榆树市大坡古城所在地。所谓今榆树市大坡古城和《通鉴辑览》关于"宁江州故城，在今吉林乌拉北、混同江东"的记载正相符合的说法，是在对原文没有搞清的情况下，做出的错误推论。

① 丁澍仁：《大坡古城址》，载《长春文物》1988年第2期。
② 杨宾：《柳边纪略》卷1。

十三　辽代四时捺钵的地址和路线

契丹地处大漠草原之间，"畜牧畋渔以食，皮毛以衣，转徙随时，车马为家"，"随水草，就畋渔，岁以为常"[①]。他们"以驰骋为容仪，以弋猎为耕钓，栉风沐雨不以为劳，露宿草行不以为苦"[②]，这是契丹人自古以来的生活方式。契丹建国后，仍是过着以畜牧射猎为主的游牧生活，辽帝的四时捺钵正是契丹这种生活习俗的反映。捺钵乃契丹语，其意为"行在""行营""行宫""住坐处""牙帐"，即辽帝出猎时居住的帐幕。关于辽帝四时捺钵之地，《辽史·营卫志》和《辽史·本纪》，以及宋使记录都有比较详细的记载，傅乐焕先生对辽代四时捺钵也有比较深入的研究[③]。现将辽帝四时捺钵的地址在当今何地的问题，以及从辽上京到四时捺钵的路线，结合亲自实地考察和已发表的考古资料分述如下。

（一）春捺钵的地址

春捺钵主要在长春州境内的鱼儿泺、鸭子河等地，进行钓鱼、捕鹅。《辽史·地理志》载："长春州，本鸭子河春猎之地。"《辽史·营卫志》载春捺钵之地在"鸭子河泺"。鸭子河泺"在长春州东北三十五里"。《辽史拾遗》卷一三，引宋·王易《燕北录》载："春捺钵多于长春州东

---

① 《辽史·营卫志》。
② 《宋史》卷273，《何承矩传》。
③ 傅乐焕：《辽史丛考》，第36—172页。

北三十里就漆甸住坐，"此漆甸即鸭子河泺。《辽史》明确记载鸭子河泺为春捺钵之地，但《辽史·本纪》只有到长春州（亦简称春州）、鸭子河、混同江、挞鲁河、长春河、鱼儿泺等地进行春猎的记载，而独不见到鸭子河泺春猎的记载。从"长春州，本鸭子河春猎之地，"以及《辽史·本纪》所载到鸭子河春猎的记载可知，到鸭子河春猎当即包括鸭子河泺在内。《辽史·圣宗纪》太平四年（1024年）二月"诏改鸭子河曰混同江，挞鲁河曰长春河"。据《辽史·本纪》的记载可知，辽帝春捺钵之地，主要在长春州境内的鸭子河（混同江）、挞鲁河（长春河）、鱼儿泺。

长春州，《辽史·圣宗记》载："太平二年三月甲戌，如长春州。"证明早在圣宗太平二年（1022年）就已有长春州的建置。《辽史·地理志》载：长春州"兴宗重熙八年置"。《辽史·兴宗纪》载："重熙八年十一月已酉，城长春。"重熙八年（1039年），当是指长春州城的建置年代。因此，太平四年（1024年）："诏改挞鲁河曰长春河"，是河因州而改名，不是州因河而定名。《辽史·本纪》经常出现到春州鸭子河、混同江春猎的记载，这里的春州即长春州的简称。

关于长春州为当今何地的问题，史学界还有不同意见。笔者通过多年来在这一地区的实地考古调查，结合文献记载，认为长春州在今吉林省前郭尔罗斯蒙古族自治县（简称前郭县）八郎镇北上台子村的他虎城。他虎城北距嫩江下游10里，东距松花江曲折处约50里，西距月亮泡约80里，南距查干泡约20里，东北距肇源县茂兴泡35里。这一带多江河湖泊，不但盛产鱼类，而且也是野鸭子、鹅、雁群集之地。

辽代的挞鲁河（长春河）不但指今洮儿河，还包括今嫩江下游。鸭子河今黑龙江省三肇一带的松花江，因拙著已经发表[1]，不再重述。

鸭子河泺在长春州东北35里，长春州即今前郭县他虎城，东北35里正当今黑龙江省肇源县茂兴泡。也有的以今月亮泡或查干泡为鸭子河泺，但月亮泡与查干泡西南35里附近，并没有较大的辽代古城，和鸭

---

① 拙著：《东北史地考略》，第105—113页，第133—137页。

子河泺在长春州东北 35 里的记载不符。

　　鱼儿泺是辽帝春猎的主要地区，据《辽史·本纪》的记载，鱼儿泺常与长春州、长春河（挞鲁河）连在一起。如辽圣宗太平五年（1025 年）三月，"如长春河鱼儿泺"，长春河即挞鲁河，亦即今洮儿河和嫩江下游。今月亮泡在洮儿河和嫩江汇合处，据实地调查，洮儿河与嫩江汇流处，以及嫩江下游北岸，湖泊较多，其中以月亮泡产鱼最多，为东北著名的产鱼区之一，故以今月亮泡为辽代长春州境内的鱼儿泺较为符合实际。

　　《辽史·本纪》常见辽帝"如春水"春猎的记载，辽、金时代所说的春水，并不是指一条河流的名称，而是泛指春猎之水。如《金史》载："次济州春水"①"如长春宫春水"②"前往安州春水"③"爻剌春水"④等。

　　辽帝春捺钵主要在长春州境内的鸭子河（混同江）、挞鲁河（长春河）、鱼儿泺。这一带是洮儿河、嫩江、松花江汇流处，湖泊较多，自古以来就是著名的产鱼区和鹅、雁、野鸭子群集之地，是进行渔猎的理想地带。

　　辽圣宗时代，由于和北宋战事、交涉较多，天祚帝末，因女真起义，东北多事，因此，辽帝春猎也常在西南境的延芳淀（今北京通县附近）、鸳鸯泺（今河北尚义东北之昂古立诺儿，亦即安固里淖）、长泺（今奈曼旗工程庙泡子，一名乌兰浪泡）等地进行。

　　辽帝从上京到长春州春猎的路线，史无记载，但从已知辽代古城、遗址分布以及现今河流、交通路线的情况来看，其北上的路线，当从今巴林左旗林东镇（辽上京）沿乌尔吉木伦河东行到阿鲁科尔沁旗和乌力吉木仁，然后北上到扎鲁特旗、科尔沁右翼中旗、突泉县双城子古城，再东行到洮安县沿洮儿河东行二十里到城四家子古城（辽泰州），然后再沿洮儿河到月亮泡、嫩江，到前郭县他虎城（辽代长春州）。这条路线也是从辽上京通往生女真居地的道路。

---

①《金史》卷 4，《熙宗本纪》，皇统五年二月乙未条。

②《金史》卷 8，《世宗本纪》，大定三十四年正月戊戌条。

③《金史》卷 92，《曹望之传》。

④《金史·地理志》，上京会宁府条。

（二）夏捺钵的地址

据《辽史·营卫志》和《辽史·本纪》的记载，夏捺钵"无常所"，主要在庆州境内诸山。其次为怀州西山之清凉殿、归化州的炭山等地。辽帝在夏捺钵时，主要是纳凉、游猎，与北、南臣僚共议国事、接见使臣。

庆州在今内蒙昭盟（赤峰）巴林右旗白塔子乡古城，因城内西北隅有一八角七层的辽代白塔，故名白塔子。《金史·地理志》庆州条载："城中有辽行宫。"今白塔子城有内城、外城，平面呈回字形，有角楼、瓮城、马面，内城偏北正中的高台遗址，当即辽代的行宫。白塔子城（庆州城）建在查干木伦河（辽代黑河）的冲积平原上，北、东、西三面环山。《辽史·地理志》上京道庆州条所说的"黑山、赤山、太保山、老翁岭、馒头山"，以及吐儿山、永安山等均在庆州境内，即今巴林右旗和巴林左旗北部诸山。庆州东北三十里的山沟中为庆陵的所在地，当地群众称之为"王坟沟"，为辽圣宗、兴宗、道宗三陵的所在地。庆陵附近的高山即"庆云山，本黑岭也"，而黑岭即黑山，黑河（即今查干木伦河）发源于此[①]。据《辽史·地理志》庆州条载，庆州一带"本太保山黑河之地，岩谷险峻"，风景"奇秀"，其地"苦寒"。1987年9月初，笔者曾在庆州一带作实地考察，得知这一带地处大兴安岭高寒山区，山川秀丽，地多禽兽，既有郁郁葱葱的原始大森林，又有水草丰茂的大草原，确是多山宜猎和避暑的胜地，因此，辽帝的夏、秋捺钵多在这里。《辽史·营卫志》载：夏捺钵"无常所，多在吐儿山"，"吐儿山在黑山东北三百里，近馒头山"。吐儿山即兔儿山、犊儿山。据亲到此地的宋使沈括在其《使虏图抄》中关于犊儿山方位的记载说：当时辽主的临时衙庭（即夏捺钵）在犊儿山南，即"其北山，庭之所依者，曰犊儿"。"过犊儿北十余里，曰市场，小民之为市者，以车从之于山间。"据考："这个市场与东乌兰坝（大兴安）是岭南、岭北的交通要道密切相联。……至今赤峰地区人民食用盐仍依赖（锡盟东乌珠木沁旗）达布苏诺尔盐池所产之岩盐。"可想而知，辽

---

① 沈括：《熙宁使虏图抄》，大河帐之东南有大山，曰黑山，黑水之所出也。

130

代上京道居民，为了得到生活中需要的食盐，必须要在交通要道的关口设置市场。"乌兰坝（乌兰达坝）林场处，恰好是南北交通要道，此地出现市场，实行物资交换，互通有无，就不足为奇了。"① 由此可行，辽代的犊儿山即吐儿山，在今巴林左旗西北浩尔图乡乌兰达坝林场附近的高山地带。这里是辽代的狼河即今乌尔吉木伦河北源的发源地。据《赤峰风情》（第35—36页）的记载："乌兰达坝（蒙古语：红色隘口），位于巴林左旗浩尔吐（即浩尔图）乡政府驻地加拉嘎村西北约三十公里处，海拔 1 362 米。《辽史·地理志》记载为赤山，《蒙古游牧记》记载为乌兰岭。山峰有巨大的红色石崖，故称乌兰达坝……此坝列为巴林左旗自然保护区。"贾敬颜先生认为"辽志庆州下有赤山，岂赤山与犊儿山为一山耶？一言其颜色，一言其形状。又彦吉嘎庙西南有乌兰哈塔山，亦译红峰也，或者此乃辽志之赤山"②。可知，辽赤山当在犊儿山（吐儿山）或其附近的山峰。

《辽史·游幸表》：圣宗"太平六年五月，避暑于永安山之凉陉"。王易《燕北录》称：辽帝"夏捺钵多于永安山住坐"。据沈括《熙宁使房图抄》载："新添帐之东南有山有土山，逾迤盘折，木植甚茂，所谓永安山也。"辽圣宗太平三年七月，"赐缅山名曰永安"。据考，"新添帐处"按《图抄》记载位置、里程、地形查找，当在今巴林左旗浩尔吐乡所在地之西富山村、南台子一带。在这个方位上有一处丘陵山区，永安山当在此处③。这里是乌尔吉木伦河发源之一，即乌尔吉木伦河的西源。

辽代夏捺钵之地，除主要在庆州以外，还有怀州西山之清凉殿和炭山的凉陉（永安山和炭山都有凉陉）等地。

怀州在今巴林右旗幸福之路乡岗庙村内，村址建在怀州古城内，故古城多已被破坏，城内原有布局已无法弄清。怀州故城也是北、东、西三面环山，中间为敖尔盖河冲积平原，这里也是高寒山区，为避暑胜地。

---

① 沈括：《熙宁使房图抄》所记"赤峰地名考"，见《松辽学刊》1987 年 4、5 期专号。

② 贾敬颜：《沈括使辽图抄疏证稿》。

③ 沈括：《熙宁使房图抄》所记"赤峰地名考"，见《松辽学刊》1987 年 4、5 期专号。

《辽史·地理志》上京道怀州条云：辽代怀州"有清凉殿，为行幸避暑之所，皆在州西二十里"。《辽史·营卫志》亦云："怀州山西有清凉殿，当在今怀州故城（岗岗庙村）西方的群山中。怀陵在今怀州故城北六里的床金沟。"[1]

《薛映记》云："临潢西北二百余里，号凉淀，在馒头山南避暑之处，多丰草，掘（地）丈余即有坚冰云。"可知辽上京西北200余里处在高寒山区，适于避暑。辽帝有时也到炭山之凉陉避暑，"炭山在归化州，又谓之陉头，有承天后凉殿"[2]。炭山、凉陉（陉头）在今滦河上游闪电河（金代称之为金连川）。滦河上源的闪电河一带，遍地生金莲花，金莲川因此而得名。这里气候凉爽，水草丰茂，禽鸟众多，是避暑游猎的好地方，故辽、金皇帝多在此避暑。成吉思汗攻金时，也曾在恒州之凉陉即炭山之凉陉避暑[3]。

（三）秋捺钵的地址

《辽史·营卫志》载：秋捺钵在伏虎林，"七月中旬，自纳凉处起牙帐，入山射鹿及虎"。伏虎林"在永州西北五十里"。此处的永州为庆州之误，已为傅乐焕先生的精确考证所纠正[4]。《契丹国志》卷五《穆宗本纪》载："如京东北，有山曰黑山，曰赤山，曰太保山，山水秀艳，麋鹿成群，四时游猎，不离此山。"此处"京东北"即上京西北之误，这些山都在当时辽上京庆州境内，亦即今巴林左旗和巴林右旗北部境内的高山。这些山均在今林东镇（辽上京）的西北，而非上京的东北。这里"山水秀艳，麋鹿成群，"故辽帝秋季入山射鹿及虎多在庆州境内诸山进行。

《辽史·本纪》经常出现"如春水""如秋山"的记载，"春水"为春猎之水，"秋山"为秋猎之山。春水、秋山，不是指某一水、某一山，

---

① 张松柏：《辽怀州怀陵调查记》，载《松辽学刊》1987年第4、5期专号。
②《辽史·地理志》，西京道归化州条。
③ 陈得芝：《元察罕脑水行宫今地考》，载《历史研究》1980年第1期。
④ 傅乐焕：《辽史丛考》，第56—59页。

而是春猎、秋猎的代名词。辽帝春猎之地，主要在长春州境内的挞鲁河（长春河）、鸭子河（混同江）；秋猎之地，主要在庆州境内的黑山、赤山、太保山等地。辽帝秋捺钵之地，主要在庆州境内诸山，但也不限于庆州诸山，此外还有平地松林和炭山等地。庆州、怀州诸山以及炭山，皆是夏捺钵之地。

辽帝到庆州、怀州诸山避暑和秋猎的路线，史无记载，但从庆州及其境内山川的位置可以推定出从辽上京到庆州、怀州的路线。古今城镇和交通离不开河流，尤其古代更是如此。因此，根据山川、古城、古遗址分布的情况，以及宋使赴辽的记录，寻求古代的交通路线是不会错误的。从辽代上京到庆州，即从今林东镇到巴林左旗白塔子（庆州），可以说是古今道路相同。从辽上京到庆州的一条主要道路是从上京（今林东镇）沿今沙里河南行，到今巴林左旗的白音宝力格，又西行到今巴林右旗查干勿苏，然后再沿今敖尔盖河西北行，经今巴林右旗的岗岗庙（岗根庙）即怀州，到庆州（今白塔子）。沈括使辽，自保和馆到庆州即走这条路。另一条道路是从上京沿沙里河西南行到查干勿苏，再西南行到大坂，然后再沿今查干河（黑河）直到庆州（今白塔子），再沿黑河北上到庆陵的黑山。另一条是到吐儿山（犊儿山）和永安山的道路，则是从上京（今林东镇）沿乌尔吉木伦河（狼河）北上直到其发源地的吐儿山（狼河的北源）和永安山（狼河的西源）。

（四）冬捺钵的地址

《辽史·营卫志》载：冬捺钵之地"曰广平淀。在永州东南三十里，本名白马淀。东西二十余里，南北十余里。地甚坦夷，四望皆沙碛，木多榆柳。其地饶沙，冬月稍暖，牙帐多于此坐冬，与北、南大臣会议国事，时出校猎讲武，兼受南宋及诸国礼贡"。据傅乐焕先生的考证，广平淀即藕丝淀，"藕丝淀实契丹本名，广平淀则其译称也"。《辽史·地理志》载：永州，"东潢河，南土河，二水合流，故号永州，冬月牙帐多驻此，谓之冬捺钵"。冬捺钵之地在永州，即今西拉木伦河与老哈河汇流处的白音他拉古城。据实地调查，"当地群众介绍，此地冬季气候较暖，低纬度的乌丹每年秋季树叶已落，而这里还是绿叶满树"[①]，和文献所载："其地饶沙，冬月稍暖"的情况完全相符。辽代虽有五京，但政治中心常在夏、冬捺钵。春捺钵主要从事钓鱼、捕鹅；秋捺钵主要是射鹿、打虎。夏、冬捺钵则主要是"与北、南大臣会议国事，时出校猎讲武，兼受南宋及诸国礼贡"。因此，夏、冬捺钵也是辽国的政治中心所在地。

从上京到永州当沿今乌尔木伦河东南行到西拉木伦河和老哈河汇流处的白音拉古城。

① 姜念思、冯永谦：《辽代永州调查记》，载《文物》1982 年第 7 期。

十四　木叶山考

《辽史·营卫志》和《辽史·地理志》均载木叶山在永州，因此，史学界一般均认为木叶山在永州。而比较早的文献记载，如《资治通鉴》《旧五代史》《新五代史》《契丹国志》等，则均载木叶山在祖州。尤其《册府元龟》卷九八〇所载，天成元年（辽天显元年，926年）九月，幽州越德钧奏，先差军将陈继威使契丹还称："继威见契丹部族商量，来年正月，葬阿保机于木叶山下。"宋真宗天禧四年（1020年），宋绶使契丹，在其《契丹风俗》中亦云："木叶山本阿保机葬处，又云祭天之地。"宋使这些到契丹耳闻目睹的原始史料是推定木叶山在祖州的可靠根据。因此，笔者同意木叶山在祖州的提法。

据已发表的实地考察及调查资料，在今西拉木伦河（潢河）和老哈河（土河）两河汇流处有白音他拉古城，周长4里，有马面。从出土的辽代文物和文献记载来看，以白音他拉古城为永州故址当无疑问。但以白音他拉古城（永州）西160里的海金山为木叶山值得商讨。

第一，《辽史·地理志》永州条所谓："至木叶山，二水合流"，是根据神话传说推定的。即"相传有神人乘白马，自马盂山浮土河而东，有天女驾青牛由平地松林泛潢河而下。至木叶山，二水合流，相遇为配偶，生八子。其后族属渐盛，分为八部"。这一"至木叶山，二水合流"的神话传说，和比较早的文献记载，特别是宋使的记录以及考古调查资料的实际并不相符。

第二，二水合流处的白音他拉古城周围的地理形势，和永州"地甚坦夷，四望皆沙碛"的记载完全相符。但是两水合流处并无山，和"至木叶山，二水合流"的记载不符。如以白音他拉古城（永州）西160里的海金山为木叶山，此山又不在二水合流处。同时永州既在二水合流处，则不可能是"东潢河"，而应是北潢河。有人怀疑是否有河流变迁改道的可能。但从这一带的地理形势来看，潢河和土河二水在永州（今白音他拉古城）合流，但没有在今海金山一带合流的可能性。假如过去二水曾在今海金山一带合流，又和永州（今白音他拉古城）在二水之间的记载不符。

第三，从海金山一带散布的辽代文物来看，仅有鸡腿坛和梳齿纹陶片等少量文物，而无辽代砖瓦等遗物。因此，以海金山为辽代祖庙所在地的木叶山，和文物分布的实际情况不符。

据1987年9月初亲到祖州（在辽上京，今林东镇西南约50里）的实地考察得知，祖州城附近不但有秀丽的深山老林，而且山中还有陵园和古庙、碑趺等遗迹，并有大量的勾纹砖和板瓦、筒瓦片等遗物。祖州是"高祖昭烈皇帝、曾祖庄敬皇帝、祖考简献皇帝、皇考宣简皇帝所生之地，故名"。因此，笔者认为把契丹阿保机祖居之地的木叶山推定在祖州，比推定在永州更符合文献记载和文物实际。

十五　四家子古城调查简记

　　白城市洮北区四家子古城是东北著名的辽、金古城之一，解放前日本鸟居龙藏、小村俊夫、泷川政次郎曾到此城进行过调查，并发表过报告。解放后对这一古城曾进行过多次调查，但考古调查资料迄今未发表。为了便于对辽、金古城和历史地理的研究，有必要把这一古城的考古调查资料发表出来，供研究者参考。笔者于1958年、1962年、1980年曾三次到城四家子古城进行考察。在1958年和1962年调查时，当时还能看到城内的建筑遗址和大量的砖瓦瓷片等遗物。但是到1980年前往古城调查时，城内的高台建筑遗址全部夷为平地，已看不出城内的建筑布局。

　　1962年5月，笔者和吉林省博物馆张满庭、洮安县（今洮北区）文化科王甸英同志前往该城进行考古调查，自5月17日到22日，共调查了六天，并对古城进行了测绘，绘制了古城平面图。过去发表的城四家子古城平面图，并没有反映出古城的形制特点和城内的建筑布局，1962年绘制的城四家子古城平面图，将当时还能清楚看到的城内高台建筑遗址标在图上，这对了解和研究当时城内的建筑布局和形制特点都有参考价值。现将1962年调查的古城遗址状况和出土文物简述如下：

（一）古城的形制和状况

　　城四家子古城在白城市洮北区德顺乡古城村管内，位于洮北区之东20余里，洮儿河左岸。出城区东门往北走，过洮儿河，然后再沿着洮儿河河堤一直往东走便到古城。古城东北2里处有一小村落，原来只有蒙古族包、佟、周、张四家住户，由于这一村落在古城附近，故称为城四家子，而这一古城便也被称为城四家子古城了。古城地势高，四周为一望无际的洮儿河平原。古城方向为330度，洮儿河由西而东流，经过西墙脚下。现在城墙的周围多已成平地，很难看出护城河的遗迹，唯北墙外侧有比较明显的护城河遗迹。其他如东墙、南墙都已不见护城河的遗迹。西墙以洮儿河为天然护城河。据当地老人谈，在五六十年以前，洮儿河河身还没到西墙脚下。古城外的西北部即今狐狸营子屯一带，过去在这里曾挖出过许多陶罐，内有人骨和骨灰。还发现过一座带有壁画的砖墓，据老人讲壁画多为莲花。因此，推定这一带原来可能为墓葬地。东门外附近，有两个圆丘相连，原来似为一个圆丘，中间通道像是后来开辟的。两者相距约为3米，现高皆为3米。两者大小相似，唯在路西者略小一些，在路东者现基长40米、宽14米，顶部长12米、宽3米。当地农民称为点将台，辽、金古城城外多有这种高台建筑，一般都称为点将台。

白城市洮北区城四家子古城平面图

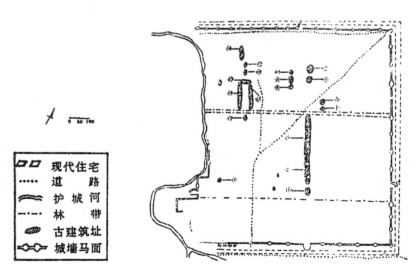

图例

- 现代住宅
- 道　路
- 护 城 河
- 林　带
- 古建筑址
- 城墙马面

这一古城和其他辽、金古城一样，有角楼、马面、瓮城以及护城河。但也有和其他辽、金古城不同的地方，如前郭尔罗斯蒙古族自治县八郎乡北上古子村的他虎城，城墙每边的马面数目都相同，马面间的距离也大致相等。而城四家子古城，每边的马面数目和马面间的距离都不相等，没有他虎城那样规划。还有城墙的马面，一般都是附于城墙的外侧，而城四家子古城是突出于城墙的内外两侧。同时西门瓮城处的城墙建筑形制是沿着洮儿河的曲折情况而修筑的（见图），这也是其他辽、金古城所没有的。

古城墙除西墙被洮儿河水冲掉了一多半以外，其他三面还比较完整。北墙、东墙比较完整，南墙西端被河水冲掉一个角（即西南角），又被居民筑屋破坏一部分，还残存五分之四。现北墙最高，东墙次之，南墙又次之。据实测，北墙长 1 240 米，东墙长 1 389 米，南墙残长 1 055 米，按西墙走向推断至相接处应为 1 269 米。西墙残长 483 米。因西墙的西北角和西南角以及西墙中间的一部分城墙已被河水冲掉，无法测量，估计其长度可能和东墙相同。如此，则古城的周长约为 5 280 米，略呈方形。其规模和前郭县他虎城（周长 5 181 米）、泰来县塔子城（周长 4 560 米）基本相同。城墙现高 3—7.5 米，城基宽 15—27 米，城墙顶部现宽 1—5 米。城墙四面都有马面，北墙 15 个，东墙 10 个，南墙残存 6 个，西墙仅存 2 个。马面的间距各不相同，一般都在 70 米左右，也有少数是在 40—50 米或 80—90 米之间的。如前所述，城四家子古城的马面和一般附于城墙外侧者不同，而是突出于城墙的内外两侧，现突出部分一般为 4 米，马面现高出城墙一般为 1.5 米。马面现宽一般为 12—24 米，也有少数在 30 米以上者。城墙的西南角和西北角皆被河水冲掉，东北角和东南角又被破坏，因此，很难看出古城角楼的形制。从古城东北角和东南角的残存部分来看，坍塌堆积的淤土很多，估计原来可能有角楼。古城四门都有半圆形的瓮城，而以南门和西门的瓮城比较完整。南门瓮城已被风沙淹埋，现在已成半圆形平台，东西直径为 44 米。西门瓮城较其他三门为大，形制也特殊，瓮城的南墙不是弧形，而是直线形，长 50 米，北墙为弧形，半径长 35 米，瓮城门宽 20 米。南门、北门基本上在正中间，西门、东门皆偏南，都是基本相对。另外，每面城墙都有一个缺口，是现在的出入口。南墙和北墙各有一个缺口，口宽南墙为 20 米，北墙为 16 米，皆偏西，基本相对。东墙缺口宽 32 米，基本上在中间。此外，东北角也有一个宽 8 米的缺口，是通往城四家子去的道路。日本鸟居龙藏在 1919 年 9 月，曾到这一古城进行过调查，他绘制的 "洮南古城图"[①] 不但没有反映出古城内的遗址布局和形制特点，还有一些错误。如他把此城绘成正南北的方形城，同时其所标出的城门位置，除南门外，都是不正确的。

城墙是夯土筑成的，在北墙和西墙的破坏部分，可以清楚地看出夯层和夯窝。夯层厚为 7—14 厘米，夯窝直径多为 9—12 厘米。在北墙东端顶部的破坏处看到的夯窝，多为圆形平底，直径为 3—11 厘米不等。在北墙东段的另一破坏部分和西墙残破处看到的夯窝则为半圆形，夯窝现深为 2 厘米。从夯窝的形状有圆形平底和半圆形的情况来看，可以推知，当时夯筑时使用的榔头，有圆柱形和圆球形两种。日本鸟居龙藏、小村俊夫[②]、泷川政次郎[③] 等对这一古城都进行过调查，在他们的报告中都说这一古城墙是 "以太阳曝干的土砖（即土坯子）砌成" 的，这是误解。

据在北墙的调查，北墙中段和东段以及北门瓮城的顶部，都是用黑土筑成的，现高为 1.3—1.6 米。黑土中夹杂着陶瓷片和砖瓦碎块，其下层则为黄土，没有夹杂着任何东西。由此可以推知这一城墙曾经修补过。

（二）城内遗址的分布和出土文物

城内地表上散布着大量的砖瓦残块和陶瓷片以及铁炼渣，地下多为

---

① ［日］鸟居龙藏著．陈念本译：《满蒙古迹考》，第 53 页附图。

② ［日］小村俊夫：《洮南 "高丽城址" 的遗物》，《满蒙》第 12 卷（1931 年）第 6 号和第 7 号。

③ ［日］泷川政次郎：《狐狸菅子古城址》，《辽金古城》第一辑。

黑灰色土质，1958年在城内挖了十多口井，从井壁破坏处可以清楚地看出灰层厚为2—4米之间，其中夹杂着一些砖瓦块和陶瓷片，和他虎城一样，城内也有大量的兽骨出土。城内有许多圆丘状的台地，其上砖瓦最为集中。从城内现存圆丘状台地的分布情况看，还能看出城内原来的建筑布局，城内有东、西两排南北直列的建筑遗址。第一排是从南门到北门中间一带的遗址；第二排是从南墙缺口到北墙缺口中间的遗址。两排遗址大致平行。第一排遗址，基本在城的正中间，第二排遗址稍偏西，且多集中在北部。第一排遗址上的遗物最多，且在城的正中间，当为城内重要建筑遗址的所在地。

现将两排遗址范围和遗物分述如下。

第一排遗址

1. 长45米、宽35米、高2米。遗物：砖瓦块特多、板瓦内有布纹、宽24厘米、厚2—3厘米。砖厚5.5厘米、宽17厘米。黄釉、绿釉筒瓦。黑釉、乳白釉、白釉黑花瓷片。

2. 长200米、宽35米、高1米。遗物：铁炼渣特多。

3. 长250米、宽35米、高1米。遗物：砖瓦、陶瓷片较少，在这里采集到勾滴一块。

4. 长15米、宽15米、高1米。遗物：砖瓦块。

5. 长30米、宽30米、高2米。遗物：砖瓦块、陶瓷片最多，有勾滴、板瓦、筒瓦残块。板瓦厚3厘米、宽24厘米。还有黄釉、绿釉鸱尾残块。

6. 长40米、宽40米、高1米。遗物：采集到绿釉瓦残块两块。

7. 长40米、宽40米、高1.5米。遗物：绿釉瓦、勾滴、灰色砖质鸱尾残块。

8. 长40米、宽30米、高2.5米。遗物：绿釉瓦、勾滴残块。

9. 长30米、宽30米、高1米。遗物：砖瓦块较少。

10. 长30米、宽30米、高1米。遗物：砖瓦块较少。

第二排遗址

11. 长 30 米、宽 25 米、高 0.7 米。遗物：砖瓦块、陶瓷片较少。

12. 长 20 米、宽 20 米、高 1 米。遗物：砖瓦块、陶瓷片较少。

13. 长 150 米、宽 20 米、高 0.5 米。遗物：砖瓦块、陶瓷片较少。

14. 长 150 米、宽 20 米、高 0.5 米。遗物：砖瓦块、陶瓷片较少。

15. 长 70 米、宽 20 米、高 1 米。遗物：砖瓦块、陶瓷片较少。

16. 长 30 米、宽 20 米、高 2 米。遗物：砖瓦块较多。

17. 长 20 米、宽 20 米、高 1.5 米。遗物：砖瓦块较多。

18. 长 100 米、宽 20 米、高 0.7 米。遗物：砖瓦块较少。

上表第一排遗址中，以 1、5、8 号遗址较高，其上遗物也比较多，且有黄釉、绿釉筒瓦和勾滴、鸱尾残片等。第二排遗址中，以 16、17 两处遗址较高，砖瓦也较为集中，这几处遗址可能是城内的重要建筑遗址。

（三）在城内征集和采集到的文物

城内出土文物很多，伪满时日本学者曾到这里进行过考古调查，在他们已发表的资料中见到的重要文物有：带有"隆州造一十三斤"铭文的铜器残片 [①]、"花纹砖" [②]、铜印（长 5 厘米、宽 4 厘米，印文不识）[③]，以及北宋铜钱等。

现将近年来在城内征集和采集到的文物概述如下：

（1）建筑材料

1. 砖瓦、础石：长方形大青砖，长 32.5 厘米、宽 16.5 厘米、厚 5 厘米。铺地方砖，长 32.5 厘米、宽 37 厘米、厚 5.5 厘米。方形础石，边长 1.5 米、高 1 米。圆形础石，直径 20 厘米，底部有半圆形洼坑。板瓦残块，

---

① ［日］小村俊夫：《洮南"高丽城址"的遗物》，《满蒙》第 12 卷（1931 年）第 6 号和第 7 号。

② ［日］泷川政次郎：《狐狸菅子古城址》，《辽金古城》第一辑。

③ ［日］泷川政次郎：《狐狸菅子古城址》，《辽金古城》第一辑。

凸面素纹，凹面布纹，厚 2 厘米。黄釉、绿釉筒瓦残块，釉色光亮，红陶胎，内有布纹，黄绿两釉鸱尾残块和砖质鸱尾残块。

2．半圆形榫头砖：城内很多，用途不明，高 10.5 厘米、上宽 12 厘米、下宽 20 厘米，上部半径 8.8 厘米，底部半径 14 厘米。

3．忍冬纹花砖残块：厚 6 厘米、残长和残宽为 15 厘米。

4．兽面纹瓦当：直径 12.5 厘米，中间兽面突起，兽面周围有点状突起，其外有宽 2 厘米的边，背面为凹坑。

5．勾滴残块：凸面素纹，勾滴正面皆有一或二条弧线，在其间有方格、点线等纹，其下端多为绳纹或指甲纹等。

（2）武器

1．铁镞：四楞尖形铁镞四件，镞长 2.5—3.4 厘米，铤长 2 厘米，宽 0.5 厘米。扁平形铁镞长 4 厘米。

2．铁蒺藜：有四个尖，尖长 3 厘米，其中有一个尖带有一个小孔。

3．铁马镫：上宽 9 厘米、下宽 17 厘米、高 18.5 厘米。

4．海螺制号角：长 30 厘米。

（3）生活用具

1．陶瓷片：城内地表上散布着许多陶瓷片，采集有篦齿纹等花纹的细泥灰陶片和仿定、磁窑等陶片。

2．陶罐两个，灰色素面、平底。

3．扑满：高 13 厘米、底径 11 厘米、腹径 16 厘米。灰色、泥质、素面、轮制。腹部周边有五孔，上有一长方形投钱口，底部已残破。

4．多孔器：正方形，边长 9.5 厘米。截去八角，器身呈立体十字状，各切去面上皆有孔，孔径 1 厘米，用途不明。

5．石臼、石杵：石臼口径 18 厘米，石杵直径 9 厘米。

6．石印章：长 2.3 厘米，宽 1.3 厘米，印文似为"王三"两字。

7．铜镜：一为牡丹花纹铜镜，直径 15.3 厘米，背有牡丹花纹，边有连珠纹，残缺三分之一，镜边缘上刻有"泰州主……"三字，"主"

以下因残缺，不知为何字。此外还征集到素面和龙纹铜镜各一面，边缘皆刻有"泰州主簿记"五字，"记"下有押记。从铜镜边缘刻字可知为金代铜镜。二为家常富贵铜镜，仿汉，直径10厘米，有四乳，边之内侧铸"家常富贵"四字。

8．铜鱼：长4厘米，宽1.8厘米，头、尾和两边鱼翅部皆有小孔。

9．小铜佛：高3.2厘米，宽1厘米，小铜佛上有一小鼻，以便穿绳佩戴在身上，故也称为护身佛。

（4）铜钱：在古城内征集到的铜钱有：大观通宝、大定通宝、崇宁重宝、开元通宝、祥符元宝、太平通宝、皇宋通宝、治平元宝、熙宁通宝、元祐通宝、天圣元宝，景德通宝、宣和元宝。古城内出土最多的是北宋铜钱，其次为开元通宝和金代铜钱。

（5）铜风铃：高6厘米、宽2厘米。一面刻有"泰州主簿记"，"记"下有官押，这是城内建筑上的重要遗物。

从城四家子古城的形制和出土文物来看，可以肯定是辽、金古城。根据文献有关泰州方位的记载和出土的铜风铃来看，这一古城为辽建，金代沿用，是辽、金时代泰州州治的所在地，因已有论文发表[①]，不再重述。

① 拙著：《东北史地考略》，第119—123页。

十六　关于金代泰州、肇州地理位置的再探讨

金代泰州有新、旧之分，旧泰州即辽代的泰州，新泰州即辽代的长春州。金代的肇州即辽代的出河店。长春州、泰州、肇州，是辽、金时代的军事重镇和交通要冲，因此，这三州的地名频见于史册。关于这三州的地理位置，历来众说纷纭，笔者仅将近年来有争论的问题，试作进一步的探讨，希望能在争论中得到正确答案。

（一）金代新泰州在他虎城还是在城四家子古城的问题

据《金史·地理志》的记载：长春县（即金代新泰州所在地）境内"有挞鲁古河、鸭子河，有别里不泉"。因此，搞清长春县境内的这两条河流为当今哪一条河流的问题，是推定金代新泰州（辽代长春州、金代长春县）方位的关键。

主张辽代长春州即金代新泰州在今城四家子古城（在今吉林省白城市洮北区即原洮安县东 20 里，洮儿河左岸）者，认为挞鲁古河（即挞鲁河、长春河）指当今洮儿河，鸭子河指混同江指嫩江下游段。认为这些河流"均在城四家子古城的附近地区"[1]，因此，推定辽代长春州（金代新泰州）当在今城四家子古城。笔者认为这些看法，对进一步深入探讨有争论的问题将起推动作用。笔者认为对以下几个问题应该展开讨论。

---

① 张柏忠：《金代泰州、肇州考》，载《社会科学战线》1987 年第 4 期。

第一，关于鸭子河泺的位置问题。

《辽史·营卫志》载：鸭子河泺为辽帝春猎之地，"鸭子河泺东西二十里，南北三十里，在长春州东北三十五里"。又据《辽史抬遗》卷一三，引宋·王易《重编燕北录》载："春捺钵多于长春州东北30里就泺甸住坐。"从鸭子河泺、泺甸和长春州的距离为35里和30里的记载可知，鸭子河泺即泺甸。由此可知，搞清鸭子河泺的所在地，是推定长春州所在地的根据之一。关于鸭子河泺为当今哪一湖泊的问题，也是其说不一。有的认为即今查干泡，但在查干泡西南三四十里处，并没有较大的辽、金古城。也有的认为今月亮泡是辽代的鸭子河泺，但今月亮泡西南三四十里的地方，也没有较大的辽、金古城，这是推定查干泡和月亮泡不是辽代鸭子河泺的根据。有的把长春州推定在今洮南市城四家子古城，但城四家子古城东北三四十里处并没有较大的湖泊。以城四家子古城为辽代长春州者又认为文献所载鸭子河泺与长春州的距离是错误的，不足为据，并认为"城四家子古城东北正处于洮儿河（长春河）下游的沼泽水网地带，是非常理想的春猎之地"。但是上述两处文献记载皆云鸭子河泺在长春州东北35里或30里，很难说这两处记载都有错误，或不足为据。今他虎城东北三四十里处，有较大的湖泊，即黑龙江省肇源县的茂兴泡。同时无论从古今文献记载和实地考古调查访问资料来看，江河、湖泊较大，盛产鱼类，是鹅、雁、野鸭子群集之地，即"非常理想的春猎之地"，不是在洮儿河的城四家子古城附近，而是在月亮泡、查干泡、茂兴泡，以及洮儿河与嫩江、嫩江与松花江汇流处附近，这些较大的江河、湖泊都在他虎城附近，而不是在城四家子古城附近，这是推定他虎城为辽帝春猎之地的长春州所在地的又一根据。

据《辽史·营卫志》载：鸭子河泺为辽帝春捺钵之地，但是在《辽史》历代皇帝的本纪中，竟没有一次到鸭子河泺春猎的记载。记载最多的是到长春州（13次）、混同江（29次）、鱼儿泺（23次）、鸭子河（14次）等地进行春猎。其中到鸭子河或混同江春猎的记载当包括鸭子河泺在内。

第二，长春州与女真居地邻近。

辽代东北路统军使（驻在长春州）萧兀纳在奏文中说："臣治与生女真接境。"[①]《北边纪事》也说："长春路，去女真最近，边人亦谓之新泰州。"[②]可知长春州（即金代新泰州）和生女真居地邻近。辽代生女真居住在"粟末之北，宁江之东北，地方千余里，户十余万"[③]。粟末即粟末江，宁江州在粟末江之东，扶余市区北26里的伯都讷古城。由此可知，辽代生女真居住在今扶余伯都讷古城东北千余里的地方。许亢宗《宣和乙巳奉使行程录》载：从乌舍寨即宾州（今农安县东北靠山镇新成村广元店古城，在伊通河与松花江汇合处）渡江直到涞流河（今拉林河）之间，即今扶余市境内有一契丹与女真的分界线，"界隔甚明，乃契丹昔与女直两国古界也"。《松漠纪闻》亦载："契丹从宾州混同江北八十余里筑寨而守，余尝从宾州渡江过其寨。"可以确证辽代生女真分布在今扶余市的东北千余里的地方。他虎城东距宁江州以东的生女真居地较城四家子古城约近300余里。这是以他虎城为辽代长春州，比以城四家子古城为辽代长春州更符合这一记载的实际。

长春州和黄龙府是控制生女真的军事重镇。一在生女真居地的西部，一在南部，都和生女真邻近。长春州不应在距生女真较远，相距约400余里的城四家子古城，而应在距生女真居地较近，相距约为百里的他虎城。

第五，据《杜尔伯特旗王府墓碑》载：杜旗"即辽代之长春州，金代之泰州北境"[④]。今杜旗正在今他虎城之北，而不是在城四家子古城之北，这是以他虎城为辽代长春州、金代新泰州的又一根据。

①《辽史》卷98，《萧兀纳传》。

②《方舆纪要》卷18引。

③《三朝北盟会编》政宣上帙三；参见《辽史拾遗》卷18，第10—11页，女直国，引无名氏：《北风扬沙录》，（光绪乙亥三月，江苏书局重刊本）。

④刘沛然、李向辰：《杜尔伯特旗王府墓碑志注释》，载《黑龙江民族丛刊》1987年第4期。

（二）旧泰州在城四家子古城，还是在塔子城的问题

关于辽代泰州即金代的旧泰州（后改金安县）当今何地的问题，主要有两说，一是认为在今吉林省白城市洮北区（原洮安县）东20里的城四家子古城（在洮儿河左岸）。二是认为在今黑龙江省泰来县西北90里的塔子城。

考证辽代泰州即金代旧泰州的地理位置主要应根据以下文献记载和考古资料。

第一，旧泰州是从金上京经长春州到临潢府和燕京这条道路上的必经之地和重要城镇。

金军攻陷辽上京、中京、西京、南京（燕京）以后，便开始修建从金朝的京师（今阿城白城）到南京（即辽代的南京析津府，亦即燕京，今北京）的驿站，为进驻中原铺平道路。《金史·太宗本纪》载：天会二年（1124年）春正月丁丑："始自京师至南京，每五十里置驿。"同年闰三月辛巳，"命置驿上京、春、泰之间"。这是金代新建的一条驿道。从泰州以南到燕京这段道路早在辽代就已建立驿站，到金代只是修复沿用，而不是新开辟的。虽然金熙宗天眷元年（1138年）始"以京师为上京，府曰会宁，旧上京为北京"。但在《金史》中，有时对天眷元年以前的京师也称上京。撰史者用改易后的名，来称呼改易前的地名，这在《金史》中屡见不鲜，要根据具体情况来断定《金史》中所说的天眷元年以前的上京是辽上京，还是金上京，不能一概而论，并非凡是在天眷元年以前的上京都是辽上京。金太宗天会二年闰三月所说的"命置驿上京、春、泰之间"，其中的上京指金朝的京师，而不是辽上京。这里的春州即长春州的简称，而不是在长春州之外的另一个春州。金太宗时期的泰州即辽代的泰州。从金朝的京师先到春州、经泰州到临潢府和南京（今北京）的路线可知，泰州是这条路线上的一个重要城镇，金主完颜亮从天德四年（1152年）二月到贞元元年（1153年）三月，由上京会宁府迁都燕

京(今北京)时,曾经路过泰州、临潢府、中京到达燕京①。从阿城白城(金上京)到他虎城之间,沿拉林河、松花江有许多辽、金古城和遗址,很明显是一条古道。又据《大安县文物志》记载,从他虎城西行到城四家子古城之间,有一些小型的辽、金古城,周长皆为一里余,其间距都是在四五十里之间,和金太宗天会二年"每五十里置驿",以及"命置驿上京、春、泰之间"的记载相符。很明显地可以看出这些小古城是金代建置的交通驿站。今他虎城和城四家子古城正是在这条交通线上的两座重要城镇。但是塔子城则不在从上京到燕京这条交通线上,如往塔子城,则绕道较远,或走来回路。这是以城四家子古城为金代旧泰州,比以塔子城为金代旧泰州更符合这一记载的实际。

正隆、大定年间(1161—1162年),窝斡领导的起义军进攻临潢府以后,北上围攻泰州,又"自泰州往攻济州"②,济州即今农安城。从临潢府北上围攻泰州,窝斡起义军不可能绕过城四家子这座较大的城镇而进攻北方的另一座重镇(塔子城)。同时从泰州又进攻济州(今农安县城)来看,也不可能从塔子城,而应是从城四家子古城进攻济州。

又从明代"海西西陆路"交通驿站来看,从肇州(今肇东八里城)西行经过台州(旧泰州)到兀良河(今乌兰浩特市东北25里的前公主岭古城)③,是东西方向,如以塔子城为旧泰州,则不是西行,而是西北行到塔子城,显然塔子城不在这条路线上。由上述可知,推定泰州的方位,是否在金上京,经春、泰、临潢府、中京到燕京这条路线上是重要根据之一。

第二,旧泰州去边300里。

《金史·宗浩传》载:"初,朝廷置东北路招讨司泰州,去境三百里",《金史·兵志》载:泰州"去边尚三百里"。这里所说的泰州都是指旧泰

---

①《金史·海陵本纪》,天德四年二月戊子,次泰州,四月壬辰,上自泰州如凉陉。九月甲午,次中京。贞元元年二月庚申,上自中京如燕京。三月辛亥,上到燕京。

②《金史》卷133,《移剌窝斡传》。

③ 拙著:《东北史地考略》,第259—265页。

州而说的。今城四家子古城西北距金代界壕边堡正为 300 里，和文献记载完全相符。城四家子古城西北，洮儿河上游，有三道金代界壕边堡，洮儿河流域自古以来就是通往西北呼伦贝尔地区的交通要道。城四家子古城西北距最近的一道边墙为 300 里，西北距最远的一道边墙约为 400 里。在三道边墙之间，洮儿河两岸，有许多小古城，显然是重要的边防地区和交通要道。今洮儿河流域是金代防御西北广吉剌等部入犯的重要地区。城四家子古城西北距乌兰浩特市东北 25 里的前公主岭古城（金山县）为 200 里，前公主岭古城西北距边墙为 100 里。城四家子古城、前公主岭古城是洮儿河流域两岸许多辽、金古城中的较大的古城，都在一条交通线上。而塔子城和前公主岭古城并不在一条通往西北的交通线上。从旧泰州去边 300 里，以及洮儿河流域辽、金古城的分布和交通情况来看，旧泰州当在今城四家子古城，而塔子城则是金代乌古迪烈统军司（后改招讨司）的所在地。

第三，塔子城为金代乌古迪烈统军司的驻地。

《金史·婆卢火传》载：天辅五年（1121 年），婆卢火为泰州路都统，天眷元年（1138 年），"驻乌古迪烈地甍"。可知，乌古迪烈地金初属泰州路，天眷以后，《金史》的纪、传，皆不见泰州路都统，则乌古迪烈统军司（后改招讨司）当系天眷后罢泰州路都统司所改置。关于金代乌古迪烈部所在地的问题，《金史·地理志》有比较明确的记载："乌古迪烈统军司，后升招讨司，与蒲与路近。"[1] 又从金朝"买珠于乌古迪烈部及蒲与路"[2] 等记载来看，可知乌古迪烈部和蒲与路都是产珠之地，并且邻近。金代蒲与路在今嫩江以东的乌裕尔河流域，和蒲与路邻近的乌古迪烈部当在今嫩江以西的支流绰尔河、雅鲁河流域。据王国维考证："金时乌古迪烈部地在兴安岭之东，蒲与路之西，泰州之北。"[3] 今塔子城在城四家子古城（旧泰州）之北，他虎城（新泰州）的西北，和蒲与路邻近，

---

① 《金史》卷 24，《地理志》上。
② 《金史》卷 5，《海陵纪》，天德四年十一月辛丑。
③ 王国维：《观堂集林》附别集 3，第 722 页。

正是金代乌古迪烈部的居住范围，所以推定塔子城为金代乌古迪烈统军司（后改招讨司）的所在地，而不是旧泰州的所在地。

第四，塔子城出土的辽道宗大安七年残刻和城四家子古城出土的刻有"泰州"等字的铜风铃。

1956 年，黑龙江省泰来县塔子城曾出土大安七年残刻一块[①]，刻石文字除第一行为刻石的年代外，全是姓名。这些姓名当是筹办建塔捐款者即施主的姓名。有的在姓名前加上官职名，如"糺首西头供奉官泰州河堤""同建办塔事弟右班殿直""提点塔事前管内僧政讲经沙门""女邑长""女邑""右承制"等官职名。官职名之后，有的因刻石已残，不知其姓名。这一大安七年残刻上的姓名，只能说明与建塔有关，其中的"糺首西头供奉官泰州河堤"等字，说明"糺首西头供奉官"曾参与建塔和治河事宜，它能证明今塔子城为辽代泰州辖境，但不能证明塔子城为辽代泰州州治的所在地。辽代泰州即金代承安三年以前的泰州在哪里？还要根据上述文献记载来推定。如辽阳三道壕发现的三国魏的令支令张某的墓葬，但辽阳不是汉代和三国时期令支县的所在地，而是襄平的所在地。

城四家子古城内曾出土过刻有"泰州"等字的铜风铃（吉林省博物馆藏），这是建筑物上的铜风铃，它是推定城四家子古城为泰州所在地的一个有力物证。此外，在城四家子古城内还出土过边刻"泰州主簿"等字的金代铜镜多面，这虽然不能作为泰州所在地的论据，但可作为推定泰州所在地的参考资料。

（三）金代肇州在前郭县他虎城还是在肇东县八里城的问题

主张金代肇州在他虎城者，认为肇州（即辽代的出河店）在鸭子河（后改称混同江）之西，但这一推论和文献记载并不相符。

---

① 丹化沙：《辽代大安石碑残刻》，见《黑龙江省博物馆资料汇编》第 1 辑。《黑龙江古代文物》，第 56—62 页。景爱：《塔子城出土辽大安残刻三题》，载《社会科学战线》1984 年第 3 期。

第一，要搞清辽代出河店（即金代肇州）的位置，首先要搞清出河店在鸭子河之西还是北的问题。主张出河店在鸭子河西者，根据萧兀纳在宁江州一战中败走"自以三百骑渡混同江而西"，和萧嗣先率辽军"屯出河店，临白江与女真军对垒"，"女真军潜渡混同江，掩其不备，未阵击之，嗣先军溃"的记载，认为辽军集结在鸭子河（后改称混同江）之西岸与女真军对垒。事实是辽军在宁江州首战失败后，过混同江西逃，但是当辽军进行反攻时，不是集结在混同江的西岸，而是集结在混同江（鸭子河）的北岸。女真军在天庆四年（1114 年）十月，攻陷宁江州（今扶余市区北 26 里的伯都讷古城）以后，金太祖阿骨打一方面"使完颜娄室招谕系辽籍女直"，一方面回师报捷，奖赏战士，准备继续攻辽。同年十一月，辽派都统萧嗣先（原为萧乣里系误）、副统萧挞不也等"将步骑十万会于鸭子河北"①，准备从女真军的北面即从后方截击。此即《辽史》所说的"引军屯出河店，两军对垒，女真军潜渡混同江，掩击辽众"②。《契丹国志》所说的萧嗣先充东北路都统率兵七千"屯出河店，临白江，与宁江州女真对垒"③。由此可知，宁江州大战之后，辽和女真双方集结大军隔江对垒，严阵以待。两军隔哪一条江对垒？辽军在江北，还是在江西？由于对这一问题的理解不同，便出现出河店（后来金建肇州）在江西，还是在江北的不同意见。关于辽和女真军隔哪一条江对垒的问题，《辽史》记载为混同江，《金史》记载为鸭子河，《契丹国志》则记载为白江，很明显，这是同一条江的不同名称。这条江是当今哪一条河流，有的认为"辽、金时，嫩江下游段称鸭子河或混同江，塔虎城（即他虎城）北五里即是嫩江下流段……东南四十里"。因此认为"塔虎城的方位和里数与史书上记载的肇州情况完全吻合"。关于辽军集结于江北还是江西的问题，《金史·太祖本纪》太祖二年十一月条，明确记载辽派都统萧乣里（萧嗣先之误）"将步骑十万会于鸭子河北"。主张辽军在鸭

152

---

① 《金史》卷 2，《太祖本纪》，太祖二年十一月条。
② 《辽史》卷 27，《天祚皇帝本纪》，天庆四年冬十月壬寅朔条。
③ 《契丹国志》卷 10，《天祚帝纪》上，天庆四年十月。

子河西者认为"鸭子河北应是鸭子河西或南之误"。笔者认为这不是记载有误，而是对鸭子河为当今哪一条河流的理解有误，对辽军的西逃和再次集结反攻的地点理解有误。因此，以他虎城为出河店即金代肇州的所在地，不是和文献记载"完全吻合"，而是大有出入。文献记载出河店即金代肇州，在鸭子河北，"鸭子河去肇州五里"①。今他虎城在今嫩江之南约 10 里，和上述文献所载辽代出河店、金代肇州的方位无一相合者。而今肇东八里城则和上述有关出河店和肇州的方位基本相合。八里城南在江与八里城之间，有一河汊子，距八里城为 5 里，这一河汊子当为从鸭子河到肇州城下的河道。

第二，出河店之西百里有长泺，肇州产盐。

天庆四年（1114 年）十一月，女真军在出河店大败辽军以后，乘胜追击辽军，在斡邻泺（亦书斡论泺、长泺），又大败辽军。斡邻泺在出河店之西百余里②，在肇州境内③。今肇东八里城之西 60 里处，在肇州、肇源两县交界处有连续不断的湖泊，当即长泺。肇州在"海陵时，尝为济州支郡"④。《金史·移剌窝斡传》载：海陵王亮正隆五年（1161 年），窝斡领导的起义军围攻泰州失败后，"遂自泰州往攻济州"。在进军途中，与右副元帅谋衍遇于长泺，窝斡战败西逃⑤。由此可知，长泺在旧泰州通往济州这条道路之间。据《析津志·天下站名》载："西祥州正北斡母百三十（里）肇州。"可知肇州在西祥州（今农安县城东北 60 里的万金塔）的正北，今肇东八里城正在今农安县万金塔的正北，而今前郭县他虎城则在今万金塔的西北。以今肇东八里城为肇州，比把他虎城称为肇州更符合这一记载。

又据《金史·食货志》载："上京、东北二路食肇州盐。"可见肇州

---

①《金史》卷 128，《纥石烈德传》。

②《契丹国志》卷 10。

③《金史》卷 94，《内族襄传》："战于肇州之长泺。"

④《金史·地理志》，肇州条。

⑤《金史》卷 72，《谋衍传》。

是金代东北著名的产盐区之一，多为盐碱地、沼泽地。据《黑龙江省志稿》卷四载：肇州盐区在今肇东县库伦泡子，"池纵广三十五方里，产盐丰富，色白而洁"，"此当为当时肇州盐海之一"。今他虎城一带不产盐，肇东一带产盐也是以肇东八里城为金代肇州根据之一。

第三，从今肇州地名的由来可以推知金、元肇州的方位。

据光绪三十二年（1906年），程德全奏折云：这一年"于郭尔罗斯后旗荒地之肇州古城地方置肇州直隶厅，设抚民同知，无属领"。当时后旗在老爷屯（旧王府），所谓后旗荒地的肇州古城即今老爷屯南16里的八里城。民国元年（1912年）改肇州直隶厅为肇州县，当时直隶厅（后改县）的治所在今肇源县城①。肇源县城的土城（今已拆除）即"光绪三十二年经肇州厅抚民同知崇绥监造。民国3年（1914年）知事孙之忠修立城门加筑泥土"②。1931年，因水灾，肇州县治（今肇源）迁到老街基，即今肇州县治所在地。原肇州县城（今肇源县城）称为旧县城。1935年，旗、县划分界限，原肇州县城（今肇源县城）划归郭尔罗斯后旗所有。同年8月，郭尔罗斯后旗旗治从今老爷屯（旧王府，在今肇东市四站镇北10余里）迁到肇州旧县城（即今肇源县城），因为清代肇州直隶厅最初设在这里，所以改称肇源。民国三年（1914年），在昌五设肇东县。1938年，县治迁到满沟（甜草岗），改称肇东镇。从今三肇地名的由来可知，金、元肇州当在三肇一带，而其他地方并没有肇州地名沿用下来，这也是以今肇东八里城为金、元肇州所在地的根据之一。

（四）金上京会宁府"西至肇州五百五十里"③；金泰州"东至肇州三百五十里"④的记载问题。

有的根据这一记载，把肇州推定在今黑龙江省肇源县茂兴南的吐什

①《肇州县全境舆图》：肇州县城在薄荷台之西，茂兴之东，城东有龙王庙。
②《志单》肇州县，（黑龙江省图书馆藏书）。
③《金史·地理志》，上京会宁府、北京路泰州。
④《金史·地理志》，上京会宁府、北京路泰州。

吐①，或茂兴渔场老乐营子古城②，以及今吉林省前郭县他虎城③等地。把辽代长春州即金代的新泰州推定在今吉林省白城市洮北区东 20 里的城四家子古城④。如果仅从这一记载，不考虑和其他记载有无矛盾来推定肇州和泰州的方位，是完全符合上述文献记载的，是无可非议的。但是和其他文献记载对比研究时发现有些矛盾，不能作为推定肇州、泰州方位的唯一可靠的根据。

第一，如把辽代长春州（即金代新泰州）推定在今白城市洮北区四家子古城，不但和辽、金时代的挞鲁河（长春河）、鸭子河、鸭子河泺的方位有矛盾，而且还和长春州邻近女真的记载有矛盾［见前述（一）］。

第二，如把辽代的泰州即金初的泰州推定在今黑龙江省泰来县的塔子城，则和前述文献所载从金上京先经长春州到泰州再到临潢府、南京（燕京，今北京）这条交通线上的驿站方位有矛盾。即如果把辽代泰州即金初的泰州推定在今塔子城，则从金上京到南京（即燕京）时，必先到城四家子古城，再到塔子城，又从塔子城返回城四家子古城，再南行到临潢府、燕京。从金上京经长春州、泰州到临潢府、燕京这条交通线所经城镇来看，泰州不可能在今塔子城。

第三，在推定辽代长春州（金代新泰州）、辽代泰州（金初的泰州，即旧泰州）的方位时，首先要搞清提出的论据是否可靠，是否和其他文献记载有矛盾，只有对比研究，发现矛盾，解释通矛盾以后，才能提出可靠的论据，做出正确的结论。

综上所述，金上京"西至肇州五百五十里"的记载，并不是推定肇州位置的唯一可靠的论据。还有泰州"东至肇州三百五十里"的记载，只有在泰州的方位作出正确的结论以后，才能正确地推定肇州的方位。

总之，关于金代泰州（辽代长春州）、肇州位置的推定，不能抓住一点，

---

①《中国历史地图集》释文汇编，东北卷，第 165 页。

② 王景义：《略论金代肇州》，载《北方文物》1992 年第 1 期。

③ 张柏忠：《金代泰州、肇州考》，载《社会科学战线》1987 年第 4 期。

④ 张柏忠：《金代泰州、肇州考》，载《社会科学战线》1987 年第 4 期。

必须综合考虑，是否对各方面的记载都能解释通。

上述看法是否正确，还有待于史学界的深入探讨，才能得出正确的结论。

十七　东北地区金代古城的调查研究

　　我国是统一的多民族国家，中华民族的团结和统一，是经历了长期历史过程的，有坚实的历史基础。历代各族人民对祖国统一的多民族国家的形成与发展，都有过重要的贡献。

　　10 至 13 世纪，在祖国北方建立的辽、金王朝，是两个重要朝代，对祖国边疆地区的开发与经济文化的发展，对民族间的经济文化交流和融合都作出过重大的贡献。

　　本文仅从辽、金古城的分布特点、出土文物以及调查研究等方面来说明金代各族人民在历史上所作出的重要贡献。

（一）金代古城的分布与特点

　　在东北的历代古城中，分布最广，数量最多的是辽、金古城。东北各地，几乎每一个市县都有几座或十几座辽、金古城。到了金代，在黑龙江地区建立的城镇和交通驿站较辽代更有了进一步的发展。

　　女真在建国前已有筑城和攻城的记载，但是建宫室州县城之事，还是在金灭辽以后的事。金代州县城除新建者外，多沿用辽代，所以把沿用这部分的州县城地称为辽、金城。辽、金城，特别是金代城址，其分布之广，数量之多，均远远超过了历代古城。仅据吉林省各县文物志的统计，现已发现的辽、金古城就有 200 多座，遗址约有八九百处。黑龙江地区现已发现的金代古城约有 300 多座 [①]。分布在辽宁省、内蒙古东部以及黑龙江左岸和乌苏里江以东今俄罗斯境内的辽、金古城，因无确切统计，还不知其具体数目，但据已发表的中外考古调查资料可知，其分布之广，数量之多，也相当可观。这是辽、金时代，特别是金代，在开发建设东北边疆方面所作出的巨大贡献的历史见证。

辽、金古城的形制特点，和宋代的城址形制特点基本相同，一般都有角楼、马面、瓮城。较重要的城址有一道至三道不等的护城河，城外有的还有砖筑或土筑的高台，即当地群众所说的点将台。渤海古城也有角楼、瓮城，但无马面，因此，有无马面，是识别辽、金古城的根据之一。

辽、金古城一般都有马面，只有个别例外没有马面。如黑龙江省肇源县三站南 8 里的望海屯古城，周长 4 里，只有角楼、瓮城，而无马面。辽、金城一般多为方形城，但个别的也有长方形（如吉林省公主岭市、秦家屯古城等）和椭圆形城（如黑龙江省克东县金城乡的金代古城）。辽、金城一般均为单一的方形城，但也有由南城、北城、东城和西城、内城和外城组成的双城子。辽、金城一般多为平原城，但也有少数山城。

辽、金城可分大、中、小三种类型。京城较大，如辽、金的中京，金代贞元元年（1153 年）改称北京，在今内蒙古赤峰市宁城县大明城，周长 30 里。金上京在今黑龙江省阿城县白城，周长 22 里。

一般的府城和节镇州城，除个别外，一般均在 8—10 里左右。如辽、金时代的黄龙府，后改称济州、隆州、隆安府，即今吉林省农安城，周长 9 里。辽代的长春州，到金代后期改为泰州，即新泰州，在今吉林省前郭县他虎城，周长 10 里。金代肇州即今黑龙江省肇东八里城，周长 8 里。属于辽代头下军州的节镇，和一般节镇的州城不同，其规模较小，如辽代懿州为头下军州的节镇，即今辽宁省阜新市北的塔营子古城，周长仅为 4 里。成州为辽代头下军州的节镇，即今阜新西北 50 里的红帽子村古城，周长仅为 3 里。

① 王禹浪：《金代黑龙江述略》，第 57 页。

辽代的观察州和金代的防御州，是仅次于节镇的州城，其周长一般为 4—6 里左右。如辽代的宁江州为观察州，故城在今吉林省扶余市的伯都讷古城，周长 6 里。辽代益州为观察州，故城在今吉林省农安县城北 80 里的小城子，周长 4 里半。

辽、金时代的刺史州或县城，周长一般均在 2—4 里之间。

辽、金古城的规模大小，是识别和推定京府州县城的根据之一。有的把金代的防御州，后升为节镇的肇州推定在今黑龙江省肇源县茂兴站南的吐什吐等地。据 1985 年 5 月的实地考古调查得知，肇源县境内有许多周长 2—4 里的小型辽、金古城，而吐什吐（今肇源县超等乡维新屯）并没有古城址，仅有东西长约 3 里，南北宽约 1 里的辽、金遗址。地表上散布的遗物较少，仅有少量的灰色细泥陶片、布纹瓦、仿定瓷片、白釉黑花瓷片等。把"肇基王绩于此"的节镇肇州城推定在没有较大辽、金古城和遗物较少的肇源境内，和节镇的规模不相称。

推定辽、金古城为某一州县城的时候，既要考虑辽、金古城的规模大小是否相当，还要考虑辽、金州县城升降或迁移变化的情况。如辽、金时代的信州，都在今吉林省公主岭市秦家屯古城，周长 7 里。信州在辽代为节镇，到金代降为刺史州，仍沿用辽代信州故城，故金代信州虽为刺史州，但其规模较大。又如辽、金时代的韩州皆为刺史州，原在今辽宁省昌图县八面城，周长 5 里。到金代天德二年（1150 年）迁到旧九百奚营（简称奚营），即今吉林省梨树县城北的偏脸城，周长 8 里，这是原来奚营的规模，故金代后期的韩州虽为刺史州，但其规模较大。又如辽代的宾州，初为刺史州，后升为节镇，其州城遗址即今农安北靠山镇广元店古城，在今伊通河与松花江汇流处的南岸，周长 4 里，正是刺史州的规模，后来升为节镇仍沿用旧城，故其规模和节镇不相称。

除上述金代京府州县城址之外，还有与州县并行，独立于州县之外的许多女真猛安谋克城寨，分布在上京路辖境内的蒲与路、胡里改路、恤品路、合懒路等地。此外还有咸平路和东京路辖下的婆速府路、曷苏馆路。这些五京路辖境内的路的长官，相当于州的节度使，而猛安相当于州的防御，谋克相当于县令，均为管辖女真猛安谋克户的地方行政机构。据考古调查得知，蒲与路（今黑龙江省克东县西北 15 里的金城古城）和胡里改路（今黑龙江省依兰县牡丹江右岸的土城子）的城址周长均为 6 里左右。

辽、金州城较渤海州城大，而且出土文物也较多。渤海除上京龙泉府（今黑龙江省宁安市渤海镇古城）周长 32 里外，其他如渤海的东京（今吉林省珲春市八连城）、中京（今吉林省和龙市西古城）、长岭府（今吉林省桦甸市苏密城）其周长皆为 5 里左右，相当于辽、金一般州城的规模。辽、金古城内出土的文物，以及地表上散布的文物较渤海城丰富。辽、金古城内出土有大量的铁制生产工具、宋代瓷器和宋代铜钱等。地表上散布着大量的铁炼渣、瓷片、瓦片等。但在渤海古城内的遗物则比较贫乏，仅见有红色和灰色的细泥陶片，而且瓦片也较少。辽、金古城除个别外，一般均有角楼、马面、瓮城，而渤海古城则仅有角楼、瓮城，而无马面。辽、金古城内的瓦当和宋代基本相同，多为兽面纹，而渤海的瓦当则和唐代基本相同，多为莲瓣纹。从辽、金古城和渤海古城的分布情况，以及出土文物来看，辽、金时代，特别是金代的经济文化确较前有了更大的发展。

（二）金代古城内的出土文物

东北地区的古城，以辽、金古城为最多，而辽、金古城内出土和地表上散布的文物，则以金代最为丰富。据已发表的考古调查和考古发掘的资料来看，东北地区的金代古城、遗址、窖藏是相当多的，出土文物也比较丰富，都远远超过了前代，这是金代社会经济较前有了重大发展的物证，也是金代各族人民在开发东北，发展东北方面做出了巨大贡献的物证。

今仅将金代古城内出土的铁制生产工具、铜器、瓷器、铜钱的情况分述如下。

1．铁制生产工具的普遍使用

在金代古城中出土的文物，以肇东八里城为最丰富[①]。铁制生产工具出土七百余件。有铁铧、镰刀、垛叉、铁斧、铁锄、鱼形铡刀、铁锹、铁镢等。生活用具有六耳铁锅、铁熨斗、铁锁、铁剪刀等。其中除铁铧、铁铡刀、铁锹、六耳铁锅等具有金代文物特点外，其他则和宋、元基本相似，难以区分。在金代古城、遗址、窖藏中出土的大量的铁制生产工具，说明金代冶铁业较前有了很大的发展。1961 年在黑龙江省阿城县五道岭一带发现了金代的冶铁遗址，在这里发现矿洞 10 余处，冶铁遗址 50 余处[②]。此外，在吉林省白城市洮北区东 20 里的城四家子古城、前郭县他虎城等辽、金古城内的地表上都有大量的铁炼渣，说明金代州城内也有炼铁炉的设置。1954 年，对鞍山陶官屯金代农家遗址的清理发掘[③]，1975 年，吉林市郊江南乡荣光大队发现金代窖藏，都出土了大量的铁制生产工具和生活用具[④]。由于金代冶铁业的发展和铁器的普遍使用，金代社会经济得到迅速的发展。

2．东北金代古城内出土的中原各地的铜镜

由于金代对铜的使用控制较严，所以金代铜镜统一由官府铸造，并且铜镜的边缘多刻有铸造的地点或官府署名，以证明此镜是官造而不是私造。就是前代铸造的铜镜，也要经过官衙的检查，在铜镜的边缘上刻以签押才能使用。金代铜镜特点是在铜镜的边缘上阴刻有某地某官签押字样。如 1958 年，在吉林省农安县榛柴岗乡拉拉屯西的金代遗址出土一面边刻"济洲录事完颜远"字的海马葡萄铜镜。在吉林省洮安县（白城市洮北区）城四家子古城出土一面边刻"泰州主……"和"泰州主簿记"的铜镜。1976 年，在黑龙江省东宁，1981 年，在巴彦县松花江畔南江猪禽场先后出土两面边刻"肇州司侯司"的铜镜。1982 年，在农

---

① 王修治：《黑龙江省肇东县八里城清理简报》，载《考古》1960 年第 2 期。
② 王永祥：《阿城五道岭地区古代冶铁遗址和初步研究》，载《考古》1965 年第 3 期。
③《东北文物工作队 1954 年工作简报》，载《文物参考资料》1955 年第 3 期。
④ 吉林市博物馆：《吉林市郊发现的金代窖藏文物》，载《文物》1982 年第 1 期。

安县万金塔乡邵家生产队征集到一面边刻"济州县令贾"（贾字下有押记）的八瓣菱花铜镜。

在东北金代古城中还出土一些中原各地铸造的铜镜。如吉林省农安县榛柴岗乡东好来宝屯出土一面葵花形铜镜，中铸"湖州仪凤桥真正石家一色青铜镜"十四个字。在农安县好来宝乡上台子屯古城出土一面边刻"西京巡院官"（官字后还有押记）的铜镜。在吉林省临江镇出土一面葵花形神仙楼阁铜镜，边刻"平州录事司"。吉林省辽源市梨树乡城仁大队征集到一面辽代铸造、金代沿用的铜镜。背面镜纽右侧铸有反书汉字"天庆十年五月记"，左侧铸有"高还"二字。镜纽左上角宽边上刻有"朔州马邑县验记官"字样。1983 年在吉林省榆树县大坡金代古城内征集到一面奏乐人物铜镜，边刻"天城县官"（官字后有押记）字样。齐齐哈尔市文物管理站征集到一面边刻"朝城官"（官字后有押记）的葵花盘龙镜，朝城县在清朝时属山东曹州府。由此可知，在东北地区，金代使用的铜镜，除本地制造者外，还有从南宋和中原地区的湖州（今浙江省湖州市，当时南宋境内）、西京（今山西省大同市）、平州（今河北省卢龙县）、朔州马邑县（今山西省朔州市）、天城县（今山西省大同市境内）、朝城（今山东省西部）等地输入的铜境。这些铜镜是宋、金之间，东北女真各族与中原汉族人民之间进行频繁经济文化交流的物证。

上述边刻官衙、官员名称的铜镜，是研究金代官制和识别金代铜镜的重要资料和可靠根据。铜镜边缘上刻的"巡院官"是诸京掌管司法、警察事务的官员。"录事"是诸府、节镇掌管司法、警察事务的官员，"司侯司"是各防御州、刺史州掌管司法、警察事务的官衙，"主簿"是州县掌管司法、警察事务的官员。金代铜镜经过上述官衙官员的检查后方可行用。

金代铜镜从形制上看，有圆形、葵花形、菱花形、带柄铜镜。从花纹上看，有双鱼、双凤、双龙、牡丹和人物故事等。也有一些仿古纹饰的铜镜，如神兽镜、葡萄镜、飞鸟瑞云镜等。金代铜镜也有素面的，但多数都带有各种花纹，而最流行的是双鱼纹铜镜。金代铜镜仿唐、宋铜镜的形制，但比较古朴，不像唐、宋铜镜那样精致。

3. 金代瓷器

女真建国前后，饮食用具一般使用陶器或木制容器，而宫廷女真贵族有的以金银玉器作容器，使用瓷器的则很少。女真进入辽、宋地区以后，制造和使用瓷器才逐渐多起来。

在东北金代城址、遗址、窖藏、墓葬中，都出土过许多瓷器。在辽、金古城内的地表上都散着大量的瓷片。这些瓷器、瓷片，除当地土窑烧制者外，还有大量的中原五大名窑和南宋境内龙泉窑（浙江龙泉）、江西景德镇窑、建窑（福建省建阳）的瓷器、瓷片。

东北地区辽、金时代的土窑，以辽宁省抚顺大官屯和辽阳江官屯的土窑为代表。金代土窑一般都是在辽代土窑的基础上建立起来的，这些土窑的产品，从釉色来看，有黑釉、白釉、酱色釉、茶绿色釉等，釉面普遍污浊不清，器足及周围多不施釉。胎质粗厚，多数为单色釉素面。瓶、壶、罐等产品，往往附有双系、三系或四系耳。

在东北地区，中原五大名窑产品，以定窑（白瓷）、磁州窑（白釉黑花瓷）的瓷器为最多。此外，还有龙泉窑、建窑、景德镇窑、耀州窑等窑的瓷器、瓷片。

吉林省公主岭市秦家屯古城（辽金时代的信州）出土的碗、盘、碟等定窑瓷器和内蒙古哲里木盟奈曼旗白音昌金代窖藏出土的定瓷，如碗、盘、盖钵等，以及黑龙江省绥滨县中兴金墓、奥里米金墓出土的定瓷最为典型，尤以白音昌窖藏中的"紫定"印花碗最为珍贵。

4. 金代古城出土的铜钱

女真内地在建国初，"无市井，买卖不用钱，惟以物相贸易"。女真进入辽、宋地区以后，随着社会经济的发展，货币贸易才逐渐发展起来。金代主要使用宋代铜钱，也有少量有辽、金铜钱同时并用。在东北金代古城和窖藏中出土的铜钱以宋代为最多。在东北大大小小的辽、金古城和窑藏中都有宋代的铜钱出土。在有的辽、金古城中，至今还能拾到宋代铜钱。在东北金代遗址、窑藏中出土的铜钱多则有万斤、几千斤，少则有几百斤、几十斤。1981年在吉林省长岭县城郭三队金代遗址上发现一处金代窑藏铜钱，盛在大型陶瓮里，共2万4千余枚。自汉五铢、新莽货泉，到唐宋辽金各代都有，共34种，其中以北宋铜钱为最多[①]。1983年在哈尔滨市平房区东方红新胜大队第二生产队高家窝堡挖出一个大陶罐，内有铜钱600多斤。1972年，在辽宁省新民县红花岗子出土一缸铜钱，共13万5千多枚。其他如抚顺、新宾、庄河、义县等地都有100到700斤的铜钱出土[②]，其中以宋代铜钱为最多。其他东北金代古城、窑藏出土的铜钱非常多，不一一列举。东北金代古城、窑藏中出土的大量的宋代铜钱，说明宋、金在经济上有密切联系，女真和中原汉族人民之间有频繁的经济往来。

（三）金代州县城址的调查研究

新中国成立后，随着考古工作的开展，对东北地区的古城，尤其对辽、金古城有了比较全面的了解，为研究辽、金历史地理问题，提供了可靠的资料。近年来，发表了许多有关辽、金古城的调查报告和研究论著，搞清了一些金代州县城的地理位置，解决了一些多年来有争论的问题，纠正了一些错误论断，为研究中国东北边疆史提供了可靠的根据。此外，还有一些有争论的问题，还有待于今后的深入调查研究和史学界的共同讨论来解决。现将考古与历史学界已经认定的金代州县城的位置列表如下，以供研究东北地方史的参考。

东北金代路府州县城的位置表
（注：京府路·一般路府　节镇州·刺史州○）

金代路府州县名	当今古城名
上京路	领府1、节镇4、防御1、刺史1、县6
◙会宁府	黑龙江省阿城县南4里的白城

---

① 李嵩岩：《吉林省长岭县出土窖藏铜钱》，载《辽金契丹、女真史研究》1985年第1期。
② 刘肃勇：《辽宁出土金代窖藏铜钱浅议》，载《辽宁师院学报》1983年第3期。

东北史地考略续集

164

金代路府州县名	当 今 古 城 名
会宁县	同上
曲江县	
宜春县	黑龙江省肇源县三站南8里的望海屯古城
⊙肇 州	黑龙江省肇东市四站南8里的八里城
始兴县	同上
⊙隆 州	吉林省农安县城
利涉县	同上
○信 州	吉林省怀德县秦家屯古城
武昌县	
□蒲 与 路	黑龙江省克东县西北15里的金城古城
□合 懒 路	朝鲜咸镜南道咸兴
□恤 品 路	俄罗斯境内的乌苏里斯克（双城子）
□胡里改路	黑龙江省依兰县南90里牡丹江右岸的土城子
咸 平 路	领府1、刺史州1、县10
□咸 平 府	辽宁省开原县老城镇
平郭县	同上
铜山县	辽宁省开原县南中固镇
新兴县	辽宁省铁岭市区西南15里的新兴堡古城
庆云县	辽宁省康平县东南50里郝家屯乡小塔子村古城
清安县	辽宁省昌图县马仲河古城
荣安县	辽宁省康平县北90里四家子乡古城
归仁县	辽宁省开原县老城镇北80里的四面城
玉山县	
○韩 州	金初在辽宁省昌图县八面城，后迁到今吉林省梨树县偏脸城
临津县	吉林省梨树县城北10里的偏脸城
柳河县	辽宁省昌图县八面城
东 京 路	领府1、节镇1、刺史州4、县19（原载县17误）
⊡辽 阳 府	辽宁省辽阳市
辽阳县	同上
鹤野县	辽宁省鞍山驿古城
宜丰县	辽宁省辽阳西南太子河左岸的唐马寨古城
石城县	辽宁省辽阳城东50里的燕州城
○澄 州	辽宁省海城县城
临溟县	同上
析木县	辽宁省海城县东南40里的析木城古城
○沈 州	沈阳市老城区
乐郊县	沈阳城东北东陵区八家子古城（今无）
章义县	沈阳市西南60里彰义站北之高花堡古城
辽滨县	辽宁省新民县东北58里的辽滨塔古城
挹娄县	沈阳北60里的懿路古城

金代路府州县名	当今古城名
双城县	沈阳北70里的石佛寺古城
○贵德州	辽宁省抚顺市高尔山下的古城
贵德县	同上
奉集县	沈阳城东南45里的奉集堡
⊙盖州	辽宁省盖县城
汤池县	辽宁省盖县东北70里
建安县	
秀岩县	辽宁省岫岩县城东旧土城
熊岳县	辽宁省盖县西南60里的熊岳城
○复州	辽宁省复州县西北复州城
永康县	同上
化成县	辽宁省金县城外的土城
来远州	辽宁省丹东市九连城东鸭绿江中的黔定岛上
□婆速府路	辽宁省丹东市东北25里九连城西北
□曷苏馆路	初在鹤野县，后迁到宁州，今熊岳城南60里的土城子（《金史·地理志》置于上京路系误）
北京路	领府4、节镇7、刺史州3、县42
⊡大定府	内蒙古昭乌达盟宁城县大明城
大定县	同上
长兴县	
富庶县	
松山县	内蒙古赤峰市西50里郊区城子乡城子屯古城
神山县	
惠和县	
金源县	
和众县	
武平县	
静封县	
三韩县	
○利州	辽宁省喀左县东大城子（土城子）
阜俗县	
龙山县	
⊙义州	辽宁省义县县城
弘政县	辽宁省义县东北28里的永宁铺古城
开义县	辽宁省义县七里河乡开村村开州古城
同昌县	辽宁省阜新县西北50里的红帽子村古城
⊙锦州	辽宁省锦州市
永乐县	辽宁省锦州市西关明代广宁中屯卫城
安昌县	辽宁省葫芦岛市暖池塘镇安昌岘村，南临女儿河。
神水县	辽宁省锦州西45里的台集屯荒地村，南距女儿河4里

金代路府州县名	当今古城名
⊙瑞　州	辽宁省绥中县前卫（广宁前屯卫）村古城
瑞安县	同上
海阳县	河北省秦皇岛市海阳镇
海滨县	辽宁省兴城县城35里东关驿
□广　宁　府	辽宁省北镇市
广宁县	同上
望平县	辽宁省黑山县东之姜家屯古城，另一说在同县芳山镇公敖村古城
闾阳县	原在今北镇西南5里的北镇庙前古城，后迁到闾阳镇的古城子
⊙懿　州	辽宁省阜新市东北108里的塔营子古城
顺安县	同上
灵山县	辽宁省彰武县苇子沟乡土城子
□兴　中　府	辽宁省朝阳市
兴中县	同上
永德县	
兴城县	辽宁省兴城市白塔乡
宜民县	辽宁省北票市东北80里的黑城子古城
○建　州	辽宁省朝阳市西80里在大凌河北岸的黄花滩古城
永霸县	
⊙全　州	西拉木伦河与察罕木伦河汇合处的乌丹城
安丰县	
□临　潢　府	内蒙古昭乌达盟巴林左旗林东镇古城
临潢县	同上
长泰县	
卢川县	
宁塞县	
长宁县	
○庆　州	内蒙古昭乌达盟巴林左旗白塔子城
朔平县	
⊙兴　州	河北省隆化县北郊土城子
兴化县	同上
宜兴县	河北省滦平县西北75里的小城子
⊙泰　州	吉林省前郭县八郎镇北上台子他虎城
长春县	同上
金安县	吉林省白城市洮北区东20里的城四家子古城
金山县	内蒙古乌兰浩特东北25里的前公主岭古城

十八 建州卫的设立地址和 建州女真的迁移地址

　　明代建州卫最初置于何地，这是中、外史学界长期以来有争论的问题，由于近年来最新研究成果的不断发表，建州卫置于何地的问题渐趋明朗。

（一）建州卫初置于今图们江流域

　　永乐元年（1403 年）十一月，明置建州卫，以火儿阿（即胡里改、兀良哈）部的首领阿哈出（於虚出）为指挥使。永乐三年十二月，又任命兀良哈部的把儿逊（即波乙所、八乙速、八儿速）、阿古车为毛怜卫指挥。同时，还任命斡朵里部的首领猛哥帖木儿为建州卫指挥使①。胡里改部和斡朵里部原住在今牡丹江和松花江汇流处的依兰附近。元末，"斡朵里、火儿阿、托温三城，其俗谓之移阑豆漫，犹言三万户也，盖以三万户分领其地，故名之"②。斡朵里（斡朵怜），在今牡丹江口西侧的马大屯；火儿阿（胡里改、兀良哈），在今牡丹江口东侧的依兰县城③；托温（桃温），在今汤原县香兰东北六里汤旺河口的固木纳城。胡里改部和斡朵里部的

---

　　①《明太宗实录》卷 24，永乐元年十一月辛丑。《明太宗实录》卷 39，永乐三年十二月甲戌。《李朝太宗实录》卷 11，太宗六年三月丙申。
　　②《龙飞御天歌》卷 7，右第五十三章注。
　　③《龙飞御天歌》卷 7，右第五十三章注。

首领都是元朝的万户，为元朝镇守北方的地方官。元末，辽东动乱之际，他们从今依兰纷纷南迁。

南迁的原因，和元末松花江下游的吾者野人以及水达达的反抗斗争有关。据《元史·顺帝本纪》载："辽阳为海东青烦扰，吾者野人及水达达皆叛。"这里所说的辽阳是指辽阳行省管辖区，而不是指今辽阳。元末吾者野人和水达达的反抗斗争，从至正三年（1343年）到至正十三年（1353年），进行了长达十年之久。负责镇压当地人民的三万户，不能不受到冲击。《清太祖实录》卷一，和《满洲实录》卷一，皆载三姓女真各部头目争为雄长，互相仇杀，战乱不已。斡朵里部自始祖布库哩雍顺传至后世，其子孙暴虐，不善抚其国人，部众遂叛，攻破斡朵里城，其子孙被杀，幼子范察逃走，国人追之，为神鹊所救幸免于难。很明显，斡朵里等女真各部，从今依兰南迁的原因，是由于元末辽东动乱之际，三姓头目的互相残杀以及部众的造反而引起的。

关于斡朵里部和胡里改部从今依兰南迁到何地的问题，有的认为南迁到今图们江流域，明初置建州卫于此。图们江流域原来并无建州、毛怜这一地名，为什么以建州、毛怜为卫名，笔者认为南迁到建州即今绥芬河流域和毛怜即今穆棱河流域，此即所谓："居建州、毛怜等处者为建州女直"[1]，这是建州女真名称的由来。后来由于兀狄哈的侵扰，又南迁到今图们江流域，明在今图们江流域置卫时，遂以建州、毛怜为卫名。

《李朝太宗实录》卷一三，太宗七年（永乐五年，1407年）四月壬子条的记载：斡朵里部的崔咬纳（即崔也吾乃、锁矢交纳）说，他们"原系玄城附籍人氏，洪武五年（1372年），兀狄哈达乙麻赤来到玄城[2]劫掠杀害，当有管下杨哈剌等被兀狄哈掳掠前去，咬纳将引原管人户二十户，前来本国吉州阿罕地面住坐，小心谨慎，防倭有功，敬承国王委付镜城等处万户职事"。《李朝太宗实录》卷九，太宗五年（1405年）五

---

① 万历《大明会典》卷107，礼部65，东北夷。

② 玄城当即县城奚关城，今珲春河口的三家子乡高丽城。

月庚戌条载：“猛哥帖木儿等，始缘兀狄哈侵扰，来到本国东北面庆源、镜城地面居住当差役。因防倭有功，就委镜城等处万户职。”由此可知，斡朵里部的猛哥帖木儿是因洪武五年（1372 年）兀狄哈的侵扰，迁到庆源、镜城等地。又从训春江（今珲春河）“原出女真之地，到东林城入于豆满江，斡朵里野人所居”[①]的记载可知，早在洪武五年（1372 年）以前，斡朵里部人就迁到今图们江左岸的珲春河口一带居住。

《李朝太宗实录》卷一七，太宗九年（永乐七年）正月甲子条载：兀良哈部（火儿阿、胡里改部）的首领阿哈出[②]，也当在洪武五年以前居住在今珲春河（训春江）口一带。其中谈到奚官（即奚关）万户府（在今珲春河口）的属察罕等十二户中，有建州卫指挥佥事马完者和建州卫指挥使阿哈出户下人口。他们也是在洪武五年，由于兀狄哈的侵扰，流移到庆源、定州、咸州等处，附籍安业当差。《李朝定宗实录》卷一，定宗元年（明建文元年，1399 年）正月庚寅条：“遣吉州都镇抚辛奋，赐酒于愁州兀良哈万户刘八八禾，吾音会吾都里万户童猛哥帖木儿、多甫水兀狄哈等。”同上书卷四，定宗二年五月辛巳条：“兀良哈杀庆源万户李清。”这是 1399 年和 1400 年，兀良哈部人在愁州（今朝鲜钟城，图们江右岸）和庆源附近居住的证明。又据《李朝太宗实录》卷八，太宗四年（永乐二年，1404 年）七月癸丑条载：朝鲜“遣人于东北面，使猛哥帖木儿、波乙所等不得生变于使臣”。同上书卷一九，太宗十年三月辛卯条载：“兀良哈、吾都里等地面接连本国地境。”说明吾都里即斡朵里部的猛哥帖木儿和兀良哈部的波乙所都在朝鲜的东北部即今图们江下游。又据《李朝太宗实录》载：“初，野人至庆源塞下，市盐铁牛马，及大明立建州卫，於虚出（阿哈出）为指挥，招谕野人，庆源绝不为市，

---

①《新增东国舆地胜览》卷 50，庆源都护府山川条。

②《李朝太宗实录》卷 21，太宗十一年（永乐九年）三月壬申：“兀良哈童于虚出（阿哈出）率子来朝。”

野人愤怒，建州人又激之，乃入庆源界抄掠。"① 当猛哥帖木儿同王教化的入朝京师时说："我若此时（永乐三年，1405 年）不入朝，则於虚出（阿哈出）必专我百姓，故不得已入朝。"② 以上这些记载说明，永乐三年（1405 年）时，以阿哈出为首的兀良哈部人的居地和朝鲜邻近，并和斡朵里部的猛哥帖木儿住地相距不会太远。否则建州人怎能激怒野人入寇庆源，猛哥帖木儿又怎能怕阿哈出专其百姓呢？

关于兀良哈部毛怜卫也居住在今图们江左岸的珲春河口一带的文献根据还有：

《李朝太宗实录》卷一九，太宗十年（1410 年）三月乙亥条载："兀良哈指挥阿古车居处豆门。"《龙飞御天歌》卷七，右第 53 章："兀良哈则土门括儿牙八儿速"，"土门，地名，在豆满江北，南距庆源六十里"。括儿牙，官名；八儿速，人名。兀良哈即胡里改，豆门即土门，在豆满江（今图们江）北。可知明初毛怜卫在今珲春县境内的珲春河下游。这和《辽东志》卷九，毛怜站注云：毛怜站在"旧开原③南"的记载相符。《李朝世宗实录》载："毛怜卫在古庆源、斡木河之间，前此波乙所为其卫主，……其地距新庆源三日程也。"④ 新庆源即今图们江右岸朝鲜的庆源城，斡木河又称阿木河、阿木火、吾音会⑤，即今图们江东岸朝鲜境内的会宁。古庆源即今朝鲜的庆兴（在庆源东南，图们江右岸）。又据《李朝世宗实录》卷七九，世宗十九年（1437 年）十月丁巳朔条载：兀哈良"昔居于豆满江内，今皆徙居于江外"。县城坪在庆源府东 25 里，自此以下，系豆满江外之地。由此可知，到朝鲜世宗时代，兀良哈毛怜卫人从今图们江、珲春河口一带，南迁到朝鲜的会宁和庆兴之间。

永乐八年（1410 年）三月，毛怜卫指挥把儿逊和阿古车等在豆门被

①《李朝太宗实录》卷 11，太宗六年二月己卯。
②《李朝太宗实录》卷 10，太宗五年九月乙巳。
③ 旧开原在绥芬河下游俄罗斯境内乌苏里斯克（双城子）南面的山城。
④《李朝世宗实录》卷 53，世宗十三年八月己亥。
⑤《新增东国舆地胜览》卷 50，会宁都护府。

朝鲜军诱杀后①，明朝任命在豆门的把儿逊之子阿里为指挥，掌印信。永乐九年九月，明朝由于西迁到回波江方州（凤州）的李显忠（即阿哈出之子释家奴）的推荐，又任命阿哈出的次子猛哥不花为毛怜卫指挥使②。

从上述《元史·顺帝本纪》和《清太祖实录》卷一，以及《李朝实录》记载的史实可知，火儿哈即兀良哈、胡里改部人，在元末由于吾者野人和水达达的反抗，以及三姓女真各部头目的互相残杀，从今依兰南迁，在洪武五年前后，他们居住在以训春江（今珲春河）口的豆门（土门）为中心的豆满江（今图们江）内外之地。因此，豆门当即明朝在永乐元年（1403年）十一月建立的，以阿哈出（於虚出）为指挥使的建州卫的所在地。也是永乐三年十二月建立的，以把儿逊为指挥的毛怜卫的所在地。斡朵里部人在元末从今依兰南迁后，居住在以阿木河（今朝鲜会宁）为中心的豆满江（今图们江）中、下游一带。因此，阿木河即明朝在永乐三年十二月建立的，以猛哥帖木儿为指挥使的建州卫的所在地③。兀良哈部和斡朵里部在明朝置卫以前都居住在今图们江中、下游，即朝鲜的东北部和吉林省的珲春、图们、延吉一带。

（二）建州女真的迁移

居住在建州（今绥芬河流域）、毛怜（今穆棱河流域）的女真人称为建州女真，明置建州卫时，他们早已迁到今图们江流域。其后又不断迁移，虽仍名建州女真，但已非原来居住地址。

明朝在朝鲜的东北部，即今图们江流域置建州、毛怜卫以后，朝鲜感到受威胁，永乐四年（1406年）二月，建州卫指挥使阿哈出又招谕野人扩大势力，朝鲜便关闭了庆源贸易市场加以抵制。"野人愤怒，建州人又激之，乃入庆源界抄掠"④，被朝鲜击退。后来在永乐八年（1410

---

① 《李朝太宗实录》卷19，太宗十年三月乙亥。
② 《明太宗实录》卷78，永乐九年九月辛酉。
③ 《李朝太宗实录》卷11，太宗六年三月丙申；《明太宗实录》卷39，永乐三年十二月甲戌。
④ 《李朝太宗实录》卷11，太宗六年二月己卯。

年）三月的一次战斗中，毛怜卫指挥把儿逊、阿古车等被朝鲜杀害[①]。永乐八年四月，为了复仇，猛哥帖木儿等又勾结毛怜卫遗种，到庆源、镜城等地杀掠。由于建州、毛怜卫人的"相续侵掠"[②]，致使朝鲜人心惶惶，不能耕种。以阿哈出为首的建州卫人惧怕朝鲜的报复，于永乐四年（1406年）以后率众迁居到回波江（今辉发河）方州，即奉州、凤州。永乐九年（1411年）四月，以猛哥帖木儿为首的建州卫，也因"尝侵庆源，畏其见伐，徙于凤州。凤州即开元，金於虚出（阿哈出）所居"[③]。这样，建州卫的两个头目又会合在一起。因此，明于永乐十年，置建州左卫，以猛哥帖木儿为指挥使[④]。永乐十年，建州卫都指挥李显忠（即阿哈出之子释家奴）等"悉挈家就建州居住"[⑤]。这一建州当指和回波江方州邻近的今吉林市松花江一带的建州（元、明时代的建州）。从豆满江（今图江们）迁居到回波江方州一带的建州卫人，因和"达达地面"邻近，经常遭到鞑靼（达达）的杀掠[⑥]，因此，他们又奏请明朝，要求迁居到婆猪江（今浑江）。得到明朝的批准后，永乐二十年（1423年），李满住率领建州卫众，猛哥不花率领毛怜卫众迁居到婆猪江（今浑江）流域；猛哥帖木儿率领建州卫众又回到阿木河(今朝鲜会宁)原住地居住[⑦]。正统三年（1438年），以李满住为首的建州卫，因"屡被朝鲜国军马抢杀，不得安稳"，又"移住灶突山东浑河（这里指其支流的苏子河）上"[⑧]。灶突山满语称虎拦哈达，意为烟筒山。到万历十五年（1587年），努尔哈赤在此筑城，即今辽宁省新宾县苏子河上游的旧老城。

---

① 《李朝太宗实录》卷19，太宗十年三月乙亥。

② 《李朝太宗实录》卷19，太宗十年四月辛丑。

③ 《李朝太宗实录》卷21，太宗十一年四月丙辰。

④ 《大明一统志》卷89，女直；万历《大明会典》卷25，兵部8，东北夷；《清皇室四谱》。

⑤ 《明太宗实录》卷86，永乐十年十一月己酉。

⑥ 《李朝世宗实录》卷26，世宗六年七月乙亥。《李朝世宗实录》卷61，世宗十年（宣德八年）闰八月壬戌。

⑦ 《明英宗实录》卷43，正统三年六月戊辰。

⑧ 《明英宗实录》卷43，正统三年六月戊辰。

永乐二十一年（1423 年），建州卫指挥使猛哥帖木儿率众还居阿木河以后，到宣德八年（1433 年）十一月，猛哥帖木儿及其长子阿古等人，被"杨木答兀纠合各处野人约八百余名人马"①杀害，房屋财物也被烧毁，猛哥帖木儿之弟凡察，猛哥帖木儿之次子童仓（董山）等"俱各失所"②。宣德九年（1434 年）二月，明朝升凡察为建州左卫都督佥事。正统二年（1437 年），明朝又任命猛哥帖木儿的次子董山（童仓）袭职，仍为建州左卫指挥。凡察、董山等为了免遭嫌真兀狄哈和朝鲜的袭击，得到明朝的批准后，在正统五年（1440 年），又率众逃往婆猪江（今浑江）③，与李满住会合。同年，建州左卫都督凡察，获得明朝的批准，"于三大河及婆猪江以西、冬古河两界间,同李满住居处"④。正统七年（1442 年），凡察、董山叔侄之间发生了争夺建州卫领导权的所谓"卫印之争"。明朝为了调解他们的纠纷，又从建州左卫中析置建州右卫，董山（童仓）掌管左卫，凡察掌管右卫，至此，遂有"建州三卫"的名称。

据《李朝实录》载，成化年间，建州三卫的分布情况是："中卫（即建州卫）在吾乙面江之间，右卫在吾乙面江下面，左卫在愁曹会，居辽东北。"三卫之间的距离，"中卫至右卫三日程，至左卫二日程"⑤。李满住在景泰二年（1451 年），"还居兀剌山城瓮村，凡察子甫下吐则移居瓮村迤北十五里吾毛水之地，充尚（童仓、董山）则移居瓮村上项。满住管下一千七百余户，充尚、甫下吐管下共六百余户"⑥。由此可知，景泰二年，迁居到婆猪江、兀剌山城瓮村居住的建州女真人户共计二千三百余户。建州三卫迁居到婆猪江与浑河（指苏子河）之间，景泰三年（1452 年），"李满住及童卜化秃（凡察之子）等，尝假称达子，

---

① 《李朝世宗实录》卷 62，世宗十五年十一月乙巳。
② 《李朝世宗实录》卷 92，世宗二十三年正月丙午。
③ 《李朝世宗实录》卷 89，世宗二十二年六月丙申。
④ 《明英宗实录》卷 71，正统五年九月己未。
⑤ 《李朝成宗实录》卷 158，成宗十四年（成化十九年）九月戊戌。
⑥ 《李朝文宗实录》卷 9，文宗元年（景泰二年）八月甲戌。

屡寇辽东,俘掠边氓,畏其来讨,自原居苏子河移住兀儿弥河阿坡里等处,与江界、渭原相距才二三日程"①。成化元年（1465年）时,"李满住所居距满浦百余里","赵三波所居在满住家西北十五里","童仓家在赵三波家西北三日程","浦下土家在李满住家南五十里吾乙面川"②。当时女真的村落,一般多是有十家、二十家的住户③,"皆傍水而居"④。建州三卫女真在李满住、董山（童仓）时代,还是"部落星散,未有法令之统,故其心不一"⑤的局面,建州三卫女真在长期的患难与共和不断迁徙的过程中,聚居在一起,逐渐形成一个强大的集团。由于他们经常到辽东和朝鲜地区掠夺人畜财物,所以他们经常遭到明军和朝鲜的袭击。因此,他们在鸭绿江以西、浑河以东之间,迁徙不定,成为明在东北统治的一个威胁。建州女真南迁到婆猪江和苏子河流域以后,一面辛勤劳动,一面积极学习汉人的先进生产技术,又从辽东和朝鲜掠夺了大量的汉人和朝鲜人当奴隶,从事农业生产,并和辽东汉人以及朝鲜人进行频繁的经济文化交流,建州女真社会经济得到迅速的发展,为后来统一女真各部和满族的形成,以及后金的建立奠定了基础。

（三）建州卫初置于何地的问题

1. 建州卫初置于绥芬河流域的问题

笔者原来认为明于永乐元年十一月,设立的以阿哈出为指挥使的建州卫在今绥芬河流域的建州,认为从建州卫之名可知,建州卫应设在建州,而这一建州,是绥芬河流域的建州,而不是其他地方的建州⑥。这一看法的问题在于把"居建州、毛怜等处者为建州女真"的这一建州看成

---

①《李朝文宗实录》卷12,文宗二年二月壬申。

②《李朝世祖实录》卷36,世祖十一年五月丁未。

③《李朝成宗实录》卷53,成宗六年三月庚申。

④《李朝成宗实录》卷39,成宗五年二月戊寅。

⑤《李朝世宗实录》卷73,世宗十八年闰六月癸未。

⑥拙著:《明代东北》,第71—94页,辽宁人民出版社1986年版。拙著:《东北史地考略》,第215—220页,吉林文史出版社1986年版。

是明初置建州卫的所在地。建州卫初置于何地，应该首先看设卫当时，火儿阿部（兀良哈部、胡里改部）和斡朵里部在哪里，以兀良哈部的首领阿哈出（於虚出）为建州卫指挥使，以斡朵里部的首领猛哥帖木儿为建州卫指挥使，以兀良哈部的头目把儿逊、阿古车为毛怜卫指挥使的住地在哪里，不应该首先看建州在哪里，只求建州的方位，而不看设卫当时兀良哈部的头目阿哈出、把儿逊，斡朵里的头目猛哥帖木儿的住地在哪里，必然陷入主观推测。由于女真各部的互相侵扰和迁移，建州的所在地不等于置建州卫的地址。

其次是明景泰七年（1456年）撰成的《寰宇通志》和明英宗天顺四年（1460年）撰成的《大明一统志》皆云："合兰河流经建州卫东南千里入于海""徒门河流经建州卫东南千里入于海""恤品河流经建州卫东南千五百里入于海"①。把这三条河流理解为流经建州卫，从而认为这三条河流都在建州卫境内都是不正确的。这里所说的是这三条河流的地理位置在建州卫（指今吉林市的建州）东南千里或千五百里处。合兰河即今海兰江，徒门河即今图们江，恤品河即今绥芬河，从这三条河流的方位以及同上书所说的"胡里改江，源出建州卫东南山下"的记载来看，这里所说的建州卫即建州在今吉林市。因此，上述记载不能作为恤品河（今绥芬河）也流经建州卫境内的根据。

2. 建州卫初置于今吉林的问题

日本学者稻叶岩吉认为明代建州卫初置于元代的建州地方，即今吉林市一带②。他的论据是《辽东志》卷九，外志："建州，东濒松花江，风土稍类开原，江上有河曰隐秃，深山多产松林，国朝征奴儿干，于此造船，乘流至海西，装载赏赉，浮江而下，直抵其地，有敕令兀者卫都指挥琐胜哥督守。"这里所说的建州即今吉林市，当时是海西女真的住地，是海西女真头目兀者卫都指挥琐胜哥的管辖范围，而不是建州女真居地，

①《寰宇通志》卷116，女直、山川条：《大明一统志》卷89，女直、山川条。
②《满洲历史地理》第2卷，第558页。

不是建州女真头目阿哈出的辖境。建州是明代的造船厂，是明朝经营奴儿干地方的基地。辽东都指挥刘清"领导松花江造船运粮"之际，造船士兵不堪其苦，逃往海西者达500多人。还有许多史料证明元、明时代的建州在今吉林市，今吉林市一带是海西女真居地。永乐十年，建州卫都指挥李显忠（即释家奴，阿哈出之子）曾一度"悉挈家就建州居住"[①]。这一建州即今吉林市松花江一带的建州。从前述《李朝实录》的大量史料可知，永乐元年建立的建州卫不在今吉林市一带的建州，而在今图们江流域。

3. 建州卫初置于方州的问题

日本学者和田清认为建州卫初置于建州（今吉林市）附近的凤州，认为不是初在今延边，后移到凤州来的。他提出的论据是："建州房营、昔居房州。"[②]永乐二十二年（1424年），兀良哈沈指挥，即建州卫人说："吾等在前于奉州古城内居住二十余年。"[③]建州女真"原住回波江方州等处"[④]。他认为回波江即今辉发江，房州、奉州、方州即凤州的异译。所谓二十余年前，即永乐初年，置建州卫的年代，建州卫众在永乐元年就在今辉发河流域的奉州（凤州、方州）古城内居住[⑤]。这一记载和论断，与前述建州卫人的初居地在今图们江流域的记载不符。所谓"前于建州卫奉州古城内居住二十余年"，"原居回波江方州等处"，以及所谓"前在忽剌温地面方州"[⑥]等记载，是指建州女真迁到婆猪江前的住地，而不是建州卫人的最初居住地。如前述，建州女真人从朝鲜的东北部图们江流域迁到"回波江方州"，当在永乐四年（1406年）以后和永乐九年（1411年）猛哥帖木儿徙于凤州以前。迁到忽剌温地面方州，亦即回波江（今

---

① 《明太宗实录》卷86，永乐十年十一月己酉。

② 《辽东志》卷7，韩斌辽东防守规划。

③ 《李朝世宗实录》卷24，世宗六年四月辛未。

④ 《李朝世宗实录》卷25，世宗六年七月乙亥。

⑤ ［日］和田清：《东北史研究》（满洲篇），第481—483页。

⑥ 《李朝世宗实录》卷61，世宗十五年闰八月壬戌。

十八　建州卫的设立地址和建州女真的迁移地址

辉发河）方州一带居住的建州女真，因和鞑靼（达达）邻近，经常遭到鞑靼的侵扰，所以后来在永乐二十一年（1423 年）得到明朝的批准后，李满住率领建州卫众迁到婆猪江（今浑江），猛哥帖木儿率领建州左卫人又回到原居地的阿木河（今朝鲜会宁）一带居住。建州卫初置于回波江方州，即忽剌温地面方州的看法，和前述《李朝实录》有关建州卫初置于图们江流域的大量文献记载并不相符。

十九　清初加强吉林地区的边防措施

（一）设立吉林将军和造船厂

顺治元年（1644 年），清军入关后，定都北京，派内大臣留守盛京（今沈阳），号曰留都，后又曰陪都。顺治二年改盛京内大臣为阿立哈大。顺治三年改为盛京昂邦章京①，统辖东北全境。顺治十年（1653 年），分设宁古塔昂邦章京②，第一任昂邦章京为沙尔虎达，从此以后，今吉林、黑龙江等地区统归宁古塔昂邦章京管辖。后改将军统辖。顺治十三年（1656 年），为了加强东北的防务，防备北方沙俄的侵略，在今吉林市西门外松花江北岸设立造船厂，因此，吉林旧名"船厂"。顺治十八年（1661 年），在今吉林市船营区临江门头道码头附近设立水师营，担当修船舰、训练水师的任务。康熙元年（1662 年），改宁古塔昂邦章京为镇守宁古塔等处将军（简称宁古塔将军）。康熙十年（1671 年），为了加强吉林地区的防御力量，移副都统一人驻吉林，这是清朝在今吉林省设立行政官的开始。此后，逐渐发展成为经济、政治、军事重镇。康熙十二年（1673 年）开始建城（吉林乌拉城）。据《柳边纪略》卷一载：

---

① 昂邦章京即总兵、将军之意。

② 宁古塔昂邦章京，康熙元年改为宁古塔将军，初驻在宁古塔旧城，即今黑龙江省海林县旧街，海浪河南岸的石城。周长五里、四门。康熙五年，宁古塔将军驻地东南迁到宁古塔新城，即今宁安县城。

"船厂即小吴喇，南临混同江，东西北三面旧有木城，南北二百八十九步，东西各二百五十步，东西北各一门。城外凿池，池外筑土墙，周七里一百八十步，东西门各一，北门二。"吉林城的南面以松花江为天然屏障，东西北三面立松木为墙，墙高八尺。其后，在乾隆七年（1742年）、同治六年（1867年），先后扩建两次，吉林城周长已达 14 里。吉林城内有"中土流人千余家，西关百货辏集，旗亭戏馆，无一不有，亦边外一都会也"。康熙十五年（1676 年），镇守宁古塔等处将军移驻船厂，改名吉林乌拉城 ①。后简称吉林，仍称镇守宁古塔等处将军，留副都统一名镇守宁古塔，并在这一年（1676 年），"徙直隶各省流人数千户居此，修造战舰四十余艘，双帆楼橹，与京口战船相类。又有江船数十，亦具帆樯，日习水战，以备老羌（沙俄）" ②。从此以后，宁古塔将军境内的统治中心，由宁古塔移到今吉林市。康熙二十二年（1683 年），北征罗刹（沙俄）以后，为了加强黑龙江地区的防务，添设镇守黑龙江等处将军（简称黑龙江将军）③，以原宁古塔副都统萨布素为第一任黑龙江将军。清代东北三省统治规模实始于此时。东北分别为盛京、吉林、黑龙江将军辖区。雍正十一年（1733 年），吉林设鸟枪营，鸟枪营是由壮丁、站丁组建的汉军旗，设参领一员主之。乾隆二十二年（1757 年），镇守宁古塔等处将军始改称镇守吉林乌拉等处将军，简称吉林将军，当时的将军为傅森。这时吉林将军的辖境：东至日本海，东南至希喀塔山（锡霍特山脉）海界，东北至飞牙喀海界（鄂霍次克海），包括库页岛在内，南至鸭绿江，西至伊通与奉天将军辖境接壤。据嘉庆《大清一统志》卷六七载：吉林将军的辖境："东滨东海，西接边墙，南峙白山，北逾黑水。"

---

① 满语吉林即沿的意思，乌拉即江的意思，吉林乌拉即沿江的意思，后来去掉乌拉，简称吉林。

② 高士奇：《扈从东巡日录》卷下。

③ 黑龙江将军初驻瑷珲旧城，在黑龙江左岸。康熙二十三或二十四年，又迁到黑龙江右岸，即今瑷珲县南六十里的瑷珲乡。康熙二十九年，移驻墨尔根（嫩江），康熙三十八年移驻于齐齐哈尔。

盛京、吉林、黑龙江三省系清朝发祥地，主要为满族居地，因此，清朝统治者把东北划为特别的行政区，采取和直省（本部十八省）不同的地方统治制度。在吉林地区设将军以统辖满洲、蒙古、汉军、锡伯、巴尔虎等旗人的军政和民政。旗既是军事组织，又是行政组织。八旗分为禁旅八旗和驻防八旗。禁旅八旗驻在北京，担当镇守京师的任务，称为京旗。在东北及关内各省要地置驻防八旗，以镇压地方人民。另外，在关内各省，同时置绿营兵（由汉人组成的军队），皆由总督巡抚管辖。在东北则不设绿营兵，专置驻防八旗。盛京、吉林、黑龙江三地方的统治并不完全相同。在盛京将军之外，设有奉天府尹、道员、知府、知县等官。将军直接管兵刑二部，总督旗、民地方政务，兼理粮饷。又以将军兼管奉天府事务大臣之名义，兼管一般民政之权。旗、民皆归将军管辖，府尹之行政，仅及一般民人即汉人。但在吉林仅设将军和副都统，管理军政和民政，后来设道府州厅县管理汉人民政，受将军管辖。黑龙江地区则仅设将军及副都统，以驻防八旗管理全境。后来只设二直隶厅，无州县之区别，和吉林地区除军政之外还有管理汉人民政的机构不同。清末，光绪三十三年（1909 年），将盛京、吉林、黑龙江三将军辖境改建行省，遂有东三省之名。

清代吉林将军的辖境除今吉林省的东半部（即柳条边以东）外，还包括今黑龙江省的东半部。在将军之下设副都统，先后于康熙三十一年（1692 年）在伯都讷（今扶余市）、康熙五十一年（1712 年）在三姓（今依兰县）、雍正三年（1725 年）在阿勒楚喀（今阿城市）等地设副都统以镇守各地。将军、副都统之下统旗务者为协领，康熙五十一年（1712 年）于珲春置协领。协领之下分理旗务者为佐领。雍正六年（1728 年）在一统门（伊通边门，今长春市新立城水库附近）置佐领，管理当地旗人军政事务。这是清代在长春建立地方行政机构的开始。顺治十四年（1657 年）在打牲乌拉（今永吉县乌拉镇）设翼领，其后设掌关防总管处理行政事务。另外，在雍正四年（1726 年）于吉林乌拉境内分设永吉州，于宁古塔境内分设泰宁县，于伯都讷境内分设长宁县，管理汉人民政。这些州县在清初隶属于盛京之奉天府。乾隆十二年（1747年）撤永吉州，设吉林理事厅，改由吉林将军统辖。后由于汉人流入增多，光绪八年（1882年）吉林理事厅升格为吉林府。

今吉林省的东半部（柳条边以东）在清代主要是满洲八旗居地，清朝置将军以吉林为中心统治满洲八旗。今吉林省的西半部，即柳条边以西，在清代主要是蒙古人民的居地，属于内蒙古哲里木盟的辖境。清朝统一内蒙古以后，为了通过蒙古封建主来统治蒙古人民，在中央设理藩院统辖"藩部"（蒙古、新疆、西藏）事务。清朝将内蒙古二十四部改编为四十九旗，分隶于六盟。在今吉林省的西半部建立的旗有科尔沁右翼后旗、前旗、中旗和科尔沁左翼中旗、札赉特旗、郭尔罗斯前旗，皆隶于哲里木盟。今大安、镇赉、洮安、白城、通榆、怀德、梨树等市县都在当时科尔沁右翼中旗、前旗、后旗和左翼中旗的辖境内。今长春市、前郭尔罗斯蒙古族自治县、农安、德惠、长岭等市县都在当时郭尔罗斯前旗的辖境内。今镇赉县的东部和原大赉县一带在当时札赉特旗辖境内。旗与旗之间规定牧地的范围，各旗皆以山河为界，无山河者以土堆为界，严禁私越疆界。这不但妨碍了蒙古各部的联合，而且也阻碍了蒙古社会经济的发展。旗既是行政机构，也是军事组织。每旗设一世袭旗长，曰札萨克，管理旗内行政和司法。札萨克（旗长）由清廷任命蒙古王公为旗长，管理旗内的行政和司法，并负责维持境内的"秩序"。旗内的重要官职都由王、公、台吉的亲属担任。清廷按照蒙古封建主的地位，及对清廷效忠的功绩情况分别授予亲王、郡王、贝勒、贝子、镇国公、辅国公等爵位。此外，还规定年班（将蒙古旗长、王公分为三班，每年一班，轮流至京朝贡），朝觐及燕餐、赐赉、优恤种种办法，以加强对蒙古封建主的笼络和控制。为了加强对蒙古人民的统治和镇压，并派将军或都统监督、统辖内蒙古各盟旗。地方性的重大事件，特别是军事方面，则由盟长咨行将军或都统会办。盛京将军监督哲里木盟的科尔沁六旗，吉林将军监督哲里木盟的郭尔罗斯前旗、黑龙江将军监督哲里木盟的杜尔伯特旗、札赉特旗及郭尔罗斯后旗、呼伦贝尔盟的索伦八旗。

"吉林本满洲故里,蒙古、汉军错屯而居,皆有佛、伊彻之分。"[1]满语旧曰佛,新曰伊彻。凡入关前编入八旗的满族皆为佛满洲,他们不但勤于耕种,并精于射猎。入关后编入八旗的满族为伊彻满洲,他们居住在今松花江下游和乌苏里江流域,以后逐渐南移,主要以渔猎为生。蒙古也有新、陈之分。天聪九年(1635年)征服蒙古各部以后,其居故土者为藩服,其编入八旗者皆为陈蒙古。天聪九年以后入旗者皆为新蒙古。清初,蒙古人还是过着以畜牧为主,以农业为副的生活。清入关前吉林地区即有汉人,嗣后皆编入满洲镶黄、正白两旗,这叫陈汉军。这部分汉人,因流寓已久,而同化于满族,故姓氏亦均从满制。入关后编入八旗者皆为新汉军。从礼俗讲,"八旗汉军祭祀,从满洲礼者十居一二,从汉人礼者十居七八"[2]。可见八旗汉军虽已满化,但仍保持许多汉族习俗。凡是编入八旗旗籍的满、蒙、汉人皆称为旗人。编入满洲八旗的主要是满族人,但其中也有少数的汉人、蒙古人改入满洲旗籍者。同样,蒙古八旗也不只是蒙古人,其中也有少数的满族人和汉人改入蒙古旗籍者。就是汉军八旗中也有蒙古人、满族人改入汉军旗籍者[3]。从姓氏、礼俗的变化,以及互相改易旗籍的情况来看,都可以看出清代各族人民融合的概况。

(二)康、乾巡游吉林设立驿站

17世纪中叶,沙俄乘清军入关南下,东北边防削弱之际,侵入我黑龙江流域,窃据尼布楚、雅克萨等地。当时清朝把主要力量放在镇压关内汉族人民的反抗上,因此不可能集中力量来加强东北的边防。直到康熙二十年(1681年)平定"三藩之乱",康熙二十二年(1683年)

---

① 《吉林通志》卷28,第504页(长白丛书本)。

② 福格:《听雨丛谈》卷6,第123—124页。(中华书局1959年12月版)。

③ 吴振棫:《养吉斋丛录》卷1。

攻下台湾，国内统治趋于巩固以后，清政府便把注意力转向东北，积极加强东北的边防，反击沙俄的入侵。康熙二十一年（1682年），二十九岁的康熙东巡。从北京出发，经山海关至奉天谒永陵，然后经铁岭、开原，同年三月，到达吉林城（今吉林市），泛游松花江，并到大乌喇虞村（今永吉县乌拉街）一带巡游，视察这一带的山川地理形势，"细访其土地形胜，道里远近，及人物性情，以故酌定天时地利，运饷进兵机宜"①。康熙这次巡游吉林时，在松花江畔，对祖宗发祥地长白山进行望祭，这为后来在吉林市小白山修建望祭殿进行望祭的原因。康熙在吉林泛游松花江，检阅水师营以后，满怀激情地写了一首赞誉水师营的《松花江放船歌》云："浮云耀日何晶晶，乘流直下蛟龙惊，连樯接舰屯江城。"从此以后，吉林又名江城。四月，康熙由吉林出发，经叶赫、开原、奉天、辽阳、牛庄、锦州、山海关回北京。康熙这次东巡表面上以平定云南，奉告祖陵为理由，实际是与帝俄的不断南侵，积极准备加强东北的防务有关。这次随行的有侍讲高士奇，著有《扈从东巡日录》。另外还有比利时人南怀仁②随行，著有《鞑靼旅行记》。对这次东巡，以及沿路风习、山川地理形势，都有比较详细的记述，这些都是研究清初吉林省历史的主要资料。

康熙三十六年（1697年），清朝平定"噶尔丹之乱"以后，时年四十五岁的康熙帝在康熙三十七年（1698年），再次东巡到吉林。这次东巡，从北京出发，经古北口和喀喇沁王府（喀喇沁杜棱郡王噶尔藏为圣祖即康熙的第五皇女和硕端静公主的额驸）到达尔汗王府（今通辽北），由此奔向吉林，九月下旬到达吉林。以镇守宁古塔等处将军公署（即后来的吉林将军公署）为行宫。九月末，从吉林出发，经辉发城、兴京、奉天、山海关回北京。

---

①《清圣祖实录》卷121，第11页，康熙二十四年五月癸巳。
②南怀仁，比利时人，1659年来华，1677—1688年，任北京钦天鉴，曾设计并监制赤道经纬仪等六件天文仪器，著有《录台仪象志》等书。1688年1月29日，卒于北京，墓地在北京阜城门外。

乾隆十九年（1754年），乾隆帝东巡吉林。这次东巡，七月从承德避暑山庄出发，经敖汗、奈曼、土默忒、科尔沁诸部，八月到达吉林。依前例亲至温德亨山即小白山望祭殿望祭长白山，泛游松花江，并登龙潭山游览。然后，经辉发城、英额门、奉天、山海关回北京。从康、乾二帝先后三次东巡吉林的事实可知吉林在东北的重要地位。吉林松花江一带是明、清两代经营黑龙江流域的基地，是清朝有名的船厂和水师营的所在地。康熙二十一年东巡到吉林以后，便积极筹划东北水陆交通运输，加强东北防务，以抗击沙俄的侵略。

水路运输竭力运用辽河与松花江的水运，取道于伊通河。第一兵站粮库设在新民屯巨流河附近的开城（亦名巨流河城，清初崇德元年，1635年，筑小城于河畔）。第二兵站粮库设在赫尔苏河（东辽河）上游的邓子村（亦书等色村或戡子村，在辽河水运尽处，即今公主岭市秦家屯东南的戡子街）。由邓子村舍舟陆运，凡一百里而达伊通门（今长春市南郊新立城附近），在此设立第三兵站。自伊通门再改用舟运顺伊通河而下，出伊通河口到松花江。当时在辽河、伊通河使用的船只，都是50艘，每艘载重60石。在松花江则备有载重200石的大船80艘。由松花江载运上溯嫩江而达墨尔根（今嫩江市）。然后再转输于黑龙江上游的瑷珲城（当时黑龙江将军的驻地）。

东北陆路交通最重要的是从山海关经奉天（今沈阳）、吉林而达黑龙江省城瑷珲城的一条干线。它是东北陆路交通的大动脉，负有军事、政治的重要使命。从山海关经奉天到吉林的这一段，是利用清初以来的旧有大道，而从吉林经伯都讷到黑龙江省城的这一段陆路，则是从康熙东巡吉林以后，为防止沙俄的南侵，加强东北的防务而开辟的。从康熙二十二年，任命宁古塔副都统萨布素为镇守黑龙江等处将军，驻瑷珲城以后，才开辟这一条交通路线。

清代陆路交通驿站，在东北以盛京、吉林、黑龙江三将军驻地为中心通往各地，把柳条边内外各地联系在一起。从北京经盛京、吉林到达瑷珲这条交通干线称为"御路"或"进贡路",俗称大站,凡 67 站,4 000 余里。以雅克萨城至墨尔根增设的临时驿站至京师约 5 000 余里,这条驿道在雅克萨自卫反击战期间(1685—1687 年)起了重要作用。

吉林将军辖境内的交通驿站设有两条干线,两条支线。两条干线,一是从奉天(今沈阳)经开原、叶赫、伊巴丹、刷烟、蒐登等十二个驿站到尼什哈站(今吉林市龙潭山站附近,在吉林城小东门即东莱门外 10 里),全程 760 里。二是从吉林尼什哈站经哲松、舒兰河、法特哈、陶赖昭、孙查包、蒿子、舍利等十个驿站到伯都讷,全程 505 里。

两条支线,一是从吉林经额里木等七个驿站到宁古塔(今黑龙江省宁安),全程 635 里。二是从吉林经十一个驿站到三姓(今依兰),全程 625 里。

各驿站由将军任命驿吏处理驿站事务,其下配以一定的站丁,置所定的牛马车辆,担当驰送文报差使。吉林通往各地的驿道皆从尼什哈站出发。各驿站的站丁,大半皆为原来三藩的部下,他们皆隶于汉军旗(新汉军),各拨以站地,令耕种自给。

关于边外驿站的情况,杨宾《柳边纪略》卷三,有比较详细的记载:"边外驿站相去远近不一,或百里,或百余里,或七八十里。然所谓七八十里者三九月间亦必走马竟日乃得到(宋·王沂公所谓但以马行纪日约其里数者也)。行稍迟,或冬月日短,发不早,鲜有不露宿者(土人谓之打野营)。露宿必傍山依树近水草。年少而贱者持斧伐木,燎火自卫。或聚石为灶,出铜锅作粥,人持一木碗啜之。雨雪至,无从避,披裘冻坐而已。每站设笔帖式一(俗呼帮识),拨什库一(俗呼千总),庄头一,小头一,壮丁不为限,大抵业农贾。小头者役于拨什库者也。拨什库专司应付,笔帖式登记档案。以体统言之,笔帖式有印,若尊于拨什库,而派军马草料,则不敢侵其权。是一站三人,惟拨什库是畏。前此每站居人多者数百家,少者数十家。""十年前,行柳条边外者率不裹粮,遇人居,直入其室,主者则尽所有出享,或日暮让南炕宿客,而自卧西北炕。马则煮豆麦刲草饲之，客去不受一钱，他日过之，或以针钱荷包赠，则又煮乳猪鸡以进，盖是时俗固厚，而过客亦不若今日之多也。今则走山者以万计，纵迹诡秘，仓卒一饭，或一宿再宿，必厚报之，而居者非云贵流人，则山东西贾客类，皆巧於计利，于是乎非裹粮不可行矣。然宿则犹让炕，炊则犹樵苏，饭则犹助瓜菜，尚非中土所能及也。"

　　清朝在东北柳条边内外设立的各路驿站，把东北各地和北京联系在一起，加强了清朝中央和地方的联系，对抗击沙俄，巩固东北边防，促进东北各地经济的发展都起了重要的作用。

二十　清初东北流人

　　清初，虽不许一般汉族农民流入东北，但常把反抗清朝的所谓罪人，主要是原来三藩部下，以及一部分刑事罪犯和部分犯罪官员流放到东北吉林、黑龙江一带，这些被流放的人被称为流人。

　　清初把"犯罪"的人流放到尚阳堡（在开原东40里边门外）一带，是始于天聪七年（1633年）八月，后遂以为例。到顺治末，又将"犯人"改发到宁古塔（旧城在今黑龙江省海林市，新城在宁安市）一带。康熙初到乾隆年间，又把船厂（今吉林市）、黑龙江城（初在瑷珲、后迁到墨尔根，最后又迁到齐齐哈尔）、席北、伯都讷（今扶余）、三姓（今依兰县）、阿勒楚喀（今哈尔滨市阿城区）、拉林（今五常市）、珲春等地也增辟为流放犯人的地方。被流放到东北的"罪人"，主要都安置在吉林将军辖境内。他们多是拨给驻防旗人为奴，或当苦差，如水手、庄头、庄丁、站丁、台丁等。流放到吉、黑两地者，多在官庄当壮丁（庄丁）。其后，因防帝俄之南侵，东北遍设军台和驿站，令流人分守各边台、驿站，充当台丁、站丁，并拨给田地，称之为站地，令耕种自给。流放最多之时为康熙初年，据方拱乾《绝域纪略》载：当时宁古塔一带"八旗非尽满人，率因其种以为风俗。华人则十三省（明制），无省无之，亦各因其地以为俗，故曰无所谓风俗也。姑亦就满汉相沿之久而言风俗也"。其他如柳条边门和嫩江以北，俱有台丁、站丁踪迹。郭尔罗斯前旗境内

"台兵与蒙古人等耕牧杂处多年"①，"每至一站始有华人，皆站内供役者，其先大率滇人（云南人）"②。此外，为了加强军事力量，也有一些流人被征调造船或充水手者。康熙十五年，徙直隶各省流人数千户于吉林修造战舰。其后，调拨"乌喇、宁古塔境流人充当水手，后遂定为经制之师"③。流放到宁古塔、乌喇的"人犯"，"此辈既无房屋栖身，又无资力耕种，复重困于差徭，况南人脆弱，来此苦寒之地，风气凛冽，必至颠踣沟壑，远离乡土，音信不通，殊为可悯恻"④。还有一些流人在发遣途中死于饥寒或被迫害致死。

　　流人中也有一些是士大夫读书人，他们是清初因科场之狱而被流放到东北的，这些人多被将军看重，请他们当家庭教师。这些人比一般流人的处境要好些，他们不入官庄，不属台站，并多结交权贵，"与将军辈皆等夷交，年老者且弟视将军辈"⑤。被流放到东北的读书人，大半从事商业或以教书为业。据杨宾《柳边纪略》载：宁古塔东关有三十二家商铺，其中有二十二家系流寓人经营的，而"贾者皆流人中之尊显而儒雅者"。又据载："宁古塔自丁巳（康熙十六年，1677年）后，商贩大集，南方珍货，十备六七，街肆充溢，车骑照耀，绝非昔日陋劣光景。流人之善贾者，皆贩鬻参貂，累金千百，或至有数千者。"⑥在宁古塔西门内"有东西大街，人于此开店贸易，从此人烟稠密，货物客商络绎不绝，居然有华夏风景"⑦。这些被流放到东北的文人学者，在改变当地风习和向当地满族传播文化方面有一定的贡献。如陈敬尹在顺治十二年（1655年）流放到宁古塔时，土著满族尚不知有布帛，他曾以疋布易稗子谷三石五

---

①《吉林通志》卷2，圣训志2，嘉庆十九年五月。

②张穆：《蒙古游牧记》。

③《黑龙江述略》卷3。

④《清圣祖实录》卷102，第12—13页；《吉林通志》卷1，康熙十八年五月壬子。

⑤杨宾：《柳边纪略》卷3。

⑥谢国桢：《清初流人开发东北史》第88页，引汉槎寄顾舍人书（开明书店民国37年10月初版）。

⑦吴振臣：《宁古塔纪略》。

二十　清初东北流人

189

斗，宁古塔满族自此才有布帛。有拨什库某得陈一白布衣，"元旦服之，人皆羡焉"①。吴兆骞（字汉槎）江苏吴江人，顺治举人，因遭丁酉（1657年）科场案，遣戍宁古塔，在塞外二十余年，以教书为业。"穷边子弟负耒传经，据鞍弦诵，彬彬乎，冰山雪窖之乡，翻成说礼敦诗之国矣。"②杨越系浙江山阴人，康熙初，流放到宁古塔，对当地满族子弟"教以诵书，作字及礼让之节"③。在改变当地风习方面，"杨宾称其父云：先子（宾父杨越）谪居久，变其国俗，不异于管宁王烈之居东，宁古塔人，至今思之"④。此外，还有一些流寓人士将在流放期间的见闻和所写的诗文编辑成书，传留后代。如吴兆骞的《秋笳集》，其子吴桭臣的《宁古塔纪略》，方拱乾的《绝域纪略》，杨宾的《柳边纪略》，清初张贲在宁古塔流放期间所写的诗文集有《白云集》，康熙中叶，蓬莱人李方远，为定王案牵连，在康熙四十七年（1708年），编管于伯都讷，同年十一月到伯都讷戍所，"买茅舍以栖止"。两年后著有《张先生传》。张先生即张潜斋，又名王士元，即明崇祯帝三子《定王传》⑤，其后死于戍所。这些都是研究清初吉林地区历史的重要资料。

从顺治初年到乾隆初年，清朝统治者常把反抗清朝统治的所谓犯罪的人流放到东北，充当庄丁、水手、站丁等苦差。他们开荒垦田，戍守边疆，对发展农业、巩固边防有重要作用，对东北经济文化的发展有一定贡献。到乾隆、嘉庆时期，汉人被流放到东北各地者渐增，清朝统治者恐当地满洲旗人逐渐被汉化，影响其统治和当时清廷正用兵于西北，外蒙古天山南北路的叛乱势力相继平定后，军台、驿站、筑城、军屯等处处需要劳动力，因此，将"罪犯"的一部分又分别改发到新疆或各烟瘴极边等地⑥。

———————
① 杨宾：《柳边纪略》。
② 吴桭臣：《宁古塔纪略》。
③ 《吉林通志》卷115，《杨越传》。
④ 谢国桢：《清初流人开发东北史》，第90页。
⑤ 魏声和：《鸡林旧闻录》。
⑥ 《吉林通志》卷2，圣训，嘉庆十七年十二月庚子。

二十一　清初吉林各地的经济发展概况
（1644—1840年）

清朝入关后，把盛京、吉林看成是清朝的发祥重地。为了保护和巩固后方根据地不使汉人、蒙古人占据开发，为了防止沙俄的侵略，一方面修筑柳条边，对清朝的发祥重地实行封禁；一方面修筑各路驿站加强东北的防务。

清朝在柳条边内外，设盛京、吉林、黑龙江三将军统辖东北全境。柳条边是清朝实行封禁政策的产物，盛京、吉林地区从顺治到康熙二十年先后开始封禁，到咸丰十年（1860 年）完全开放，一共封禁了 200 余年。清朝实行的封禁政策，不但推迟了东北地区的开发和经济的发展，而且也削弱了东北的边防力量。因此，在封禁时期吉林各地的开发和经济的发展是比较缓慢的。

清初，吉林的东部地区（柳条边以东）主要是满族居地，而汉族居民则比较少。今吉林省的西部（柳条边以西）主要是蒙古牧民居地，汉族居民也比较少。乾、嘉、道以后，汉族农民冲破封禁进入吉林地区者渐多，特别是开禁以后，以排山倒海之势大量涌入东北，和满、蒙各族人民共同开发吉林，加速了吉林各地的开发和经济的发展。

（一）清初的旗地和满族人民的封建负担

清初，今吉林省东部地区（柳条边以东），主要是满族人民的住地，他们主要从事农业生产和捕鱼射猎。当时的满族人民不但勤于耕作，并精于射猎①。清初，肥沃土地多归满族贵族、官员占有，剩余薄地分给满洲旗人。旗人耕种的土地叫旗地，是由清廷分给旗人，维持旗人生活的土地，不许随便买卖。据雍正四年（1726年）复准："船厂（吉林）等处开垦地亩，禁止旗、民互相典买"②，"即典卖于旗人，亦所应禁"。但到乾隆二十三年（1758年）议准："嗣后旗人田地，遇有缓急，情愿出典或出卖者"，经过登记、纳税后是可以典卖的③。清初，旗地具有封建世袭领地的性质，但是到18世纪中叶以后，随着旗人贫富的分化和关内农民的流入，旗地买卖的现象日渐增多。尤其是清初落后的农奴制的剥削，农奴大量逃亡，使生产力遭到破坏，土地大量荒废，迫使满族贵族统治阶级不得不把落后的农奴制的剥削改变为租佃制。这样，旗地由封建小领主的土地所有形态，渐变为地主的土地所有形态。

　　清初，满族贵族、官员占有的土地，大都采用庄头制度，即每一庄田有一定数量的土地和壮丁，这些壮丁大多数是战俘或流放为奴，以及买卖来的汉人。从这些壮丁中指定一人为庄头，管理庄田。庄田的占有者，确定对每一庄田的剥削总额，由庄头包下来，分配到各户上去。据方拱乾著的《绝域纪略》记载："若大家则择一人为庄头，司一屯之事，群仆惟所指使。"壮丁们"五更饭牛，日暮乃返"，"炕四时无断薪，薪在五十里外"，"采薪之仆尤司一家之命"，故"最重力仆、健妇"。当时买仆妇、田庐用银。清初，满族贵族、官员不但占有大量的肥沃土地，并占有许多包衣（家奴、家仆）以供役使。各旗包衣分为两个系统，上三旗的包衣属内务府，称为皇包衣旗，皇包衣即皇奴婢，由内务府大臣统之。下五旗的包衣称为包衣旗人，隶属王公，由王公统之。包衣除满族人以外，还有汉人、汉姓人（多出辽、金旧族）、朝鲜人、蒙古人等，其中最多的是汉人。从隶属看，他们皆隶籍满族，和汉人编入汉军旗隶籍汉

---

①《吉林外纪》卷8，风俗。
②《光绪大清会典事例》卷1119，八旗都统，田宅。
③同上卷1118，八旗都统，田宅。

军者不同。他们在礼俗方面，"如满洲礼者十居六七，如汉军礼者十居三四耳"[1]。这一部分汉军旗人逐渐成为满族的成员。包衣的来源，主要是由于贫富的分化、战争俘虏、分拨占取、买卖、罪犯子孙以及被流放为奴的汉人[2]。包衣中有的从事农业生产，被编在王公庄田中当壮丁而为农奴，余下的则为家内奴隶，担当家务劳动，供差役以及随侍等任务。包衣不许与民人通婚，乾隆二十五年（1760年），"令吉林、宁古塔、伯都讷、拉林、阿勒楚喀等处旗下家奴之女，不许给与民人，违者治罪"[3]。同时"各王公属下包衣、官兵、闲散人等逃走，即由该旗都统行文查拿，俟拿获之日，乃归入王公贝勒属下，严加管束，勿庸销档"[4]。他们非得主人许可，不能脱籍，永远为奴。他们为反抗和摆脱王公的压迫和剥削，逃亡者日多，"数月之间，逃人已几数万"[5]。乾隆四十四年（1779年），盛京旗人并旗下家奴携带眷口逃亡到吉林地方种地的共四十户，一百八十二名，其中除正身旗人（即入关前的诸申、伊尔根）编入吉林八旗外，其余王公宗室家奴及旗下家奴皆编入吉林官庄耕种纳粮当差。如再有犯逃者，获得不论次数，刺字发驻防兵丁为奴[6]。壮丁（农奴）的逃亡，迫使满族贵族统治阶级不得不改变落后的农奴制的剥削，从而推动了满族社会经济的发展。

满族人民一般规定是每丁给地"名虽五日，实在止有二三日"[7]。关于吉林地区满族人民耕种土地的数目，据方拱乾的《绝域纪略》载："官给人耕地四亩，一行如中华五亩，无赋税焉。"杨宾《柳边纪略》卷三载："一夫种二十垧，垧收谷自一石至二石。……地之佳者晌价十两。稗子谷石五两，小麦石三两，大麦石二两五钱，粟、秫、黍、稷、高粱、荞麦，石各二两，穬麦石一两三钱，凡一石可当通州仓二石五斗，此己巳、

---

① 福格著：《听雨丛谈》卷6，第124页（中华书局1959年12月版）。

② 参见莫东寅：《满族史论丛》，第136页。

③《清朝文献通考》卷20，户口2。

④《光绪大清会典事例》卷155，户口，道光五年奏准。

⑤《清世祖实录》卷26，顺治三年五月庚戌，第4页。

⑥《清朝文献通考》卷20，户口2。

⑦《史料丛刊》初编，《天聪朝臣工奏议》卷上，高士俊谨陈末议奏。

庚午间（1689—1690 年）粮价也。"[1] 满族人民不但勤于耕种，并精于射猎。"十月，人皆臂鹰走狗，逐捕禽兽，名曰打围。""所得禽兽必饷亲友，善打围者，一冬得雉常一二千，不善者，有终岁不得一者矣。"[2] 清初，黑龙江、松花江、牡丹江盛产牛鱼（鳡鱼也），牛鱼重数百斤或千斤，牛鱼"最不易得，得之，则群聚而脔食之"[3]。"宁古塔城临虎儿哈河（今牡丹江），冰开后，无贵贱大小，以捕鱼为乐，或钓，或网，或以叉，或以，每出，必车载而归。"[4] 从这些记载可知，清初山川自然资源是相当丰富的，为当地人民提供了渔猎的优越条件。

满族人民在自己分得的小块土地上从事耕种，"一家衣食，凡百差徭，皆从此出"[5]。吉林地区的旗地是纳赋税的，这和奉天旗地不同，奉天旗地在康熙三十二年以后，要纳草豆租。清初，吉林乌拉一带，"宜谷、宜稷、宜稗，三月播种，八月获刈"[6]。满族人民"男女耕作，终岁勤动，亦有充水手拿舟渔户捕鱼，或入山采桦皮者"[7]。而宁古塔一带，"地极肥饶，五谷俱生，惟无稻米。四月初播种，八月内俱收获矣"。他们在"农隙俱入山采樵，以牛车载归，足来岁终年之用乃止"[8]。此外，在吉林东部地区还有一部分满族人民，即伊彻（新）满洲，依然散居山谷间，过着比较原始的渔猎生活。清初，吉林地区荒地较多，土地肥沃，满族人民的农业生产，"地贵开荒，一岁锄之犹荒也，再岁则熟，三四五岁则腴，六七岁则弃之而别锄矣"[9]。他们对土地，"不施粪溉，不加耕耨"[10]，地瘠则弃之。

清朝统治者为了驱使满族人民提供更多的兵源；为了缓和满族内部

① 杨宾：《柳边纪略》卷 3。
② 杨宾：《柳边纪略》卷 4。
③ 杨宾：《柳边纪略》卷 3。
④ 杨宾：《柳边纪略》卷 3。
⑤ 《史料丛刊》初编，《天聪朝臣工奏议》卷上，高士俊：谨陈末议奏。
⑥ 高士奇：《扈从东巡日录》。
⑦ 高士奇：《扈从东巡日录》。
⑧ 吴桭臣：《宁古塔纪略》。
⑨ 方拱乾：《绝域纪略》。
⑩ 高士奇：《扈从东巡日录》。

的阶段矛盾，采取满汉差别待遇的政策。如分给满族人民一定数量的土地（每丁给地五日），旗地、民地赋税不同，旗人、民人犯法，刑罚不同。八旗满洲遇有红白事情给以红白赏恤，发给八旗俸禄（每年分春秋两季支给，称为食俸禄）等等。清朝满族统治者用这些小恩小惠来收买满族人民为其献身。在给这点优遇的同时，对满族人民也规定一些限制。如在京师驻防的京旗，不得住在京城之内城以外；在外省的驻防八旗，不得居住在城外，旗人出外旅行或迁移时，各照规定向有关机关报告等等，用以防止旗人的逃亡和加强对满族人民的控制。在连年的战争中，满族贵族掠获了大量的财富和人口，而满族人民则不但一无所得并且连遭伤亡，日趋贫困破产。满族统治者虽然表面上给满族人民一些优遇，满、汉人民在政治、经济地位上有一定的差别，但实际并没有给满族人民带来什么好处，满族人民和汉族人民一样，同处于被压迫、被剥削的地位。清初规定满族人民的兵役负担是三丁抽一，叫披甲，其余两人叫余丁。披甲专重于兵事，余丁则专致力于农事。余丁除担当农业生产等经济方面的任务以外，还要补充兵丁的缺额。在披甲和余丁之外，还有各种名色的"壮丁"阶层。如庄田上的农奴，以及专业打猎、捕鱼、采珠、采蜜的"牲丁""网户""珠轩""蜜丁"等，为满族贵族统治阶级纳贡应差。他们"夏取珠、秋取参、冬取貂皮，以给公家及王府之用"①。满族贵族、官员不但占有大量的肥沃土地，并占有许多包衣和各种名色的"壮丁"以供役使和剥削。他们取租、征贡、放债，过着奢侈的寄生生活。穿的是豪华的"羔裘、纻丝、细布"②；吃的是"争强斗胜，务以南方难致之物为贵，一席之费大约值三四金"③。而满族人民虽然终岁劳动，但吃的却"甚鄙陋"④。"稗子贵人食之，下此皆食粟。"⑤穿的"惟粗布及猫犬獐鹿牛羊之

---

① 高士奇：《扈从东巡日录》。
② 高士奇：《扈从东巡日录》。
③ 杨宾：《柳边纪略》卷3。
④ 高士奇：《扈从东巡日录》。
⑤ 方拱乾：《绝域纪略》。

皮,间有以大鱼皮为衣者"①。满族人民被束缚在八旗制度下,不堪满族统治者的压迫和剥削,出现了正身旗人的逃旗。乾隆初年,"逃旗法"的颁布,正是满族人民反对八旗束缚、反对压迫剥削的斗争日益尖锐化的表现。

(二)官兵庄田和官庄的发展

从顺治到康熙初期,为了加强对帝俄的防御力量,在吉林地区不但在军事、交通方面作了一些准备,而且在经济方面也实行了一些具体措施。最初,吉林、黑龙江两地区驻防八旗的粮饷,主要靠南粮北运,不但花费大量的劳动力,而且也不是长期可靠的措施,因此,在接近前方的黑龙江地区及其背后的吉林地区开垦屯田,自给自足,当地解决军粮问题是非常重要的。所以到康熙以后,在吉林各个地区,随着驻防八旗的增设,旗地的开垦也迅速地发展起来。由于旗地的开发,需要大量的劳动力,清朝统治者遂将流人由向阳堡改发到吉林、黑龙江两地,拨给旗人为奴。为了解决驻防八旗的粮饷,在吉林各地增设了许多官兵庄田、官庄等旗地。驻防八旗兵丁每年除差操时间外,还从事农业生产。自顺治经康熙到雍正时期,旗人开垦的土地,以宁古塔为最多,吉林乌拉次之。吉林各地驻防八旗设置的年代和八旗兵丁的垦田数字如下:

八旗兵驻地	驻防八旗设置年代	八旗官员兵丁垦田数	水师营地	庄头地	合　　计
宁　古　塔	顺治九年（1652年）	43 498垧		5 557垧	49 055垧
吉林乌拉	康熙十五年（1676年）	37 123垧	4 426垧	4 201垧	45 750垧
伯　都　讷	康熙三十一年（1692年）	18 530垧		372垧	18 902垧
三　　姓	康熙五十三年（1714年）	12 926垧			12 926垧
珲　春	康熙五十三年（1714年）	8 894垧			8 894垧
阿勒楚喀	雍正三年（1725年）	4 908垧			4 908垧
合　　计		125 879垧	4 426垧	10 130垧	140 435垧

（据《八旗通志初集》卷21,土田志4,奉天八旗土田统计数字）

---

① 高士奇:《扈从东巡日录》。

此外，还有宁古塔将军所辖台丁、站丁耕种的土地达24684垧[①]，这属于准旗地。上述这些旗地，主要是由八旗兵丁开垦的，由清朝统治者派官员监督耕种，官兵庄田是为解决八旗官员兵丁（满、蒙、汉八旗）的粮饷而设的，不纳赋税。吉林地区八旗兵丁开垦的旗地，到乾隆时期，随着驻防八旗的增设有了进一步的发展。自乾隆元年至乾隆四十五年（1780年），吉林地区八旗兵丁耕种的土地（原额新增地）如下：

吉林及鸟枪营旗地	95134 日
吉林水师营地	2226 日
吉林各驿站旗地	49997 日
吉林各边门旗地	26652 日
宁古塔旗地	65290 日
伯都讷旗地	69011 日
三姓旗地	8116 日
阿勒楚喀、拉林旗地	36278 日
珲春旗地	12050 日
打牲乌拉旗地	40338 日
合计	405092 日 [②]

《柳边纪略》卷三载："宁古塔地不计亩，而计垧者，尽一日所种之谓也，约当浙江田四亩零（金食货志量田以营造尺五尺为步，阔一步，长二百四十步为亩）。一夫种二十垧，垧收谷自一石至二石，以土之厚薄为等杀。"乾隆四十五年八旗兵丁耕种的土地合计为405 092 日，较雍正末年八旗官员兵丁旗地数（140 435 垧）增加2.88倍。当时吉林乌拉一带是供应军粮的基地，因此，加强对这一地区的开发是非常重要的。所以康熙二十一年（1682年）五月谕宁古塔将军巴海、副都统萨布素曰："吉林乌喇田地，米粮甚为紧要，农事有误，关系非细，宜劝勉之，

---

①《八旗通志初集》卷21，土田志4，宁古塔将军所辖台站。
② 乾隆四十八年版：《盛京通志》卷38，田赋2，原文合计为365092 日系误。

使（兵丁）勤耕种。"① 为了在凶年救济贫苦的八旗兵丁，在吉林各地设立义仓地，和奉天的旗仓有同样的作用。即遇凶年时，以义仓米贷给贫苦的旗丁，以维持其生活。奉天是从旗地征收粟米纳入旗仓，而吉林则因为旗地不纳赋税，因此，给八旗兵丁一定的土地使其耕种。每一佐领各置牛一具，耕种义仓地 30 垧，纳义仓谷 48 石，一佐领出三名兵丁耕种，则每丁耕种 10 垧，纳谷 16 石。据《吉林外纪》卷五载：吉林各地合计牛 146 具，兵丁 438 名，每年向义仓纳谷 7 008 石，各地义仓储额合计为 9.41 万石，以充凶年救济之用。驻防八旗兵丁是比较贫困的，"满洲官兵贫，衣食皆向熟贾赊取，俟月饷到乃偿直"②，如遇荒年更难以为生了。清朝统治者为了维持其统治力量不得不设义仓地令兵丁耕种向义仓纳谷，使谋自救。但当时八旗"兵丁役重差繁，劳苦至极"③，无力耕种，以致荒弃的地亩很多。如嘉庆五年，宁古塔十二佐领及驿站、官庄地 27 486 亩 5 分中，已抛弃地达 19 194 亩，这一情况迫使清朝统治者不得不减轻些负担，并将抛荒地亩改拨给民人（汉人）耕种，"俾课项有著，旗人不致受无地之累"④。

为了确保吉林乌拉、宁古塔、伯都讷等地区的军粮供应，不但在各地设立了八旗官兵庄田，并在各地设立了官庄。官兵庄田主要是由满洲、蒙古、汉军八旗兵丁耕种；而官庄则主要是由流放到吉林各地为奴的汉人耕种。官庄以吉林乌拉为最多，宁古塔次之，而伯都讷为最少。据乾隆元年版《盛京通志》卷二四的记载，雍正时期在吉林各地设立的官庄如下：

官庄设立地点	官庄数	壮丁数	耕地数	纳粮额
吉林乌拉	50处	500名	6 000垧	15 000石
宁 古 塔	13处	130名	1 560垧	3 900石

①《吉林通志》卷1，圣训志1，康熙二十一年五月丙寅。
② 杨宾：《柳边纪略》卷3。
③《吉林通志》卷1，圣训志1，康熙二十一年五月丙寅。
④《光绪大清会典事例》卷167，户部，田赋。

官庄设立地点	官庄数	壮丁数	耕地数	纳粮额
伯 都 讷	6处	60名	720垧	1 800石
合 计	69处	690名	8 280垧	20 700石

清初,总管内务府在大乌拉(今永吉县乌拉街)设打牲乌拉总管衙门,专司采捕宗庙陵寝四时祭品和皇室贡品。康熙十五年,宁古塔将军移驻吉林以后,由宁古塔将军(后改称吉林将军)兼辖乌拉总管衙门。乌拉总管衙门辖境内的山河全部被圈占,厉行封禁,这些被圈占、封禁的山河,即所谓乌拉贡山。"贡山原设周围界址,东至拉林河为界,南至横道河子(今蛟河县天北乡境)迤南杨树咀子,以上乾棒子河(今舒兰县小城子乡境)、舒兰河(即溪浪河上游,流经舒兰县城以南部分)、帽儿山(舒兰县新安乡境),过拉林河磨盘山(今五常县境)止,与吉林搭界,北至边外二道河源(舒兰县二道乡境)东北古井子、五道河,过拉林河团山子止(今榆树县保寿乡境),与伯都讷搭界,但西界原与煤窑厂(今永吉县缸窑乡境)切近熟地止。"①计东西宽一百四五十里,南北长二百三四十里,其周界包括现今的五常县南部、舒兰县大部、蛟河县的北半部,以及永吉、榆树县的部分地方。这些地方在四合川(汇于拉林河的四条河—大沙河、石头河、三岔河、黄泥河)与霍伦川(舒兰县境内的呼兰河)之间,即所谓四合霍伦贡山。乌拉贡山为"进宝纳贡之地,康熙二十年题准,宁古塔乌拉人,凡私入禁山禁河采捕蛤蜊及采蜂蜜、捕水獭、偷采东珠者,照偷采人参例,为首者拟绞监候,为从者枷两月,鞭一百。各项捕牲人将本身印票转卖他人者,买卖之人,各枷两月,鞭一百"②,并经常派官兵严查,以防民人进入采捕。

康熙四十五年(1706年)五月,经总管内务府批准,在当时乌拉境内设内务府粮庄(官庄)五处,即"张庄子、尤家屯、前其塔木、后其

①《吉林省历史档案》1号全宗3号目,502号卷;转引自鞠殿义:《清代乌拉贡山沿革述略》,载《学术研究丛刊》1983年第4期。

②《光绪大清会典事例》卷889,禁令。

塔木和蜜蜂营子"，均在今九台县境内。每庄置庄头一名，壮丁（庄丁）十四名，给以牛具（每庄拨牛二十头），令其开垦，岁纳粮840斤石（每斤石合仓石3石6斗），由该处总管征收，储仓备用。然因乌喇壮丁有一半从事农耕，一半从事渔猎，所以这种官庄以壮丁28名组成。有庄头5名，壮丁140名，耕地5 404日 [①]。然据《吉林通志》卷三十·食货志三·官庄条载：乌拉庄头5名，各给随差地（即给庄头的职田）15垧，壮丁140名，熟地共2 175垧，每丁种地15垧，征粮45斛，共征粮3 024石，耗粮在外。官庄有的属于内务府、户部、礼部、三陵等衙，有的属于吉林、黑龙江两将军。或令佃户承租缴纳租赋，或令流人耕种纳赋，以供皇室内廷的经费，或用以拨给八旗官兵的俸饷，或归一般官厅的收入，以补行政费的不足等用。吉林地区的官庄除乌拉官庄归内务府统辖外，其他各地的官庄，皆归宁古塔将军（后改称吉林将军）统辖。内务府官庄由旗丁来耕种，其他官庄则由流放为奴的汉人壮丁来耕种。关于官庄的组织和剥削情况，《宁古塔纪略》有比较详细的记载："每一庄共十人，一人为庄头，九人为庄丁，非种田即随打围烧炭。每人名下责粮十二石，草三百束，猪肉一百斤，炭一百斤，石灰三百斤，芦一百束。凡家中所有悉为官物，衙门有公费，皆取办官庄。"并且一旦进入官庄，便丧失了自由，永远被束缚在土地上，"万无出身之日" [②]。官庄中的壮丁处在悲惨的农奴地位，受着惨重的剥削。当时宁古塔一带，每垧收谷一石到二石，而每一壮丁种地12垧就得缴纳粮12石，再加上其他剥削，就更可看出其剥削的严重了。其后，到雍正时期，在壮丁的反抗斗争下，免除了其他的负担，只缴纳谷30石 [③]。纳谷30石是以通州仓的石来缴纳的，吉林的一石合通州仓的石为2石5斗，因此，纳谷30石

① 乾隆四十八年版《盛京通志》卷38，田赋2，吉林属官庄。
② 吴桭臣：《宁古塔纪略》。
③ 乾隆元年版《盛京通志》卷24，八旗田亩，宁古塔所属旗地。乾隆五十四年《户部则例》卷6，旗地下，盛京官庄。

就是吉林石的 12 石①。乾隆五十九年（1794 年）官庄中的壮丁多因贫困而缴纳不起官庄粮额，不得不将吉林八旗马厂地（牧养官马、练习骑射用的土地）交与民人耕种，按垧纳租，以补官庄壮丁缺额之粮，或充八旗各种费用②。据乾隆四十八年版《盛京通志》卷三八·田赋二载：乾隆四十五年，吉林地区的官庄除三姓、阿勒楚喀为新设的③以外，吉林、宁古塔、伯都讷三处官庄垦田数目和雍正时比并没有什么发展。由于官庄落后的农奴制的剥削，致使"壮丁缺额，牛只不敷原数，兼有抛荒地亩，不堪耕种"④，"应征粮石逐渐摊征，丁力日形竭蹶"⑤。嘉庆十七年五月，据吉林将军赛冲阿奏：吉林官庄壮丁的缺额达 234 名，官庄地减少 1 800 日，纳粮额由 15 000 石，减到 10 650 石⑥。到嘉庆二十一年（1816年），吉林官庄在 500 名壮丁中，就有 154 名逃亡⑦。由此可知，官庄中的落后的农奴制的生产关系和繁重的剥削，已经严重地阻碍了生产力的发展。在官庄壮丁逃亡和关内汉族农民冲破封禁的斗争形势下，清朝统治者为了增加收入，不得不把土地租给对生产比较有积极性的农民佃种。这样，农奴和封建主的生产关系，逐渐改变为农民和地主的生产关系。在壮丁和农民的斗争下，使生产关系有了进一步的改善以后，农业生产才有继续发展的可能。

（三）京旗屯田和榆树、扶余号荒地的由来

满洲八旗分为禁旅八旗和驻防八旗。禁旅八旗驻在北京，担当镇守京师的任务，称为京旗；驻防八旗分置于京师以外各省要地，担当镇压

---

① ［日］周藤吉之：《清代满洲土地政策的研究》，第 325 页。

②《光绪大清会典事例》卷 166，户部，田赋。

③ 乾隆四十八年版《盛京通志》卷 38，田赋 2。乾隆五十四年《户部则例》卷 6，田赋，旗地下，盛京官庄。

④《吉林通志》卷 2，圣训 2，嘉庆十七年五月丁丑。

⑤《吉林通志》卷 2，圣训 2，嘉庆十七年五月丁丑。

⑥《清仁宗实录》卷 257，《吉林通志》卷 2，圣训志，嘉庆十七年五月丁丑。

⑦《吉林外纪》卷 7，官庄。

地方人民的任务。

　　清朝入关后，大量的满洲旗人聚集在京师周围，"依租食税，不事耕耘"①，长期脱离了生产，过着寄生的生活，逐渐丧失了以前精于骑射的强悍性格。这一部分寄生集团的人员越来越多，八旗无饷"居国用十分之六七"②。此外，遇有红白喜事，鳏寡孤独，俱有赏赐、优恤。"康、雍、乾以来，百余年间，京旗人丁增加几及七倍，而孳生无已，奢靡如故，势将山穷水尽，救济无方。"③况"国家经费有常，名粮有额，而八旗数十万众聚积京师，不农不贾，皆束手待养于官，势有不能"④。这无论在财政上和军事上，对清廷来说不能不是一个严重的危机。尤其乾嘉之交，义军蜂起，国力大耗，八旗生计问题更加严重。因此，清廷才有京旗屯田之举。乾隆二年（1737年），御史舒赫德提出《八旗开垦边地疏》。乾隆六年（1741年），又有户部侍郎梁诗正的《八旗屯种疏》。认为实行八旗移垦，既可解救旗人生计的困难，又可减轻国家财政的负担。因此，从乾隆九年到十年（1744—1745年），将京旗1000人迁到当时吉林将军辖境内的拉林及阿勒楚喀（今阿城）两地。乾隆九年，在拉林新设驻防八旗，置副都统以下的官兵。乾隆二十一年，又增拉林驻防满洲闲散余丁2 000名，"自（乾隆）二十年至二十四年，由京师八旗余丁内陆续发往，合前发往之余丁千名，为三千名"⑤。乾隆十年三月，以移驻拉林之京旗多雇人耕种，为了满足他们对劳动力的需要，将发遣到此地的"罪犯"拨给他们为奴⑥。其后又在十七年七月⑦和十八年四月⑧，将放高利贷或不安分为匪者，遣到拉林、阿勒楚喀耕种地亩，以补拉林

----

① 吴希庸：《近代东北移民史略》。
② 吴希庸：《近代东北移民史略》。
③ 贺昌龄辑：《皇朝经世文编》卷35，户政10，八旗生计；梁诗正：《八旗种疏》。
④《吉林通志》卷28，食货志1，户口，第19页。
⑤《光绪大清会典事例》卷1127，八旗都统兵制，吉林将军所属驻防兵制。
⑥《清高宗实录》卷236，乾隆十年三月戊寅，第6页。
⑦《清高宗实录》卷418，乾隆十七年七月丁卯，第19页。
⑧《清高宗实录》卷437，乾隆十八年四月巳酉，第11页。

旗人劳动力的不足。移到此地的京旗闲散，每户都先给安家费、路费等，计一户需银百余两。但是惯于在城市过寄生生活的京旗闲散，得到这些安家费后，便大肆挥霍，待全数用尽之后，便由屯垦地逃归京师。因此，京旗屯田的成绩并不好。据乾隆十二年四月，宁古塔将军阿兰泰的上奏，"所给拉林居住满洲等牛二千头，今仅存五百余头，且俱疲瘦。其所住房屋圮坏及被火焚烧者，三分内几及一分。至所给地一千顷，去年只耕种六百三十余顷，其余俱已荒芜"①。

嘉庆十九年（1814年），吉林将军富俊提出双城堡屯田之议。到二十一年（1816年），清廷迁移京旗闲散，着手双城堡屯田，"设协领等官督耕，并资弹压"②。最初计划移京旗闲散 3 000 户，每年移住 200 户，后因移住并不踊跃，改拨 1 000 户，将其他 2 000 户剩余的地亩，酌添于 1 000 户之京旗及原住屯丁。然京旗久以当差为务，素未习耕作，胼手胝足的艰苦劳动，他们是难以克服的。因此，他们到后，往往不能自行耕作，不得不靠佣工等的助力。所以清朝统治者准许他们"契买奴仆，注明旗册，代其耕作，或雇觅长工助其力穑"③。迁到此地的京旗闲散，每户都给治装银三十两，津贴银十五两，车马皆由官给。到屯之后，每户更给房间四间，地 20 坰，双城堡开垦之费用共花了白银七八十万两。但从道光二年到七年（1822—1827 年）前后，移住总数才不过 487 户④，可见这次京旗移耕又告失败。

关于伯都讷屯田的问题，"业于嘉庆二十三、四两年先后绘图进呈"，"道光元年十二月，将军富俊等筹开伯都讷屯田，以备移驻京旗苏拉"。京旗苏拉即住在北京的八旗闲散人员。道光四年，正式批准举办。清廷鉴于乾隆年间移驻拉林的京旗屯田的失败，计划先招民人（汉人）认垦，待民人将荒地开垦成熟地以后，再拨京旗。清廷计划将移驻伯都讷"新

①《清高宗实录》卷 289，乾隆十二年四月丙戌，第 35 页。
②《吉林外纪》卷 2，第 7 页。
③《吉林通志》卷 3，圣训志 3，道光九年三月，第 28 页。
④ 刘选民：《东三省京旗屯垦始末》，见《禹贡》6 卷 3、4 合刊。

城屯"的八旗分成两翼，"每旗立二十五屯，每屯各设三十户，以治、本、于、农、务、滋、稼、穑八字为号"①。据"勘丈新城屯闲荒，仅敷一百二十七屯，即将（道光）五年所招佃户分拨字号均改每旗十五号"②，即每一字各编为十五号，即十五屯，共计一百二十屯。以"初报之户积至三十户为治字第一号，令归入镶黄旗头屯"，每增至三十户，"依号按旗挨拨，周而复始"，直到每字达十五号为止③。因此，伯都讷垦荒也叫号荒，因头上冠以八个字，又称八号荒。不过领有号荒的旗户，是指计划迁来的京旗，而不是具体的特定的旗户。为了便于移驻京旗屯田，先招民认领开荒，"牛具籽种，农器均系自备，每人准领地三十大垧，四人联名互保，第六年升科，每垧地征制钱三百文，小租钱三十文，俟移驻京旗闲荒到日，交京旗地二十垧，其余十垧作为己产，乃按数纳租"。这就是所说的"旗二民一地"④。自从招民领荒以后，民人认领垦荒者十分踊跃。从道光五年到道光七年，认垦佃户共计 3600 户，分拨 120 屯⑤。按规定准开荒 10.8 万垧。伯都讷招民开垦之地虽已渐成熟，但清廷鉴于双城堡屯田的失败和财政上的困难，故对迁移京旗至伯都讷之事并没有实行。光绪四年（1878 年），经吉林将军铭安奏准，清廷只好将伯都讷号荒 120 屯地亩，照荒价减半卖给佃户，归民（汉人）占有。"光绪四年，戊寅年（1878 年），此年铭安将军将旗二民一更去。换民自认垦，作为己产，每垧地出荒价银钱一吊零八十文，典兑租契，每垧出荒钱二吊一百文。二十七垧屯基亦照例出荒银认租。"⑥这些号荒地由于"各佃户领种多年，传衍数世，……以为此地是伊等祖产，更有辗转典卖之户"⑦，这一部分京旗屯田逐渐成为民地。移驻京旗闲散至伯都讷屯田计

---

① 《吉林外纪》卷 10，伯都讷屯田。
② 《吉林外纪》卷 10，伯都讷屯田。
③ 《吉林外纪》卷 10，伯都讷屯田。
④ 《吉林外纪》卷 10，伯都讷屯田。
⑤ 《吉林外纪》卷 10，伯都讷屯田。
⑥ 榆树县红星乡老住户王永堂提供的手抄万历的小字批注，转引《长春地名》总第 4 期。
⑦ 《吉林通志》卷 29，食货志 2，田赋上，光绪三年吉林将军铭安奏言。

划失败，为民人（汉人）进入伯都讷封禁区进行开发开辟了道路。

伯都讷屯田的初期，原计划建 200 个屯，即"治本于农，务滋稼穑"八个字中，每个字下分二十五号，即二十五屯，八个字共计二百个屯。在道光五年（1825 年）"据伯都讷委员勘丈新城屯闲荒，仅敷一百二十屯。即将五年所招佃户，分拨字号均改每旗十五号"①。光绪四年（1878 年），在吉林设立荒务总局，在伯都讷设荒务分局。在一百二十屯号荒以后陆续放出的荒地，靠近原来的号荒地。因此，便按原有号荒地的顺序，在十五号之后，按着排列为十六号、十七号、十八号以至二十五号。这就是在今榆树市号荒地内出现十五号以后号地屯名的原因。后来为了便于识别地名方位和地名的简化，便将号荒地前面的"治本于农，务滋稼穑"八个字省去，换上东西南北，上下前后，大小等字，而称为东十二号，南七号、大十五号、小十五号、上二号、下二号、前十四号等等，这就是现在榆树和扶余市境内号荒地名称的由来。

在吉林地区随着京旗屯田的进行，关内汉族农民也相继流入，因为"旗丁一人竭力耕耘一年，只能种地十垧，不能不雇觅帮丁助耕"②。为了保证满族旗人劳动力的需要，不得不允许汉人进入封堆以内。所以规定"屯田界内，除雇觅只身民人作工不禁外，如有携眷居住者立即驱逐"③。道光二年，吉林将军富俊奏言："小封堆以内旗丁既须雇工，大封堆以内若无民户，一遇农忙添工，雇觅于百数十里以外，谁肯远来相就。此小封堆以内，断不可容留民人，而大封堆以内断不能不容留民人之情形也。"④ 很明显可以看出，由于京旗屯田的进行和旗人对劳动力的需要，

　　①《吉林外纪》卷 10，伯都讷屯田。

　　②《吉林通志》卷 31 下，伯都讷屯田。

　　③《吉林通志》卷 31 下，食货志 4，双城堡屯田（大封堆即围绕双城堡屯田区域的外廊而筑的土堆，为拉林、双城堡两协领的分管界址。小封堆即在中屯左、右两屯的周围而筑的土堆，为双城三屯佐领的界线）。

　　④《吉林通志》卷 31 下，食货志 4，双城堡屯田（大封堆即围绕双城堡屯田区域的外廊而筑的土堆，为拉林、双城堡两协领的分管界址。小封堆即在中屯左、右两屯的周围而筑的土堆，为双城三屯佐领的界线）。

给汉人流入封禁区带来有利条件,这也是封禁政策必然失败的原因之一。因为"新移京旗苏拉(闲散),往往不能耕作,始而雇觅流民代为力田,久之多为民有"①。流民向旗人佃种田亩,"迨佃种既多,旗人咸耽安逸,不知力作,必致生计日蹙。且而耳濡目染,习成汉俗,不复知有骑射本艺,积重难返"②。乾隆以后,封禁有名无实,大批汉人冲破封禁进入吉林地区。到嘉庆道光年间,由长春地区向伯都讷、双城堡方面发展,其间拉林、双城、伯都讷之屯田,由于经营的失败,渐归汉人耕种,使这一代的农业生产得以继续开发起来。

康熙二十三年,增设从吉林到伯都讷(今扶余市伯都乡)的驿站,康熙三十二年,在今扶余市区之地筑城,即伯都讷站之南筑砖城,名为新城。康熙三十三年设伯都讷副都统于新城(今扶余市城),管理旗人军政事务,归吉林将军管辖。后来由于汉人移驻日增,雍正五年设长宁县(在今扶余市)管理汉人行政、司法事务,属奉天府。乾隆二年裁,改设分防伯都讷州同,属永吉州。乾隆十二年,改州同为巡检,属吉林理事同知,乾隆二十六年裁。别设办理蒙古事务委署主事驻守,属理藩院。嘉庆十六年裁,改设伯都讷理事同知厅,管理民政,即管理汉人行政、司法事务。光绪八年(1882年),伯都讷厅理事同知移治于孤榆树屯(今榆树市),改为伯都讷厅抚民同知,新城留驻分防巡检,光绪三十二年(1906年),伯都讷厅升为府,还治于伯都讷(今扶余市),以伯都讷城又名新城,故称为新城府(今扶余市)。以旧治孤榆树屯改置榆树县,隶新城府。宣统元年(1909年),榆树县升为榆树直隶厅。由此可知,现在的榆树市和扶余市,在当时都属于伯都讷厅的辖境。今榆树市卡岔河以西到扶余市东部三岔河南北一带的号荒地,就是伯都讷屯田号荒地遗名。

206

①《吉林通志》卷 31 下,食货志 4,双城堡屯田(大封堆即围绕双城堡屯田区域的外廊而筑的土堆,为拉林、双城堡两协领的分管界址。小封堆即在中屯左、右两屯的周围而筑的土堆,为双城三屯佐领的界线)

②《吉林通志》卷 3,圣训志 3,道光六年八月乙卯。

（四）清初吉林西部蒙古地区的开发

清初，今吉林省西部（柳条边以西）蒙古地区的开发也有进一步的发展。在蒙古科尔沁十旗和锡伯（席北）地方设立屯田，成为军粮供给的重要地区。康熙二十一年（1682年）十二月，为了加强对帝俄的防御，向黑龙江地方派遣乌拉、宁古塔之兵1500名，其"所需军粮，取诸科尔沁十旗，及席北、乌喇之官屯，约可得一万二千石，可支三年"①。这是吉林西部蒙古地区的官屯得到发展的证明。今吉林省西部蒙古地区的官屯由蒙古、席北、打虎儿（达呼尔）、索伦等兵丁来耕种，由户部派遣官员临督耕种。除了官屯以外，一般蒙古人民的农业生产也有了发展。但农业生产技术还比较落后，"农作非蒙古本业，今承平日久，所至多依山为田，既播种，则四出游牧，秋获乃归。耕耨之术皆无所讲，俗云靠天田"②。据《辽左见闻录》载：清初边外蒙古部落，"以牛羊肉切碎于釜中煮之，加粟少许，不设釜盖，粪土随风飘入，腥秽非常，甫半熟即食之，状若粥粟"③。他们在吃的方面，仍以肉为主，以粮为辅，畜牧业在当时的蒙古地区仍占重要地位，直到18世纪中叶以后，随着农业的发展，畜牧业才逐渐退居次要的地位。随着农业的发展，边里边外各族人民之间的贸易也发展起来，据《辽左见闻录》载："边外诸部落入边贸易，牛车累累，鱼贯而行。"

清初，吉林地区还是自给自足的自然经济占主要地位。长期以来，农业和渔猎都比较发达，农业和家庭手工业相结合，只有少数生活必需品，才需要通过和外地交换来供给。因此，商业并不发达。宁古塔一带的交易"不用钱"，主要还是以物易物。而"银则买仆妇、田庐或用之，钱则外夷来贡时求作头耳之饰。至粟豆交易，或针、或线、或烟筒，大则布，裕如也"④。到康熙年间，"康熙钱行至船厂（今吉林市）而止，与

---

① 《吉林通志》卷1，圣训志1，康熙二十一年十二月甲午；《平定罗刹方略》卷1；《清圣祖实录》卷106，康熙二十一年十二月庚子。

② 《蒙古吉林风土记》，载《小方壶斋舆地丛钞》二峡。

③ 王一元撰：《辽左见闻录》（清抄本）。

④ 方拱乾：《绝域纪略》。

顺治及明钱大小并用"①。当时船厂以东至宁古塔一带，则但知用银而不用钱②。吉林城内"中土流人千余家，西关百货辏集，旗亭戏馆，无一不有，亦边外一都会也"③。宁古塔城内"有东西大街，人于此开店贸易，从此人烟稠密，货物客商，络绎不绝，居然有华夏风景"④。据《柳边纪略》卷三载："岁至宁古塔交易者二万余。""康熙初，易一铁锅，必随锅大小，布貂于内，满乃已。"后来由于从高丽和汉族地区输入的马匹和铁锅逐渐增多，以及貂皮的生产日趋减少，所以马匹和铁锅的价格日益下落，貂皮的价格逐渐提高。到康熙中，"以一貂易两锅矣"。康熙初，"易一马，必出数十貂，今（康熙中）不过十貂而已。马良者乃十四五，亦不以上貂易也"。在宁古塔以及今延边一带的满族人民，每年十月（《柳边纪略》卷三为八月），多往高丽会宁府进行互市。满族人民多以羊皮袄、布疋等土产品，往易牛、马、纸、笔、扇、铁、布、瓮、盐、稻米等物⑤。清初，因宁古塔一带不产稻米，所以稻米比较贵重，稻米至宁古塔每升银二三钱，一般人民是吃不起的，多是满族贵族在宴客时才食用。在双方贸易品中，以书的价格最贵，"康熙初，姚琢之，以明季遗文易牛一头"⑥。"宁古塔多业农贾，贾者三十六，其在东关者三十有二，土著者十，市布帛杂货流寓者二十二，市饮食在西关者四。土著皆市布帛杂货，农则无算，而奴为多。其俗，贵富而贱贫，贵老而贱少，贵汉而贱满，何也？凡东西关之贾者皆汉人，满洲官兵贫，衣食皆向熟贾赊取，俟月饷到，乃偿直，是以平居礼貌必极恭敬，否则，恐贾者之莫与也"⑦，可知汉人在宁古塔一带经商者居多，并有一定地位。

---

① 杨宾：《柳边纪略》卷4。
② 杨宾：《柳边纪略》卷4。
③ 杨宾：《柳边纪略》卷1。
④ 吴桭臣：《宁古塔纪略》。
⑤ 吴桭臣：《宁古塔纪略》。
⑥ 杨宾：《柳边纪略》卷3。
⑦ 杨宾：《柳边纪略》卷3。

二十二　郭尔罗斯前旗的历史沿革和辖境的演变

郭尔罗斯前旗的历史沿革

《大清一统志》卷五三八·郭尔罗斯条云："本契丹地，辽置泰州昌德军，属上京。金因之。大定间废。承安二年，移州于长春县，以旧地为金安县，隶之。元为辽王分封地。明为科尔沁所据。后分与其弟是为郭尔罗斯。"考郭尔罗斯前旗在辽代为契丹游牧地，为长春州、黄龙府辖境。金代为契丹、女真居地，为新泰州[①]、济州[②]辖境。元代先为辽王分封地，后为泰宁路、开元路辖境。到明代，先为兀良哈三卫游牧地，后为科尔沁蒙古游牧地，最后为郭尔罗斯蒙古游牧地。元太祖成吉思汗弟哈布图哈萨尔十四世孙奎蒙克塔斯哈喇为嫩科尔沁（即科尔沁）的始祖，到 16 世纪（明嘉靖年间），吞并了福余卫部众。传至十六世孙鸟巴什时，始号所部为郭尔罗斯部。清太宗天聪七年（1633 年），"台吉固穆及布木巴，随土谢图汗奥巴来降"[③]。崇德元年（1636 年）"封固穆为辅国公，世袭掌前旗[④]。至第四世莽塞，因罪革去掌旗，留公爵。授伊旗

---

① 新泰州即辽代长春州，在今郭尔罗斯前旗蒙古族自治县八郎乡北上台子村他虎城。
② 金改黄龙府为济州，后改名隆州隆安府，今为农安县城。
③ 《嘉庆大清一统志》卷 538，郭尔罗斯。
④ 《清史稿》卷 518，郭尔罗斯部和张穆：《蒙古游牧记》郭尔罗斯条，皆以布木巴为前旗始祖，以固穆为后旗始祖，今以《大清一统志》所载为是。

人毕哩衮鄂齐尔为一等台吉掌旗。凡五世后，仍以辅国公掌旗。至嘉庆十三年（1808年）以恩克托克托琥袭封，凡十世。顺治五年（1648年），封布木巴为镇国公，世袭掌后旗。至乾隆四十二年（1777年），以固噜扎布袭封，凡八世。其贡道由山海关”[①]。这里所谓前旗“凡十世”，后旗“凡八世”是指嘉庆年间《大清一统志》修志以前的世系，而不是指到清末的世系。郭尔罗斯前旗从始祖固穆十三传至齐莫特散帔勒时，是郭尔罗斯前旗最后的一个札萨克。他是“光绪二十三年（1897年）十一月袭职”[②]。光绪末年，清廷晋封其为王爷，兼哲里木盟盟长，总领科尔沁六旗和扎赉特旗、杜尔伯特旗、郭尔罗斯前后两旗，故有“十家王头”之科。伪满时期，任“蒙政部大臣”“兴安总省省长（原为总署署长）”等伪职，1942年病死。郭尔罗斯前旗从“崇德元年（1636年），封固穆为辅国公，世袭掌前旗”，十三传至齐莫特散帔勒，其子孙统治前旗达300余年。

郭尔罗斯前旗的辖境

郭尔罗斯前旗驻地最初在古尔板插汉，《大清一统志》载：盐泺“在前旗东北七十里，蒙古名达布苏台，产盐”。由此可知，前旗驻地古尔板插汉，当在今吉林省乾安县大布苏盐泡的西南七十里处。有的把前旗最初驻地推定在今前郭尔罗斯蒙古族自治县查干花乡昂格来屯东平原上的清代遗址[③]。但这一遗址在大布苏盐泡的东南70里处，而不是西南70里处。前旗驻地约在光绪年间，迁到今前郭县哈拉毛都乡的王府。郭尔罗斯前旗的管辖范围，“东西距二百三十里，南北距四百里”。其四至是：“东至盛京奉天府永吉州界一百七十里，西至科尔沁界六十里，南至盛京边墙二百八十里，北至科尔沁界一百二十里，东南至边墙三百里，西南至边墙二百四十里，东北至科尔沁界二百七十里，西北至科尔沁界

---

①《嘉庆大清一统志》卷538，郭尔罗斯。
②《清史稿》藩部世表一。
③《前郭尔罗斯蒙古族自治县文物志》，第42—43页。

一百四十里。"① 据《大清一统志》载：前旗境内的江河湖泊有伊尔门河（今饮马河）、一秃河（今伊通河）、盐泺（今乾安县大布苏盐泡）、白水泺（今前郭县境内的查干泡）等。境内的古城有龙安城（今农安县）、泰州旧城（即新泰州，今前郭县他虎城）等。由此可知，其辖境相当于现在的前郭、乾安、长岭、长春、农安、德惠六个市县之地。

郭尔罗斯前旗辖境的变迁

郭尔罗斯前旗本为蒙古游牧地，清初东北实行封禁，不许汉人流入。后来，汉人从关内不断流入，尤其东北开禁以后，汉人流入更多，为了管理汉人，在前旗境内设立州县，前旗辖境逐渐缩小。乾隆五十六年(1791年），八传至郭尔罗斯前旗札萨克辅国公恭格喇布坦（固穆七世孙）时，为了增加收入，以其游牧之地，私自招民开垦，当时蒙古地区"地多租少，流民利之，故至者日众"②。蒙古王公私自招民开垦一事，被清廷闻知后，在嘉庆四年（1799 年），立即派吉林将军秀林前去查办，查出承垦汉民已有 2 330 户③，开垦的熟地已达 265 648 亩④。事已至此，如将汉人全部驱逐，势已不可能。因此，清廷不得不划出一定范围准许开垦。"自本旗游牧之东穆什河，西至巴廷吉鲁克二百三十里。自吉林伊通边门，北至吉住窝铺一百八十里，定为规划，不准再有民人增居。"⑤ 清朝为了统治管理流入这一地区的汉人（民人），于嘉庆五年（1800 年），在长春堡东数里的地方筑城设治，道光五年（1825 年）移治于宽城子，即今长春市北大街一带，移治后仍名长春厅，隶属于当时吉林将军。同治四年（1865 年），始筑城（长春城）。光绪十四年（1888 年），升为府（长

---

① 《嘉庆大清一统志》卷 538，郭尔罗斯。

② 《吉林通志》卷 29。

③ 《光绪大清会典事例》卷 158，户部户口，流寓异地。

④ 《吉林通志》卷 29 :《理藩院则例》，卷 5。

⑤ 《光绪大清会典事例》卷 158，户部户口，流寓异地。

春府）的同时，将恒裕乡的十四、十五甲划归农安县。光绪三十三年（1907年），在长岭子设长岭县。宣统二年（1910年），又将怀惠乡和沐德乡的四、五、六、七甲从长春府划出，设德惠县，当时县治在大房身。1936年，迁到张家湾，即今德惠县城。民国17年（1928年）又设乾安县。咸丰十年（1860年），废除封禁，奖励移民实边，关内汉族农民大量流入东北和郭尔罗斯前旗境内，为了管理汉人行政、司法等事务，在前郭尔罗斯前旗境内，先后设长春、农安、德惠、长岭、乾安等县。这些县先后从前旗划出去，前旗辖境逐渐缩小。1956年，"撤销郭尔罗斯前旗建制，成立前郭尔罗斯蒙古族自治县"，县治设在今前郭镇。

东北史地考略续集

二十三　乾嘉道时期吉林地区经济文化的发展概况

（一）冲破封禁和吉长地区的开发

清代社会经济经过各族人民长期的辛勤劳动，从 18 世纪开始，已由恢复进入繁荣和发展的阶段，各省人口迅速增长起来。"康熙四十九年（1710 年）民数二千三百三十一万二千二百余名口，因查上年（乾隆五十七年，1792 年）各省奏报民数共三万七百四十六万七千二百余名口，较之康熙年间计增十五倍有奇。"①康熙、雍正、乾隆三朝，在过去一向被清朝统治者或封建历史学家称颂为清代的"盛世"，但就是在这个所谓"盛世"时期，封建官僚地主阶级兼并了大量的土地，从农民身上榨取了大量的财富，尽情享受，而广大农民则从土地上被排挤出来。这些无地可耕，无以为生的农民，有的在中原参加起义斗争，有的走向有大量土地可耕的边疆地区进行开发。这是乾隆以后，祖国边疆地区得到迅速发展的原因之一，也是东北地区封禁和反封禁斗争日趋激烈化的主要原因。东北地区自康熙时期就修筑柳条边加以封禁，不许汉人进入开发。由于清初关内土地问题并不严重，因此，从关内流入东北地区的汉族农民是比较少的，所以封禁和反封禁的斗争并不明显。但是从 18 世纪中叶以后，随着关内土地兼并的盛行和人口的迅速增长，关内大量

---

① 《清高宗实录》卷 1441，第 14 页，乾隆五十八年十一月戊午。

的汉族农民从土地上被排挤出来，进入东北各地，封禁反封禁的斗争也日趋激烈化。清朝统治者虽然在乾嘉时期屡颁禁令，厉行封禁，但这些反动的措施，并没有阻挡住人民的前进。乾隆以后，关内大批的汉族农民冲破种种的人为障碍，进入东北各地。最早是进入辽河流域（今辽宁省一带），其后随着流民的大量流入，逐渐向吉林和内蒙古方面发展，最后又进一步发展到黑龙江地区。

关内各省的农民进入东北地区者，主要是山东、河北的破产农民，尤以山东人为最多。他们由于土地兼并、苛捐杂税，以及天灾人祸的逼迫，冒着生命危险到东北各地垦荒。当时交通很不方便，他们都是挑担、背包，扶老携幼，步行而来。他们来东北时，成群结队，不畏长途跋涉之苦，"肩负行囊，手持一棒，用以过岭作杖，且资捍卫"①。他们克服了一切艰难困苦，避开了关卡和海路的监视，终于冲破了封禁到达目的地。

流入到吉林省的汉族农民，大多数是"始而为佣工远出投身服役，继而渐向旗人佃种田亩"②。这些汉人佃户，多"借旗佃之名，额外开荒，希图存身，旗人亦借以广取租利，功为护庇"③。他们除了当雇农或佃农以外，还有给满族人当管家的。据载："最奇者，鱼皮鞑子（新满洲）以不通语言，不谙交易，每一鱼皮鞑子之家，必用一山东棒子，谓之管家人，一切家产皆令掌之。"④也有的在荒山旷野建造窝棚聚族而居，并在其附近从事烧荒开垦。居住的人家越来越多，后来逐渐形成村落，这些村落的名称，有的便以最早在这里定居的某家窝棚为名，这就是东北各地某某窝棚、某某马架子地名的由来。窝棚的建立，开始于18世纪中叶以后，但大部分是在19世纪初到20世纪初这100年间建立起来的。关内汉族农民来到东北，最初建立家园和垦荒的情况，据19世纪杨同

---

① 魏声和：《鸡林旧闻录》。

②《吉林通志》卷3，圣训志3，道光六年八月乙卯。

③《清高宗实录》卷356，第14页，乾隆十五年正月乙卯。

④ 魏声和：《鸡林旧闻录》。

桂①的记述："海龙、通化一带，多就田起屋，故不能比闾而居，往往自筑数椽，四无邻舍，殆杜少陵诗之所谓一家村者。盗贼水火守助无人，意外之虞更无以防范。"②每至"秋深风烈，平原草楛（枯），忽而红光照夜，询之，则烧荒也"。勤劳勇敢的垦荒农民，就是在这样艰苦的条件下，战胜了困难，变荒野为良田。其后，随着汉族人民流入的增多，东北吉林各地逐渐开发起来。

乾隆三十六年（1771 年），吉林各属新编民户，共 13 027 户，男妇共 56 673 口。到乾隆四十五年（1780 年），编审民户，共 28 053 户，男妇共 135 827 口③。仅九年间，汉族人口增加两倍半。

雍正十三年（1735 年），永吉州原额征地共 28 926 亩。到乾隆四十五年（1780 年），共地 934 096 亩④。四十五年间，永吉州的民地增加 30 多倍。

由上述可知，民人（汉族人民）、民地增加的速度还是很快的。由于关内农民流入渐多，清朝统治者屡颁禁令，厉行封禁。乾隆十五年（1750 年），严令奉天沿海地方官员，杜绝流民上陆，严禁流民出入于山海关、喜峰口及九处边门⑤。乾隆二十七年（1762 年）又定："宁古塔等处禁止流民例。"愿入籍交粮者安辑之，否则驱逐之，此后严禁流入，这是封禁令在吉林地区的正式宣布。乾隆四十一年（1776 年）十二月，又颁上谕："盛京、吉林为本朝龙兴之地，若听流民杂处，殊于满洲风俗攸关，但承平日久，盛京地方与山东、直隶接壤，流民渐集，若一旦驱逐，必致各失生计，是以设立州县管理。至吉林原不与汉地相连，不便令民居住。今闻流寓渐多，著传谕傅森查明办理，并令永行禁止流民而勿许入

---

①杨同桂是海龙厅首任通判杨文圃之子，他在光绪六年到十年（1880 年到 1884 年）随父移居海龙。

②杨同桂（伯馨）：《沈故》卷 2，一家村（辽海丛书本）。

③乾隆四十八年版《盛京通志》卷 36，户口 2，吉林各属民户。

④乾隆四十八年版《盛京通志》卷 37，田赋 1，吉林各属民地。

⑤《光绪大清会典事例》卷 158，户部户口，流寓异地。

境。"① 虽然先后颁布了许多禁令，但山东、河北等地破产的农民依然接踵而至，不但没有减少，反而有日渐增加之势。乾隆五十八年（1793年）十一月，吉林将军恒秀奏：上年（乾隆五十七年），直隶省（今河北省）岁歉，饥民出关谋生，进入吉林地区者达1.5万余人②。到乾隆末年，大批汉族农民冲破封禁，进入蒙古地区，首先进入辽河曲折处及沿柳条边的蒙古地区，其后进入到吉林柳条边外的蒙古地区。

18世纪中叶以前，吉林地区的开发主要是满、蒙、汉八旗兵丁和八旗人民，以及因"犯罪"而流放到吉林各地为奴的汉人来担当。但18世纪中叶以后，关内汉族农民流入渐多，民地迅速地增长起来，从关内流入吉林地区的汉族农民逐渐成为开发吉林地区的主要力量。

乾嘉以来，关内流民沿着辽河和柳条边墙北上，进入郭尔罗斯前旗蒙古游牧地。乾隆三十七年，颁布禁止流民出关开垦蒙古地亩令；嘉庆时也一再申明对私募流民垦地的蒙古王公"罚俸革职"。但蒙古王公为了增加地租的收入，希望关内流民大量流入蒙古地区，以其游牧之地招民垦种。乾隆五十六年（1791年），"郭尔罗斯公恭格拉布坦，私招内地民人张立绪等开地"，蒙古地区"地多租少，流民利之，故至者日众"③。郭尔罗斯札萨克（旗长）恭格拉布坦为了增加收入，以其游牧之地私招流民垦种一事，被清廷闻知后，在嘉庆四年（1799年）派吉林将军秀林前去查办，查出流民2 330户④，开垦的熟地已达265 648亩⑤。事已至此，如将流民全部驱逐出境，事实上已不可能，如强行驱逐，不但会激起流民的反抗，而且还会影响蒙古王公地租的收入，引起清廷和蒙古王公之间的矛盾，因此，清廷不得不划出一定的区域准许开垦。"自本旗游牧之东穆什河，西至巴延吉鲁克山二百三十里，南至吉林伊通边门，

① 《吉林通志》卷1，圣训志，乾隆四十一年十二月丁巳。
② 《清高宗实录》卷1440，第1—2页，乾隆五十八年十一月庚寅朔。
③ 《吉林通志》卷29。
④ 《光绪大清会典事例》卷158，户部户口，流寓异地。
⑤ 《吉林通志》卷29。

北至吉佳窝铺一百八十里，定为规划，不准再有民人增居"①。因土地所有权属蒙古王公，故征租事务归该旗印务处直属的征租机关——地局（俗称租子柜）向民人（汉人）征收。清朝规定："蒙古地界勿庸官征丁赋，所出租银仍听蒙古征收，亦不必官为经理。"②据《理藩院则例》卷五载：郭尔罗斯已开垦地为 265 648 亩，每亩征粮 4 升，也可以用银 2 分 1 厘代纳，共折银 5 578 两 6 钱。清廷为了统治管理这一地区的民人（汉人），在嘉庆五年（1800 年），于长春市郊区永春乡所在地的长春堡（在伊通河西）东 10 余里的地方（在今伊通河东，新立城乡南 15 里处）置长春厅。因该地当时没有村落，是新建立的城镇，该地属于长春堡辖境，所以新设立的地方政权机关，便沿用了长春这个地名。后来为了和长春堡区别开，把设治的地方叫新立城。设理事通判、巡检各一，掌管民政和司法事务。首任通判六雅图，是都京镶黄旗蒙古人，巡检是汉人潘玉振，顺天府宛平县人。当地的蒙古人以及外来的满洲旗人，则不归长春厅管辖，而归蒙古王公和吉林将军管辖。"嘉庆五年设厅，至十六年编定民户（汉人）一万一千七百八十一；丁口六万一千七百五十五。"③至道光四年（1824 年），"新旧流民开垦田地共至二千七百余顷"④。当时长春厅的管辖范围约当今长春地区。这一户数和人丁数，不包括蒙古和满洲旗人在内，只是民人（汉人）的户数和人口数。

道光五年（1825 年），因厅治偏南，故移建衙置于宽城子，在原长春厅（新立城）北 50 里。宽城子是当时的村落名，为什么叫宽城子？很明显是因为过去这里有古城遗址，即今宽城区奋进乡的长方形的小城子古城⑤。道光五年（1825 年）长春厅从新立城迁到宽城子，这时是村落名。同治四年(1865 年)新建的宽城子(木板城)和光绪二十二年(1896

---

① 《光绪大清会典事例》卷 158，户部户口，流寓异地。
② 《吉林通志》卷 2，圣训志，仁宗嘉庆十一年七月乙丑。
③ 《吉林通志》卷 28。
④ 《吉林通志》卷 3，宣宗道光四年二月丙午。
⑤ 拙稿：《长春厅和宽城》，载《长春史志》1990 年第 2 期。

年）重修，改为砖筑的宽城子，这是宽城子新城，在今长春市内南、北大街，从头道街到四道街，以及二马路以南一带地方。厅治在今西四道街郊区公安局北邻院内的青砖瓦房。长春厅北迁到宽城子以后，仍名长春，并未改名宽城子，因此，长春、宽城子两名并用。1898—1903年，帝俄修建东清铁路时，1901年修建的宽城子站在今二道沟。宽城子古城（今小城子）是宽城子地名的由来，宽城子新城是迁移后长春厅的所在地，宽城子站是当时的车站名称。一般所说的宽城子是指长春市内南北大街一带，当时长春厅治的所在地。

当时的长春厅归吉林将军管辖。从长春厅境内寺庙的建筑年代来看，在清代，宽城子一带的开发还是比较早的。朝阳寺（在今南关大桥西侧）是嘉庆四年（1799年）建，光绪三十年（1904年）建关帝庙，又称南关庙。龙王庙在东门外，道光十六年（1836年）建。火神庙在三道街路北，道光二十八年（1848年）建①。清真寺是道光四年（1824年）回民捐款创建，当时在东三道街，同治元年（1862年）迁移现址重建，经历同治三年（1864年）和1919年两次大规模扩建②。由此可知，长春厅治在1825年迁来之前后，这里已有较多的居民。

嘉庆五年设厅时，全境分为四大乡："一曰沐德，二曰抚安，三曰恒裕，四曰怀惠"，包括今长春市和德惠市全部及农安县、长春市九台区的一部分。同治四年（1865年），为防备马傻子军进攻长春，开始筑城。城高1丈2尺，周围20里，为一不规则形城。有东西南北及西南、西北六座城门，后又增设东南、东北、马号三门，共计九门。东门在今桃源路，南门叫全安门，南关全安广场之名即由此而来。西门在西四道街，北门在今北大街北，马号门在今大经路和二马路交叉处，大经路东、二马路南。至此，长春遂具有城市的形制。从东门到西门约为3里半，南门到北门约为2里半。南北有南大街（由全安门起至三道街口止），北大街

---

①《吉林通志》卷26，舆地志14，坛庙。
②《长春市文物志》，第101页。

（由三道街口起至永兴门止）；东西有头道街、二道街、三道街、四道街四条大街。南、北大街商店林立，是当时长春的繁华地区。

光绪七年（1881年），改长春厅理事通判为长春厅抚民通判。光绪十四年（1888年），长春厅升为长春府，1913年改为县。在升厅为府的同时，又从长春厅划出一部分设立农安县，归长春府管辖。划出恒裕乡三十四、十五两甲归农安县。到宣统二年（1910年），又划出怀惠乡的全部及沐德乡的一部分设立德惠县，直隶于东南道，长春东北部又一步缩小。1932年（伪满大同元年），从长春县、永吉县、德惠县各划出一部分成立九台县。由此可知，当时长春厅的辖境大约相当于现在除榆树市外的长春市地区的绝大部分。

今长春市地区位于吉林省的中部，地处边外（新边边外），是一个肥沃的平原农耕地带，不但开发较早，而且也是关内流民来这里开荒比较集中的地方。如德惠城子下屯，是早在乾隆年间由垦荒的汉族农民建立的村落。德惠县达家沟（大家沟），在嘉庆元年（1796年）就有张、王、李、白、齐、孙等六姓在这里伙居开荒。其后，随着关内土地兼并的盛行和阶级矛盾的加深，关内破产的农民不断流入东北。反动的封禁法令虽一再颁布，但都不能阻挡人民的前进。清朝统治者在汉族农民反封禁斗争的压力下，为了缓和国内阶级矛盾，不得不作有限度的让步。于嘉庆八年（1803年）五月，规定出口民人，凡只身前往贸易、佣工、就食贫民，以及若遇关内地方荒歉之年，持地方官发给的证件，允许进入东北[①]。这一规定使封禁政策打开了一个缺口，给汉人流入东北开了方便之门，此后流入东北地区者更为踊跃。其后虽然又继续颁布了一些封禁的法令，但几同废纸。如嘉庆十六年（1811年），命吉林将军赛冲阿，"严饬各边门、关隘实力查禁，并饬该管官申明保甲之法，……著通谕直隶、山东、山西各督抚转饬各关隘及登莱沿海一带地方，嗣后内地民人，有私行出口者，各关门务遵照定例实力查禁。若有官吏互相容隐，私行纵放，一经

---

① 《东华续录》嘉庆卷6，嘉庆八年五月乙未谕。

查出，即据实参处"①。但这一禁令和以前一样，未能生效，当时从土地上被排挤出来的关内汉族农民，迫切要求进入有大量荒地可以开垦的东北地区以谋生计，这是任何力量也阻挡不了的。其次是官庄、王公庄园中的农奴不断逃亡，满洲旗人地主和蒙古王公为了发展农业生产，增加地租的收入，都迫切需要汉族农民来补充，而封禁法令正是违反这一客观发展规律的要求，因此它的失败是必然的。正因为如此，才产生"以致每查办一次，辄增出新来流民数千户之多，……再届查办复然，是查办流民一节竟成具文"②。

嘉庆时期吉长地区民人流入情况表

民人流入地区	查办流民的年代	查出流民的户数	资料来源
郭尔罗斯	嘉庆十一年七月	流民增至3 900户	《吉林通志》卷2．圣训志
长春厅	嘉庆十三年五月	查出新来流民3 010户	《吉林通志》卷2．圣训志
长春厅	嘉庆十五年十一月	查出新来流民6 953户	《吉林通志》卷2．圣训志
长春厅	嘉庆十六年	流民增至11 781户	《吉林通志》卷2．圣训志
吉林厅	嘉庆十五年十一月	查出新来流民1 459户	《吉林通志》卷2.圣训志
拉林河西岸	嘉庆十二年十二月	查出新来流民1 000户	《清仁宗实录》卷190

到嘉庆十七年（1812年），吉林、宁古塔、伯都讷、三姓、阿勒楚喀、拉林等地的民田、人丁、丁口增加总数如下③：

民　田　　　　14 382 顷

人　丁　　　　33 025 丁

丁　口　　　　307 781 丁

这和乾隆四十五年（1780年）的民田（11 619 顷）、人丁（27 470 丁）

①《光绪大清会典事例》卷158，户部户口，流寓异地。

②《吉林通志》卷2，圣训志2，嘉庆十五年十一月壬子朔。

③［日］周藤吉之：《清代满洲土地政策的研究》，第341页，引《嘉庆大清会典》卷11，户部。

数比较，皆有增加。汉族农民不但进入一般的封禁区，并进入参山、围场等所谓封禁区里的封禁区。参山、围场不但不许汉人进入，就是满洲旗人也不许随便进入，在这些地区都设有卡伦，派官兵把守。封禁虽严，但在康熙时期已有许多汉人进入参山采参。据《柳边纪略》卷三载："凡走山者，山东、（山）西人居多，大率皆偷采者也。每岁三四月间，趋之若鹜，至九十月间乃尽归。其死于饥寒不得归者，盖不知凡几矣！而走山者日益多，岁不下万余人。"乾隆四十八年吉林将军疏陈："获私挖参犯一百余名"，其后又续陈："获犯六百余名，参二百两"①，道光六年（1826年）七月，富俊等奏："吉林各处卡伦以外，皆系产参之山，不准流民潜往偷砍树木，例禁綦严。历年以来，并未随时严查，流民潜往者竟积至一千余户之多。"②可见参山禁地也只是"有封闭之名，而无其实"③。此外还有围场也有汉人流入。虽然规定私入围场者，分别给以处刑，并面刺"盗围场"字样，但结果，汉人不但有进入围场打猎者，并有在围场内搭盖窝棚，进行打猎者④。

　　吉林地区随着汉族农民流入的增多，以及开垦面积的扩大，清朝统治者设州县以统治管理汉人和掌管征收汉人赋税等事务。满洲旗人和蒙古人则不隶州县，而隶属于将军、副都统和蒙古王公。清初，关内汉族农民流入吉林地区者较少，因此，吉林地区仅设三个州县。雍正五年（1727年）于吉林乌拉境内分设永吉州，宁古塔境内分设泰宁县，伯都讷境内分设长宁县。这些州县当时皆隶属于盛京之奉天府尹管辖。雍正五年（1727年），这三个州县的民地，每亩征银三分，不分等则，每丁征银一钱五分⑤。雍正七年（1729年），裁泰宁县，将民地分给宁古塔的八旗人，流民借旗地佃户之名，额外多垦荒地。乾隆元年（1736年）

---

①《吉林通志》卷70，庆桂传。

②《吉林通志》卷3，圣训志3，道光六年七月丙戌。

③《吉林通志》卷70，庆桂传。

④《吉林通志》卷3，圣训志3，道光七年三月庚午。

⑤乾隆元年版《盛京通志》卷24，八旗田亩，宁古塔所属旗地；同卷23，户口。

罢伯都讷之长宁县，归并于永吉州。乾隆十三年（1748 年）裁永吉州，设吉林理事同知，征收地丁钱粮，归吉林将军管辖。乾隆十四年（1749年）以后，吉林之民地照奉天民地之例分为三等，银米各半征收。征银地：下地每亩收 1 分，中地 2 分，上地 3 分；征米地：下地每亩征收 2 升 2 合，中地 4 升 4 合，上地 6 升 6 合[①]。乾隆二十一年（1756 年），泰宁县的旧民地归宁古塔副都统管辖。乾隆二十六年到二十九年，宁古塔、伯都讷、三姓地丁、银粮俱归各地副都统征收，由吉林同知汇总报销。其后，由于汉人流入渐多，乾隆四十一年（1776 年）十二月，在下令严禁汉人流入吉林的同时，并以重税来阻止汉人的流入。乾隆四十六年（1781 年）十二月，户部议准，以乾隆四十二年（1777 年）为界，乾隆四十二年以前的陈民地（即清初来东北的农民所开垦的土地）照奉天陈民之例，分上、中、下三则，银米各半征收，税厘如上。乾隆四十二年以后查出的陈民、流民私垦地，照奉天查出的私开地（在奉天没收为官地）之例，课以重税。"续行查出地，不分等则，每亩征银八分；米四合四勺二抄零；每米一石折银一两"[②]，这叫续增陈民流民私垦地，在吉林则载于红册而为民地。乾隆四十二年以后，到道光初年，吉林地区陈民地和续增陈民流民地的统计数目如下：

吉林地区陈民地和续增陈民、流民私垦地统计表[③]

地　名	陈民地	续增陈民流民地	合计
吉　林	710 241亩	325 898亩	1 036 139亩
宁古塔	53 738亩	1 321亩	55 059亩
伯都讷	100 049亩	245 683亩	345 732亩
三　姓	120亩	66亩	186亩
合　计	864 148亩	572 968亩	1 437 116亩

清代吉林地区唯阿勒楚喀旧额止存丁粮，并无地粮。吉林全省行差

---

① 乾隆四十八年版《盛京通志》卷 37，田赋 1。《吉林通志》卷 29，食货志 2，田赋上。
②《吉林通志》卷 29，食货志 2，田赋上。
③《吉林外纪》卷 7，田赋。

人丁共为 41 346 丁，每丁征银 1 钱 5 分，共征地丁银 85 369 两 8 分 2 厘①。雍正初，全国各地先后实行了"摊丁入地"的办法，即丁银摊入地银征收，这种赋税制度叫"地丁"制度。但是吉林地区直到光绪九年以前仍沿其旧，丁、地分征，不摊入地亩。这对有地之户其害尚轻，而分征于不定之民，其害则很大。"盖册止当年之户，而民非当年之名，经征之时，官惟照册责之吏胥，吏胥亦唯照录票责之乡地。……官惟以足额为务，民惟以纳课为安。其间之吏胥乡地，虽值民户日繁，而犹私造摊补、摊陪等名，几致无户而不扰，反以遂其中饱之私。官既破除无计，民实贴累无穷，有力者惮重迁；无力者多逃避"②。由此可知，除规定的田赋剥削之外，额外的剥削和勒索是非常严重的，农民在重税的剥削下相继破产逃亡。

清朝统治者为了防止汉人的流入和开发，不但屡颁封禁的命令，并自清初以来就有旗、民不交产的规定。同时对汉人已经开垦的土地课以重税，对已经流入的汉人加以驱逐。如乾隆二十七年和三十四年，在宁古塔、阿勒楚喀、拉林地方查出来的新来流民，全部驱至吉林、伯都讷，给以空地垦种纳粮。而他们原来自己辛勤劳动所开垦的土地，不得不交予别人，自己另行垦种纳粮③。

（二）乾嘉道时期，吉林地区经济文化发展概况

乾嘉时期，关内破产的汉族农民冲破反动封禁进入吉林地区，最初主要集中在吉长平原地带，其后逐渐向各地发展。他们在当时极端艰苦的条件下，在满、蒙封建统治阶级的残酷剥削下，战胜了种种困难和人为的阻碍，与满、蒙劳动人民共同从事吉林地区的开发。他们赤手空拳，胼手胝足，不屈不挠地开发祖国的边疆。经过他们辛勤的劳动，把荒野变为良田。尽管清朝统治者实行反动的封禁政策加以限制和阻碍，但是

①《吉林外纪》卷 7，田赋。
②《吉林通志》卷 29，食货志 2，田赋上，光绪九年吉林将军铭安奏言。
③《清朝文献通考》卷 19，户口考 1。

在勤劳勇敢的劳动人民的斗争下，并没有完全阻挡住吉林地区的开发和各族人民间的密切交往。乾隆以后，吉林地区逐渐成为"旗、民同屯共处"①的地区了。道光以后，吉林地区和清初"满洲居者多，汉人居者少"的情况相反，已经变为"民户（汉户）多于旗户"②的局面了。汉族农民进入吉林地区，带来了先进的生产知识和技术，对吉林地区农业的发展有很大的影响。他们在发展农业生产上，在供应满、蒙人民的粮食需要上，在向满、蒙劳动人民传授农业生产知识和技术上，都作出了一定的贡献。乾隆以后，吉林民地、旗地的开垦迅速增加起来。旗地、官庄抛荒的土地，由于汉族农民的流入，才使土地不致荒废而使农业生产得到继续发展，八旗粮饷才有保证。其他如满族人初不知养蜜蜂，"汉人教以煎熬之法，始有蜜、有蜡。遇喜庆事汉人自为蜡烛，满洲人亦效之"③。满族人民在生产工具方面也有很大的改进，如"满族行猎，旧制专用弓箭"，清初虽也有带鸟枪的，但比较少，可是到嘉庆时，吉林八旗满洲官兵用鸟枪者甚多，而用"弓箭捕牲者甚属寥寥"④。这是满族在狩猎工具方面的巨大变化。

吉林地区的商业到 18 世纪中叶以后，也逐渐发展起来。"拉林、阿勒楚喀地方，所驻满洲日多，居民日密，商贩牲畜不期而集。"⑤同时由于经济的发展和流民的增多，商人也随之而来，"商贾多直隶、山东、山西人，亦间有江浙商人，售南中土宜者。土人服贾远方，惟贩运人参、鹿茸及各种药材而已"⑥。当时"宁古塔及船厂工商佣作人等，不下三四万"⑦。由于商业的发展，在吉林、宁古塔、伯都讷、拉林、阿勒楚

---

① 《吉林通志》卷 31，食货志，伯都讷屯田。

② 《吉林通志》卷 29，食货志 2，田赋上，光绪九年吉林将军铭安奏言。

③ 吴桭臣：《宁古塔纪略》。

④ 《吉林通志》卷 2，圣训志 2，嘉庆二十五年二月戊子。

⑤ 《吉林通志》卷 70，萨喇善传。

⑥ 《吉林通志》卷 27，舆地志 15，风俗。

⑦ 《清高宗实录》卷 356，乾隆十五年正月乙卯。

喀等地设立税局征收商税①。吉林各地每年征收牲畜、菸麻、牙当、烧酒、貂皮、鱼网、木等税银共 7 562 两②。

　　在经济联系日益频繁的基础上，汉族文化对满族的影响也越来越广泛和深入。雍正二年（1724 年）七月，"办理船厂事务给事中赵殿最奏，船厂地方应建造文庙设立学校,令满汉子弟读书考试"③。但当时清朝统治者怕满族因读书而废骑射,影响其军事统治力量,因此,"晓谕乌喇、宁古塔等处人等知悉,并行知黑龙江将军,共相勉励,但务守满洲本习,不可稍有疑贰"。认为京城八旗人员因居汉地,不得已与本习日以相远,惟乌喇、宁古塔等处兵丁,应务守满洲本习,不应改易。就是在京学习的满族人,也不可崇文弃武。其后,随着城市经济的发展和满汉人民来往的日益频繁,以及汉族文人的流入,吉林地区的文化教育也逐渐发展起来。"乾隆元年建文庙于永吉州"④,学校在各城中也相继设立。都市官立之学有学宫,即府学、厅学、州学、县学;缙绅捐设即公立之学有书院、有官学。以上这些学校专收满族贵族子弟,汉人不得入。此外,还有义学,则兼收满汉子弟。在乡村有私塾,则私人设馆授课,不分满、汉,兼收并教。都市之学大抵以学习汉文为主,也学满文和练习骑射。其中也有专学满文或蒙文者。若乡塾则专学汉文,且多汉人子弟。

　　吉林地区从康熙到道光年间建立的学校如下：

	学校名	设置年代
学宫	吉林府学	乾隆七年
	宁古塔学	康熙三十二年,《盛京通志》作乾隆三十五年
	伯都讷旧城学	道光二年

---

① 《吉林通志》卷 70，萨喇善传。
② 《吉林外纪》卷 7，税课。
③ 《吉林通志》卷 1，圣训志 1，雍正二年七月甲子。
④ 《吉林通志》凡例。

学校名		设置年代
官学	吉林左翼官学	康熙三十二年
	吉林蒙古官学	乾隆六年
	宁古塔左翼官学	雍正六年
	伯都讷左右翼官学	雍正五年
	阿勒楚喀官学	雍正八年
	拉林官学	乾隆二十一年
	珲春官学	雍正五年
	乌拉官学	雍正七年
书院	白山书院	嘉庆十九年
义学	乌拉汉义学	乾隆三十年

（据《吉林通志》卷四六——四九《学校志》）

在清朝以前，吉林省地区还没有学校的建立，到雍正时学校才相继建立起来。学校的建立和发展，更进一步促进了满、蒙、汉各族人民之间的文化交流。吉林省地区在清初，汉、满、蒙各族"皆习为国语（满语）"，但是到道光时期，因"流民（汉人）较多，屯居者（满族）已渐习为汉语"，"至各属城内商贾云集，汉人十居八九，……子孙遂多习汉语"①。不但汉语的使用逐渐广泛起来，汉文的应用也逐渐普遍起来。"遇有旗、民交涉事件，定拟罪名，立案，多用汉文。"②乾嘉时期，汉文四书五经以及民间盛行的小说也传入吉林。康熙时"曾将五经及四子通鉴等书翻译刊行"③，以便满人阅读。到嘉庆十四年（1809年），颁内板经籍于各学。吉林将军秀林等于吉林捐建尊经阁以收藏经、史、子、集等书。此外，著名的文艺作品，如《水浒传》《西厢记》等，在乾隆年间曾有人私自翻译成满文，到处流传。清朝统治者严令查禁，命东三省将

226

① 《吉林外纪》卷 3，满洲、蒙古、汉军。
② 《吉林通志》卷 3，圣训志 3，道光五年二月丁丑。
③ 《吉林通志》卷 1，圣训志 1，乾隆十八年七月壬午。

军、各驻防将军大臣等，除官行刊刻旧有翻译"正书"外，其他私自翻译刊刻等书，不但查出烧毁，并将原片尽行烧毁①。汉人流入渐多，对满族风习影响也很大，如"满洲风俗，尊卑上下秩然整肃，最严主仆之分，家主所以约束奴仆者，虽或严切，亦无不相安，为固然。及见汉人陵替之俗，彼此相形，而不肖奴仆遂生觖（音决）望（怨望），虽约束之道无加于畴昔，而向之相安者，遂觉为难堪矣"②。因此，清朝统治者才颁布上谕说："此于风俗人心大有关系，不可不加整饬。"③ 其他如满族葬俗也在汉化，雍正十三年（1735年）十月颁上谕："古之葬者厚衣之以薪，葬於野，后世圣人易之以棺椁，所以通变宜民而达其仁孝之心也。本朝肇迹关东，以师兵为营卫，迁徙无常，遇父母之丧，弃之不忍，携之不能，故用火化以便随身捧持，聊以遂其不忍相离之愿，非得已也。自定鼎以来，八旗、蒙古各有宁居，祖宗墟墓悉隶乡土，丧葬可依古以尽礼，而流俗不察，或仍用火化，此狃于沿习之旧，而不思当年所以不得已而出此之故也。朕思人子事亲送死，最为大事，岂不可因时定制而痛自猛省乎？嗣后，远乡贫人不能扶柩回里，不得已携骨归葬者姑听不禁外，其余一概不许火化，倘有犯者，按律治罪，族长及佐领等隐匿不报一并处分。"④ 由此可知，满族葬俗，原为火葬，雍正十三年（1735年）十月才下令禁用火葬，学习汉人以棺椁来埋葬。在满族内地还建立许多汉人庙宇，"宁古塔有七庙，关帝庙、西庙、既济庙、三官庙、子孙娘娘庙、城隍庙、土地庙"。"春夏间满汉男女载酒微歌无虚日，文人多赋诗以纪其盛。"⑤ 从满族风习的变化可以看出满、汉人民进一步融合的情况。

汉人的流入，对满、汉经济文化的交流和吉林地区经济文化的发展都有积极作用。不但不像清朝统治者在封禁令中所说的那样，"致碍旗

①《吉林通志》卷1，圣训志1，乾隆十八年七月壬午。
②《九朝东华录》雍正卷4，雍正四年十一月癸丑上谕。
③《九朝东华录》雍正卷4，雍正四年十一月癸丑上谕。
④《盛京通志》卷2，典谟，雍正十三年十月二十日上谕。
⑤杨宾：《柳边纪略》卷3。

人生计"，而且还有利于生产的发展，有利于旗人的生计。就连吉林将军富俊在奏文中都说：旗、民同屯共处，"从无不便之处"，因此，建议招民开垦伯都讷荒地，然后再移住京旗屯田。他认为"京旗闲散多不习耕，惟与民同屯共处，初到正可与原种地之民人讲求耕种，夥种分粮，久之耳濡目染，习惯自然，必皆务农立业"①。可见清朝在封禁令中所说的汉人流入"致碍旗人生计"者，实系实行反动封禁政策的借口。

关内汉族农民进入吉林的西部（柳条边以西）蒙古地区以后，"蒙古等不安游牧，招民垦种"②。在汉、蒙人民的共同开发下，吉林西部蒙古地区的农业逐渐发展起来。汉族农民的流入，对发展内蒙古农业生产以及提高蒙古人民的生活方面，都有积极作用，决不像帝国主义学者所说的那样，由于汉人的流入，使蒙古人民丧失了土地而致日益穷困。蒙古人民丧失土地以及日趋贫困的原因，正像清朝统治者所说的那样，是由于蒙古王公、台吉"每倚己力，将旗下公地（即公共牧地，不是王公、台吉的私有地）令民人（汉人）开垦，有自数十顷至数百顷之多，占据取租者，是无力蒙古愈致困穷"③。蒙古王公、台吉不但强占旗下公地，并经常强占蒙古牧民的私有地。因此，乾隆十三年（1748年）理藩院议准，"倘仍有开垦旗下公地，强占（蒙古）穷人地亩者，以重治罪"④。可见蒙古王公、台吉强占蒙古牧民土地一事已成为普遍的现象。蒙古王公、台吉除了兼并土地以外，并向蒙古牧民征收名目繁多的赋税。顺治初年规定，"有五牛以上及有羊二十者，并取一羊。有羊四十者，取二羊，虽有余畜不得增取。有二羊者，取米六锅，有一羊者，取米一锅"⑤。此外，蒙古王公有"进贡、会盟、游牧，嫁娶等事"⑥时，还要另外向蒙古牧民

---

① 《吉林通志》卷 31 下，伯都讷屯田。
② 《光绪大清会典事例》卷 167，户部，田赋。
③ 《光绪大清会典事例》卷 979，理藩院，耕牧。
④ 《光绪大清会典事例》卷 979，理藩院，耕牧。
⑤ 《光绪大清会典事例》卷 980，理藩院，赋税。
⑥ 《光绪大清会典事例》卷 980，理藩院，赋税。

征贡。蒙古牧民战时当兵,平时还要向王公纳差使钱或服劳役(叫当差)。除了牧民以外,还有处于奴隶地位的家奴,专供蒙古王公、台吉使役。广大的蒙古牧民和汉族农民一样,都是在蒙古王公的封建压迫、剥削下从事农业和畜牧业的生产。

吉林省境内的满、蒙等各族人民,很早以来就和汉族人民在经济文化方面有着密切的联系。统治阶级虽然给予各种限制和破坏,但是由于各族人民的英勇斗争,这种联系始终在不断地前进着、加强着。他们在长期的共同劳动、共同斗争以及互相交往中,无论在政治、经济、文化以至居住地区方面,逐渐形成了以汉族为主体的不可分割的联系。这种情况,不仅对增进民族团结起了巨大的作用,同时对维护和巩固国家的统一,也提供了必要的物质前提。

1840 年以前,东北地区由于封禁政策的推行,推迟了东北各地开发,削弱了东北的边防力量。清朝统治者本拟借封禁来巩固其后方的统治,但结果适得其反。1840 年以后,中国沦为半封建、半殖民地社会,中国人民陷入痛苦灾难的深渊,大量的破产农民从土地上被排挤出来,国内阶级矛盾日趋激化。帝俄强迫清政府签订《瑷珲条约》(1858 年)和《北京条约》(1860 年),强占了我国黑龙江以北、乌苏里江以东的大片领土,东北的边防形势日趋严重。清政府为了缓和国内阶级矛盾、加强东北的边防力量,在国内外斗争形势的逼迫下,不得不在咸丰十年(1860年),废除反动的封禁政策,实行移民实边。在东北设立垦务局,招民垦荒,关内大量的破产农民以排山倒海之势涌向东北各地。吉林地区的居民,清初还是"满洲居者多,汉人居者少"的局面,但是道光、咸丰以后,已经是"民户(汉户)多于旗户(满洲旗人)"[①]的局面了。东北和吉林省各地是在道光、咸丰以后,尤其是在光绪末年和民国初年普遍开发起来的。今吉林省的土地和州县,绝大部分是在光绪末年和民国初年,即 19 世纪末和 20 世纪初开发和建立起来的。

---

①《吉林通志》卷 29,食货志 2,田赋上,光绪九年吉林将军铭安奏言

二十四　清季中俄东部边界的勘定

1860 年 10 月，英、法联军进北京之后，清廷被迫与英、法分别签订了中英和中法《北京条约》，同年 11 月，沙俄乘机迫清廷与之签订《中俄续增条约》，即中俄《北京条约》。此约共 15 条，其第一条是关于中俄东部边界的规定："此后两国东界，定为由什勒喀、额尔古纳河两河汇合处，即顺黑龙江下流至该江、乌苏里江汇合处。其北边地属俄罗斯国；其南边地至乌苏里河口，所有地方属中国。自乌苏里河口而南，上至兴凯湖，两国以乌苏里及松阿察二河作为交界。其二河东之地，属俄罗斯国；河西之地，属中国。自松阿察河之源，两国交界逾兴凯湖直至白棱河；自白棱河口，顺山岭至瑚布图河口，再由瑚布图河口，顺珲春河和海中间之岭至图们江口。其东皆属俄罗斯；其西皆属中国。两国交界与图们江之汇处及该江口，相距不过二十里。"其中还规定："上所言者，乃空旷之地，遇有中国人居住之处及中国人所占渔猎之地，俄国均不得占，仍准中国人照常渔猎。"[1] 根据这一条约规定，沙俄不仅强迫清政府承认了 1858 年所订不平等的《瑷珲条约》规定的割黑龙江以北之地，而且还将该约所规定中、俄共管之地，割给沙俄；也就是说，除重申《瑷珲条约》已割让黑龙江以北之地，又迫使清廷割让从乌苏里江口到图们

---

[1]《中外旧约章汇编》，第 149—150 页，三联书店 1957 年版；又参见《中俄边界条约集》，第 27—28 页，商务印书馆 1973 年 6 月版。

江口以东东到海约 40 万平方公里的中国领土给沙俄。

中俄《北京条约》签约之时，对上述边界并未经双方实地会勘，更没有设立界碑。所以《北京条约》第三条规定："为在东部，即从兴凯湖到图们江之间和在西部，即从沙宾达巴哈到浩罕领地之间的地区设立界牌，俄、中两国政府特派出信任大员（大臣）。为勘查东部边界，双方代表将于明年四月（咸丰十一年三月），在乌苏里江口会晤。"① 根据这条规定，在中俄《北京条约》订立之后，两国东部边界的走向、划定、树立标志等事，仍需两国派员实地勘察、绘画、议定，作记补入《北京条约》有关条款，才能算正式结案。因为道路险阻，交通不便，恐难如条约所规定时间在乌苏里江口会齐，清政府照会俄国，改在五月（阳历 6 月）在兴凯湖会齐②，清政府派遣仓场侍郎成琦与吉林将军景淳和沙俄勘界代表滨海省省长卡札凯维奇、副代表布多戈斯基于咸丰十一年五月十一日（1861 年 6 月 18 日），在兴凯湖附近土尔河口的土里罗格举行勘界会谈③，此即"中俄兴凯湖会议"。

值得注意的是，俄方选择的土里罗格，位于土尔河口，即兴凯湖西北岸奎屯必拉，亦即牛角湾地方，当时俄国已侵占其地并设立哨所，造成既成事实，以便俄方将土尔河解释成白棱河制造借口。

（一）1861 年中俄兴凯湖会议

这次会谈争论的焦点是中俄《北京条约》第一条规定作为划界标志的白棱河口所指为何地的问题。据此条规定的中俄边界，从松阿察河源越兴凯湖至白棱河口，再由白棱河口顺山岭至瑚布图河口。因此，只有确定白棱河及其河口的位置，才能划定兴凯湖和瑚布图河以北这两段中俄边界。但是成琦"遍查吉林所绘各图及早年所存通省全图，只有白珍

---

① 《中俄边界条约集》，第 32 页。

② 《吉林通志》卷 55，武备 6，分界条，第 888 页（长白丛书本）。

③（台湾）赵中孚：《清季中俄东三省界务交涉》1970 年版，第 126 页；又参见伊·费·巴布科夫：《我在西伯利亚服务的回忆》，商务印书馆，1973 年版。

河，并无白棱河。"连上年俄使伊格那切夫在北京要求中国画押的地图上也没有白棱河，只有白志河。经过成琦以"两相考校"认为白棱河即兴凯湖西岸偏南的白珍河，其方位与条约所述完全相符①。

按照成琦的考校，不仅按方位应当确认白珍河即条约所称白棱河，且订约时俄方要求画押的地图上白志河与白珍河，只是译音歧异，实同名之异译，理应按图确认白珍（亦即白志）河为条约所称的白棱河。但俄方代表却硬说在兴凯湖西岸偏北的土尔河口（土里罗格，位于今黑龙江省密山县当壁镇南）为白棱河口。如此，在松阿察河源与土尔河口画一直线，则将兴凯湖大部分划入俄国版图。如以白珍河口划界，则仅将兴凯湖的一半归俄国。

俄方提出的无理要求，受到了成琦的抵制。成琦据理力争，指出土尔河与白棱河毫无相似之处，"显与和约、地图均属相悖"。然而，俄方坚持其说，双方争议毫无进展。

五月十五日（6月22日）双方再次会议。俄方代表不但依然坚持以土尔河为条约所称白棱河的主张，并进而要求"将穆棱河作为公共领地"，向中国提出进一步的领土要求。此议被驳回，又要求"将珲春作为公共之地"。这些在条约之外的无理要求和节外生枝的谈判伎俩，均受到了中国代表一一驳回，俄方代表卡札凯维奇"始觉理曲"表示愿意放弃这些要求②，但关于白棱河所指何处，仍坚持其主张，如若不接受其无理主张，即以停止谈判相威胁③。中方代表成琦唯恐谈判破裂而导致俄方的军事侵略，被迫接受了俄方提出的白棱河即土尔河的要求，将兴凯湖的大部分划归俄有。同时还决定："由此（兴凯湖土尔河口）取道至瑚布图河，顺珲春河，非山林丛杂，即河水涨阻，荒僻危险，莫知远近。兼以大雨行时，泥深数尺，实难行走。拟在兴凯湖行营，照依和约，将地图

① 咸丰朝《筹办夷务始末》，卷79。
② 咸丰朝《筹办夷务始末》，卷79。
③ 伊·费·巴布科夫：《我在西伯利亚服务的回忆》。

未分之界用红色画断作记,绘图铃印,应立界牌,各差小官树立。"① 其后,双方遣官勘界立牌时, 就是根据在俄方绘制的地图上所标记的红色界线进行的。在从乌苏里江口到图们江口 2 000 多里的边界上, 共立 8 个木制界牌。以俄文字母为牌名。界牌上一面写俄文字母,一面写译音汉字。即 Е(耶)、И(亦)、К(喀)、Л(拉)、Н(那)、О(倭)、П(怕)、Т(土)8 个木制界牌。它们的位置在《交界道路记文》② 中都有明确的指定地点。即:

耶字界牌立于乌苏里河口西。

亦字界牌立于松阿察河源西岸旱路上。

喀字界牌立于白棱河口北。

拉字界牌立于蜂密山以南, 即兴凯湖和穆棱河之间分水岭的小漫岗上。

那字界牌立于小绥芬河源附近横山会处。

倭字界牌立于瑚布图河口西岸。

怕字界牌立于瑚布图河源山顶上。

土字界牌立于图们江左边距海不过 20 里处。

兴凯湖勘界会议于咸丰十一年五月二十一日(1861 年 6 月 28 日)由中俄双方签订了《中俄续增条约补充条款》和《交界道路记文》,双方代表画押铃印,互换图约,并在换约前一天由卡札凯维奇和成琦亲自在白棱河口北设立喀字界牌。

换约后,成琦回京复命,其余界牌则由两国互派地方官员,按照地图标出的位置竖立 ③。

今据同治朝《筹办夷务始末》卷 1,第 1—2 页,和《吉林通志》卷 55 第 889—890 页列表说明如下:

---

① 咸丰朝《筹办夷务始末》,卷 79。

② 收录于《吉林通志》卷 55,武备 6,分界,第 890 页。

③ 同治朝《筹办夷务始末》卷一;《吉林通志》,第 889 页(长白丛书本);赵中孚:《清季中俄东三省界务始末》,第 128 页。

界牌名	立牌日期	界牌监立者	设立界牌的位置
Е、耶	六月十二日（7月19日）	（中）富尼扬阿（俄）吉成克	应立于乌苏里江口附近莫勒密地方，因该处低洼，改立在乌苏里江口以上三里高岗处，并于莫勒密地方多立界牌一面以为印证。
И、亦	六月六日（7月13日）	（中）瑞林（俄）图勒宾	松阿察河源西岸。
К、喀	五月十五日（6月22日）	（中）吉勒图勘（俄）图勒宾	白棱河（即俄方所指土尔河）口。
Л、拉	七月四日（8月9日）	（中）永安（俄）图勒宾	蜂密山（今黑龙江省密山县以南的小漫岗上）。
Н、那	同上	同上	横山会处，在东小绥芬河河源东附近。
О、倭	七月二十二日（8月27日）	（中）永安（俄）图勒宾	瑚布图河口西边。
П、怕	同上	同上	瑚布图河源山顶上（长岭）。
Т、土	八月一日（9月5日）	（中）永安，一书台斐音阿（俄）图勒宾	图们江左岸距海口二十里处。
立牌咸丰十一年，即1861年；汉字注明月日为阴历，括弧内阿拉伯字月日为阳历			

据当时俄国人的回忆，参加监立界牌的中国官员纪某（即吉勒图勘），因在途中犯了鸦片烟瘾，克服不了途中的困难，在向俄方官员提出"具结"，"声明一切界牌都要根据国界记录设置在各地点"[①]的条件下，中途退出勘界立牌工作。由于纪某擅离职守使俄方在勘界立牌工作中得以为所欲为。因此，有的界牌并未建立在《条约》和《记文》所指定的位置上。在从乌苏里江口长达2 000里的边界上，仅立8个木制界牌，间距过远，所立界牌不但极为简略草率，而且易于损坏和移动，这些都成为后来边界纠纷的根源。

中俄《北京条约》的签订，俄方鲸吞了原属中国的黑龙江以北乌苏

---

① 伊·费·巴布科夫：《我在西伯利亚服务的回忆》。

里江以东的大片领土，而兴凯湖会议规定的中俄东部边界，又对俄方有利，为沙俄向东发展提供了基地，使中国处于强邻压境，发生严重的边防危机。在这种危机面前，清廷不得不废除封禁政策，实行移民实边，以加强边防。

兴凯湖会议之后，俄方仍不断违约，对中国领土实行进一步的侵略。

第一，公然违背《北京条约》中关于在划入俄境的地区，"中国人所占渔猎之地，俄国均不得占，仍准中国人照常渔猎"的规定，实行驱逐华人①，使他们失去家园与安身立命之地。

第二，违背兴凯湖会议所订《交界道路记文》所规定的地点，将界牌立于条约所规定仍属中国境内，或立牌后，偷偷将界牌移向中国境内。

第三，不断侵犯中国边境，比如光绪元年（1875年），沙俄侵入珲春河南岸②，光绪四年（1878年），又侵入石头岭一带③。

兴凯湖会议以后，又制造了许多新的划界问题，其中主要的是：中俄《北京条约》规定："两国交界与图们江之汇处及该江口，相距不过二十里。"因此，《交界道路记文》载明土字界牌设在"图们江左边距海不过二十里"的地方。但是原立的木制土字界牌"不知何年毁失，遍询土人，无从查究"④。"现查（咸丰）十一年所立土字界牌之地，并未照准条约记文二十里的规定"，而是将土字牌立于图们江口，"系俄里二十余里，以中国里计之，实系四十五里"⑤的沙草峰。这是在条约规定之外，又向北侵入中国领土20余里。

不但如此，在沙草峰以北45里的"黑顶子山濒江一带，久被俄人侵占"，"竟于黑顶子地方添设卡兵，接通电线，有久假不归之意"⑥。

---

① 曹廷杰：《西伯利东偏纪要》。

②《珲春乡土志》卷1。

③《宁安县志》军备。

④ 吴大澂：《吉林勘界记》（《吉林通志》本）。

⑤ 吴大澂：《吉林勘界记》（《吉林通志》本）。

⑥ 吴大澂：《吉林勘界记》（《吉林通志》本）。

因此，兴凯湖会议之后，产生的边界争议虽多，而以图们江口地段为主要争议地段；此外，据吴大澂《吉林勘界记》，在咸丰十一年（1861年）以后还有需要改立、补立、重立界牌等多处问题需要解决。

1885 年 4 月 28 日，总理衙门大臣奕劻上奏说中俄东界的界牌"年深月久，形迹无存"，"界址湮失"，请速派大员往勘[①]。同时还有"一八六一年即咸丰十一年所换地图红线有简略不甚详细之处，恐两国官民彼此误会，渐趋争端"[②]。所以，在光绪十二年四月（1886 年 5 月），清廷派会办北洋事务大臣都察院左副都御史吴大澂，帮办吉林防务大臣珲春副都统依克唐阿与俄方代表东海滨省巡抚兼理事将军巴勒诺夫（巴拉诺夫），办理地图衙门大员舒利经，帮办军务大臣总理营务克拉多，南乌苏里界廓米萨尔、马秋宁等在岩杵河（今珲春东俄罗斯境内的克拉斯基诺）会同商办东部边界问题，史称岩杵河勘界会议。

（二）1886 年中俄"岩杵河勘界会议"

岩杵河勘界会议，从光绪十二年四月二十二日（1886 年 5 月 25 日）开始，至九月十八日（10 月 15 日）结束，历时近 5 个月，这次勘界以小绥芬河源头附近的横山会处的"那字界牌"到图们江口附近的"土字界牌"这一地段为重点，解决了如下几个问题。

1. 重立土字界牌的问题

如前所述的中俄《北京条约》和兴凯湖会议所交换的《交界道路记文》，土字界牌应立于距图们江口 20 里的地方。按当时议定，应是 20华里，但俄方将土字界牌立于距图们江口 20 余俄里的沙草峰地方。如此，"以中国里数计之，实系四十五里"。当中国代表提出应该按《条约》和《记文》规定的位置重建界牌时，俄方代表巴拉诺夫竟说："海口二十里，海水灌入之地，当谓之海河，除去海河二十里，才算图们江口，彼国所

---

① 《清季外交史料》卷 57。
② 《重勘珲春东界约记》。

谓二十里，如此核计。"① 吴大澂对巴拉诺夫"海口非江口"的谬论给予了有力的回击，指出："海口即江口，有何分别？若论海水所灌，潮来时海水进口不止二十里，潮退时江水出口亦不止二十里。所谓江口者，总在海滩尽处，仍须照约由海量准二十里方为妥洽。"② 巴拉诺夫"仍以旧红线为词，坚持不允"③。最后说此事"须电报总督，转达俄廷请示办理，俟有回电再行续议"④。

四月二十六日（5 月 29 日），双方第二次会议，巴拉诺夫接总督电覆云："从前既未立妥，自可酌量更改。现拟向沙草峰挪前十八里，立于山南沿江高坡下，不致为江水冲塌，约计离海口不过二十四五里，再前，则沙土浮松，恐无立牌之地耳。"⑤ 经过再三辩论，最后双方达成一个妥协方案，决定土字界牌立于距图们江口 30 里径直到江口 27 里的地方，即沙草峰以南越岭而下的平岗尽处⑥。此处，即今珲春县敬信乡防川村沙草峰南 10 里处，图们江下游左岸防护堤上。

五月二十日（6 月 21 日），吴大澂、尧山都护（即珲春副都统依克唐阿）会同巴拉诺夫至沙草峰南麓监立石制土字界牌。石制土字界牌高 7 尺，宽 15 寸，厚 6 寸。一面刻汉字"土字牌"三字，"旁列年月。牌下入土深三尺三寸，四周地基用坚石筑成，外挖深沟，填以碎石，均灌灰浆，以期经久"⑦。新立土字界牌比原立位置，中国收复 10 里之地，但和《条约》《记文》的规定比，中国仍损失新立界牌以南 10 里的土地。

五月二十日，吴大澂、尧山都护在与巴拉诺夫同至沙草峰南监立土字界牌时，在长岭子口中俄交界第八记号处，添立铜柱。这里过去是从珲春通往俄境岩杵河的要道，向无边界标志，因此，添立铜柱，以期经久。

---

① 吴大澂：《皇华纪程》（长白丛书本）。
② 吴大澂：《皇华纪程》（长白丛书本）。
③ 吴大澂：《吉林勘界记》（《吉林通志》本）。
④ 吴大澂：《皇华纪程》（长白丛书本）。
⑤ 吴大澂：《皇华纪程》（长白丛书本）。
⑥ 吴大澂：《吉林勘界记》（《吉林通志》本）。
⑦ 《查勘两国交界道路记》，见《吉林通志》（长白丛书本）。

此处，即今珲春东南 40 里，板石乡境内原天文台旧址。

铜柱"高十二尺一寸五分，宽三尺零三分"①，上刻吴大澂亲笔篆书共 4 行 58 字，即："光绪十二年四月，都察院左副都御史吴大澂、珲春副都统依克唐阿奉命会勘中俄边界，既竣事，立此铜柱。铭曰：'疆域有表，国有维，此柱可立不可移。'"②这铜柱，在 1900 年沙俄侵入珲春境内时，被沙俄侵略军毁为两段，并非法运到伯力博物馆③。

2. 收复黑顶子问题

黑顶子在珲春县城南 80 里，敬信乡境内。在黑顶子屯南不远的金塘村发现一处渤海和辽、金沿用的古遗址。东西约 120 米，南北约 100 米，有渤海指压纹板瓦，还有辽、金兽面瓦当、龙泉窑瓷片。可知其始建于渤海而辽、金沿用④。从地理位置看，在渤海时期当为东京龙泉府所属盐州辖境。

黑顶子过去又名夏渣山、乌尔浑山。明代为古鲁浑山卫。到清代成为"围禁山场"。其地气候温和，土壤肥沃，是清末以来当地有名的产粮地区之一。所处地理位置重要，南与朝鲜庆兴府隔江相望，为中、俄、朝三国相邻地区，"地逼韩、俄，实为险要"，在交通与边防方面都是很重要的地方。沙俄约在 1873 年前后⑤侵占其地，改为萨维诺夫卡。1883年，经吴大澂"确切查明该地方，实系俄人侵占珲春之地"，"若不及早清理，珲春与朝鲜毗连之地大半为俄人窃据，其隐然觊觎朝鲜之意，已可概见"⑥。吴大澂认为："俄人占据黑顶子，则图们江一百余里不复为珲春所有"，"此黑顶子之关系甚大，不能不及早清理也"⑦。吴大澂为了

---

① 《珲春乡土志》卷 1。

② "疆域有表"，"表"或作"志""界"。今以《斋自订年谱》，《吴斋先生年谱》所记"表"字为准。

③ 《珲春乡土志》卷 1。

④ 杨再林：《珲春黑顶子地方调查记》，载《延边史志》1985 年第 1 期。

⑤ 参见《清季外交史料》光绪朝卷 46，第 7 页。

⑥ 《吴斋先生年谱》，第 101 页。

⑦ 吴大澂：《手书信稿》所收《复鼎臣将军书》，写于腊月初八日。

尽快收复黑顶子，"屡与俄员照会，索还占地，并迭次面商，据约辩论，俄员一味支吾延宕，竟於黑顶子地添设卡兵，接通电线，有久假不归之意。旋经吉林将军希元专派协领穆隆阿、双寿等约同俄员会勘，仅至沙草峰，为俄人所阻，未经勘毕而回"①。因此，吴大澂将收复黑顶子问题列入勘界会议的重要议程。

在双方第二次会议上，吴以坚决的态度，确凿的证据，据理力争，终于迫使沙俄同意将黑顶子归还中国。会议决定："中国界内黑顶子地方旧有俄国卡伦、民房，议明于 1886 年 6 月，即光绪十二年五月，迁回俄境。两国勘界大臣各派委员前往该处交接明白。"②

黑顶子地方的收复，是岩杵河会议的重要收获之一。收复的当年，清政府即派靖边军"前路右营步队一营进驻黑顶子"③。以后于"光绪十三年（1887 年）调靖边营兵试办屯垦。十六年（1890 年）撤兵，以地给民"④，在黑顶子设招垦分局，移民实边。同时，仍拨靖边军步队一营、马队一哨归靖边前路驻扎黑顶子地方⑤，以加强黑顶子地段的防御。

3. 补立和增设界牌的问题

岩杵河勘界会议谈判的重点是重立土字界牌和收复黑顶子两大问题，此外"尚有应办事宜数端"⑥，需要在这次勘界谈判中解决。

1861 年中俄勘界时，"旧图（1861 年中俄勘界时绘制的地图）内拉字、那字两牌之间，有玛字界牌《记文》则缺而未立（经调查证明，当时确未立牌，属漏立之界牌）。条约内怕字、土字两牌之间，有啦、萨二字界牌，地图《记文》略而不详"⑦。因此，吴大澂主张补立玛字界牌，增设啦（与上述拉字牌不同，是另一个字号的界牌）、萨二字界牌。双方达成协议，

---

① 吴大澂：《吉林勘界记》（《吉林通志》本）。

②《重勘珲春东界约记》。

③《吉林通志》卷 53，第 860 页（长白丛书本）。

④《吉林通志》卷 31，第 535 页（长白丛书本）。

⑤《吉林通志》卷 53，第 862 页（长白丛书本）。

⑥ 吴大澂：《吉林勘界记》（《吉林通志》本）。

⑦ 吴大澂：《吉林勘界记》（《吉林通志》本）。

同意补立和增设界牌。将补立的玛字界牌立于拉字界牌西南大树岗子中俄交界处，又因自土字界牌至怕字界牌间距太远，拟于蒙古街往来之路增设啦字界牌，于阿吉密往来之路增设萨字界牌，将增设的啦字界牌立于俄界蒙古街[1]和珲春交界处，即"在今珲春城东北 112 公里春化乡分水岭东 1 公里无名高地的山腰上。界牌坡下为山口，原来是通往蒙古街、符拉迪沃斯托克（海参崴）的通道"[2]。萨字界牌立在今珲春县城东 160 里马滴达乡东光村（镇安岭）东 25 里的分水岭山脊上，过去是珲春与俄境阿济密往来的路口。

兴凯湖会议之后，原立的 8 个木制界牌在岩杵河会议后，改立为石制，加上新补立的玛字和增设的啦字、萨字界牌，共立石制界牌 11 座[3]。这些石刻界牌的形制、大小均与前述吴大澂与巴拉诺夫于光绪十二年五月二十日在沙草峰南麓监立的土字界牌相同，皆镌"光绪十二年四月立"字样。

吴大澂还认为："两国交界地段太长，牌牌中间相去甚远"[4]，边界不易辨识，因此，光绪十二年（1886 年）《中俄珲春东界约》规定：在上述 11 座石制界牌之间，再立 26 个石制小界牌。以汉文一、二、三……等数字为小界牌的名称，称为第一记号、第二记号、第三记号……等。小界牌的形制似圭形小石牌，上刻记号和勘界监立者。如第十六记号，正面两侧右侧刻"第十六"，左侧刻"16"，在"第十六"和"16"之间刻"勘界大臣吴依监立"8 个字[5]。

对于这种小界牌的设立位置，在岩杵河会议所订《中俄查勘两国交界道路记》中都有详细记载。其中在珲春地区中俄边界线上设有从"第一"

①曹廷杰：《西伯利东偏纪要》第 10 条："探蒙古街，即蒙古河，当绥芬河口西北之支河，在三岔口正南二百余里。"

②延边博物馆：《延边文物简编》，第 125 页；《珲春县文物志》，第 106 页。

③11 座石牌位置，见《吉林通志》卷 55。

④吴大澂：《吉林勘界记》（《吉林通志》本）。

⑤延边博物馆：《延边文物简编》，第 125 页；《珲春县文物志》，第 106 页，拓原照片。

到"第十六"记号的小界牌。在珲春长岭子天文台设立"第八"记号的小界牌,"用砖垒高,以坚石为基址",上立石制小界牌和吴大澂所立铜柱。其他"皆用土砌成圆墩,周围挖沟,垫以石块,应是上立小石牌"。[①]光绪三十三年六月十八日(1907 年 7 月 27 日)曾对珲春地区这 16 个小石界牌情况做过一次调查,据查:"原设小石牌共十六处,第一号、第二号、第九号、第十号、第十一号、第十五号、第十六号等七处均尚建如故;惟第四号业已损坏,仅存石块;其第三号、第五号、第六号、第七号、第八号、第十二号、第十三号、第十四号共八处均已遗失无存。"[②] 现珲春县境边界线上记号之小石牌,大部分已遗失无存,只有第十六记号石牌保存完好。第十四号石牌业已找到,但已毁坏,第十五号石牌已毁为碎块,但这两个记号石牌尚能看出牌文,石牌的形制和字体与第十六号石牌相同[③]。可见对于边界标志,晚清时期保护与重视是很不够的。

4. 纠正错立位置和被移动位置的界牌

根据 1861 年中俄签订的《交界道路记文》的规定,那字界牌应立在"横山会处",倭字界牌应立在"瑚布图河口西边"。但在光绪十二年(1886 年)经吴大澂亲自和巴拉诺夫查勘,发现"宁古塔境内倭字、那字二界牌,均与《记文》《条约》不甚相符"[④]。倭字界牌"现在小孤山顶,距瑚布图河口尚有二里,并非中俄交界地方",而是在中国领土内。按照《交界道路记文》倭字界牌应设在"瑚布图河口西边",当时为何设立在小孤山,"细询缘由,因当时河口水涨,木牌易于冲失,权设山顶,离河较远。若以立牌之地即为交界之所,则小孤山以东至瑚布图河口一段,又将割为俄地",因此,吴大澂与巴拉诺夫"议定,将倭字石界牌改立在瑚布图河口山坡高处,正在两国交界之地,按之地图、条约,均

---

①《查勘两国交界道路记》,见《吉林通志》(长白丛书本)。

②《中苏边界历史文件集》。

③ 延边博物馆:《延边文物简编》,第 125 页;《珲春县文物志》,第 106 页,拓原照片。

④ 吴大澂:《吉林勘界记》,载《吉林通志》卷 55。

二十四 清季中俄东部边界的勘定

属相符"①。定议之后，六月二十六日（7 月 27 日），吴大澂与尧山都护（依克唐阿）即商派宁古塔佐领托伦托勒，骁骑校永顺前往瑚布图河口与俄方官员舒立经共同监立倭字界牌②。

按照双方商定的立牌地点并约定：舒利经回去运送倭字界牌，托伦托勒留在立牌地点等候。但是舒利经违约，背着托伦托勒指使俄国边民将倭字界牌立在约定地点以西 4 里多的地方，侵占了中国领土。托伦托勒发现后，向舒利经提出抗议，舒利经不予理睬，继续蛮横无理地指使俄人在他私自指定的地点竖立倭字界牌。托伦托勒为了保卫祖国领土，愤然跳入俄人挖好的土坑中，阻止俄人将倭字界牌立在中国领土之内。托伦托勒厉声向舒利经声明："我身可埋，界不可移。"舒利经理屈词穷，在托伦托勒的凛然正气面前，只好下令将倭字牌立于双方议定的地点③。

关于《交界道路记文》所议定的在"横山会处"所立的那字界牌④，经吴大澂亲自查勘，发现早在光绪三年（1877 年）以前即已不知去向，而光绪三年"宁古塔副都统双福与俄官廓米萨尔、马秋宁补立的那字界牌，在瑚布图河口正北山上，距绥芬河与瑚布图河交汇之处不及二里。倭、那二字界牌相去太近，又非横山会处，自应查明更正。因派熟悉边界之员，宁古塔佐领托伦托勒会同舒利经裹粮入山十余日，依水寻源，披荆辟路，始于（光绪十二年）六月二十日，访得木牌一座，上多朽烂，仅存二尺余，下有碎石平砌台基，虽字迹剥落无存，按其地势正在横山会处。迤西即系小绥芬河源，水向南流，其为那字旧界牌又无疑义"⑤。

找到了 1861 年所立于横山会处的那字界牌旧址，就为纠正双福与廓米萨尔等于光绪三年临时所立那字界牌的位置，并为重立那字界牌找到了确切根据。当时正值雨季，各山沟节节阻水，车道不通，双方议定，

① 吴大澂：《吉林勘界记》，载《吉林通志》卷 55。
② 吴大澂：《皇华纪程》（长白丛书本）。
③《宁安县志》卷 4；《珲春乡土志》卷 1。
④《吉林通志》第 331 页载：宁古塔城"东至横山会处平冈小峰之巅那字界牌"。
⑤ 吴大澂：《吉林勘界记》，载《吉林通志》卷 55。

待到冬季水道畅行时，"再由两国边界大臣派员监立可也"①。后经重新竖立，于是那字界牌终于按《交界道路记文》恢复在原议指定的位置。为了使两国边界标志更清楚可辨，双方决定："自横山会处至瑚布图河，应用天文测算之法，做一直线（即从那字界牌到倭字界牌画一直线作为国界），其间有林木丛杂之处，则砍树为路。有高岗阻隔之处，则筑土为墩。有道路分歧之处，则挖沟为记。仍将各处记号，挨次编定数目，嵌立小石牌，悉由舒利经督率经理，中国派员随同照料。其补立错误的那字界牌（指 1877 年由双福和廓米萨尔等所立那字界牌），即行毁废。"②

5. 关于中国船只出入图们江口的问题

1860 年，中俄《北京条约》签订后，东北东部沿海一带被沙俄所侵占，中国丧失了图们江出海口。为了改变这种状况，吴大澂于四月二十六日（5 月 29 日）第二次会议上提出图们江出海口"应作为中俄两国公共海口"的问题。当时俄方首席代表巴拉诺夫以"仍须电商总督再行定议"③为借口，企图拖延下去。其后，吴大澂又数次提出图们江口为中俄共同出海口的问题④，据理力争，沙俄终于同意了中国船只自由出入图们江口，俄国"不得阻挡"。1886 年 10 月 12 日，俄国地方当局向珲春副都统递交了一份《俄国关于中国船只出入图们江口事的照会》，经双方议定，将此照会作为《中俄珲春东界约记》的附件。由此，图们江口为中俄公共海口的问题，虽然没有写入条约正文加以解决，但在附件中规定，中国船只完全合法自由出入该海口，不必向俄国官员领照。中国船只在图们江口航行的问题得到解决，这也是岩杵河会议中的一个收获。

1886 年中俄岩杵河勘界会议进行将近 5 个月，双方签订了一系列关于划定从图们江口到兴凯湖地段中俄边界的文件，即：

① 吴大澂：《吉林勘界记》，载《吉林通志》卷 55。

② 吴大澂：《吉林勘界记》，载《吉林通志》卷 55。

③ 吴大澂：《皇华纪程》（长白丛书本）。

④ 吴大澂：《皇华纪程》（长白丛书本）。

《中俄重勘珲春东界约记》[①]，包括此次勘界的全部内容，该界约共 8 条，并附件 1 件；另外还有：《吉林勘界记》《宁古塔境内倭字、那字二界牌》《更立倭、那字石牌记文》《勘查两国交界道路记》《增订两国交界第六段道路记》等关于其他具体问题的决议。

中俄 1861 年兴凯湖勘界会议和 1886 年岩杵河勘界会议，是对 1860 年中俄《北京条约》所订中俄边界的具体划定，而岩杵河会议除了重新核定和竖立兴凯湖会议所竖 8 个木制界牌并改立石界牌以外，又补立和增立了萨、啦、玛三字石界牌。其各石牌位置与纠正情况，已如上述，唯立于乌苏里江口的那字界牌，未能得到认真勘查和解决其位置。又据《查勘两国交界道路记》所载：从图们江口以上 30 里的土字界牌到白棱河口之喀字牌止，共分 6 段，在这 6 段之间，增立 26 个小石制记号牌[②]，增强了边界的分辨标志。同时也解决了中国船只自由出入图们江口的合法权利问题。

19 世纪 80 年代，中国正面临着被列强瓜分的危险境地，当时中国与列强各种外交谈判，往往以订立丧权辱国的不平等条约和协议告终，而中俄岩杵河勘界会议却取得了上述各项成果，使沙俄不得不退还中俄《北京条约》外进一步侵占的部分中国领土，维护了中国主权不致进一步受到沙俄侵犯。这些成果的取得，和吴大澂竭尽全力维护祖国领土主权的斗争精神与实干精神分不开，也和吴大澂等能审时度势，利用当时国际矛盾展开外交斗争的真才实学分不开。在晚清的历史条件下，岩杵河中俄勘界会议，中国所取得的胜利，确实来之不易。

（三）岩杵河勘界会议以后的边界问题

吴大澂在 1886 年的勘界谈判中也有一些不足之处。

如土字界牌并不是按《条约》规定立于距图们江口 20 里的地方，而是经过反复交涉，达成妥协，立于距图们江口 30 里的地方。以当时

① 收录在赵中孚：《清季中俄东三省界务交涉》附录 3；《中俄边界条约集》，第 95—97 页。
② 《查勘两国交界道路记》，收录在《吉林通志》，第 895 页（长白丛书本）。

沙俄非法侵占的实际据点计，中国收回了 10 里之地，以《条约》规定的分界点计，则仍在条约以外又丧失了图们江口地段 10 里之地。

最重要的疏忽，是当时清廷与吴大澂等均以为从松阿察河到乌苏里江口这一段，以江河为界，国界容易识别判定，不会出现什么问题，但实际上，这一疏忽为以后在乌苏里江口地段的中俄边界划定造成不应有的困难和问题。

按照通常的国际惯例，凡以江河分界之国界，应是以主河道为准。而 1861 年中俄兴凯湖勘界会议签订的《交界道路记文》规定耶字界牌应立于"乌苏里江口西"，当年六月十二日（7 月 19 日）三姓副都统富尼扬阿会同俄国官员吉成克到乌苏里江口竖立耶字界牌。因为吉成克指称："乌苏里江口近岸莫勒密地方低洼，立牌恐被冲没"，经双方"商拟在乌苏里江口以上三里许高阜处立牌"。三姓副部统富尼扬阿"恐距岸较远，仍于莫勒密地方立界牌一面，以为证"①。1886 年岩杵河勘界会议的当年，"光绪十二年，吉林将军希元奏派富克锦协领会同俄官将乌苏里江口旧有界牌换立头号耶字石牌一道"②，此即《吉林通志》所说的"乌苏里江口东岸耶字界牌"③。这些历史事实足以说明乌苏里江口地段同样是以乌苏里江主河道为界。

然而沙俄居心叵测，潜将耶字界牌移至通江子口——乌苏里江口地段之支流河口，造成了这一地段中俄分界的新问题。《鸡林旧闻录》（一）载："照咸丰十年旧约，界限（即耶字界牌）实在伯力之对岸，不料俄人明占潜侵，西进八九十里。故现在自通江口以下，南北岸皆非我有。""查乌苏里江，为中俄天然国界。今彼不以正流，转以通江口之沱江为界。"根据 1861 年《交界道路记文》的规定，耶字界牌应立于"乌苏里江口西"，俄领哈巴罗夫（伯力）城之南。后来"光绪十二年（1886 年），东界重

---

①《吉林通志》卷 55，第 889 页（长白丛书本）。

②《吉林通志》卷 15，第 274 页，此处云："乌苏里江东岸耶字界牌"当以《交通道路记文》规定耶字界牌应立于"乌苏里江口西"为准。

③《交界道路记文》规定耶字牌应立于"乌苏里江口西"。

勘时，吴大澂并未亲赴兴凯湖以北地段，俄勘界官勾结俄籍华人纪凤台等 [1]，诬称在喀萨克维茨沃站（与中国乌苏里镇相对，即通江子汊流入乌苏里江处）发现木牌，乃就该处换立石牌 [2]。根据日后俄匡提示该界牌之换文记录，文尾署名中国方面勘换界牌官员，竟为协领顺凌，通事佟敖三、纪凤台三人。嗣后耶字界牌，复为俄人由乌苏里江东岸移至华界乌苏里镇，旋不知去向。耶字界牌失踪后，中俄双方均不承认对方所指立界处所，以致造成所谓通江子交涉 [3]。争论的焦点是何者为乌苏里江的正流。俄国硬说以通江子为乌苏里江的正流，指乌苏里镇为立耶字界牌之地。按俄方这种说法，则黑龙江和乌苏里江两江冲积而成的大型三角洲，即今抚远三角洲（即黑瞎子岛，东西 90 里，南北 10—50 里不等）将划归俄国。但历史事实却是，通江子从来也不称为乌苏里江，而是自有其名称的乌苏里江支流。中俄《北京条约》明载以乌苏里江口分界，中俄兴凯湖勘界会议所订《交界道路记文》也明记耶字界牌立于乌苏里江口西而不是通江子口西，因此，抚远三角洲应属中国领土。

---

① 曹廷杰：《西伯利东偏纪要》第 112 条，记伯利华商纪凤台"华貌俄心，意不可测"；魏声和：《鸡林旧闻录》（一）"闻当时为倚于俄，以媚外起家者，双城子有孙福，伯力有纪凤台"。

② 《吉林通志》卷 15，耶字界牌在"乌苏里江口东岸"即指此地。

③ 赵中孚：《清季中俄东三省界务交涉》，第 163—164 页。

二十五　宽永墓碑和宽永通宝

　　光绪十一年（1885 年），中国著名历史地理学家曹廷杰，在双城子（今俄罗斯乌苏里斯克）的西城东南里许，德商火磨房院内发现了刻宽永十三年的墓碑，即宽永墓碑（已残）。近年来，在东北吉林、黑龙江两省的古城中，都发现了宽永通宝钱。这为东北边疆史的研究增添了新的资料。宽永墓碑和宽永通宝是哪一时代的遗物？是否属同一时代的遗物？这是值得研究的问题。据目前所发表的文章来看，有三种不同看法。一是曹廷杰和魏声和认为：宽永是日本国号[1] 或年号[2]，因此，推定宽永墓碑为日本遗物，进而推论双城子一带曾为日本窃据过。二是罗继祖先生认为：从有关文献记载来看，金末义军蜂起，宽永当系金末元初建立的地方割据政权，并认为宽永通宝当是这一地方割据政权所铸[3]。三是王崇时同志从文献记载分析，认为：宽永墓碑很可能是渤海后期所立，宽永政权乃渤海后期建立的地方割据政权[4]。

　　宽永不是日本国号，而是日本第 108 代后水尾天皇（1624—1629 年）和第 109 代明正天皇（女帝，1630—1643 年）共同使用的年号。宽永

　　① 曹廷杰：《西伯利东偏纪要》。
　　② 魏声和：《鸡林旧闻录》。
　　③ 罗继祖：《宽永通宝钱》，《枫窗脞语》，第 168—169 页；《再谈"宽永通宝"钱》，载《北方文物》1987 年第 3 期。
　　④ 王崇时：《"宽永国"假说》，载《社会科学战线》1985 年第 3 期。

年号从 1624 年到 1643 年，共 20 年时间。这期间正当明、清之际，即明熹宗天启四年、清太祖天命九年（1624 年）到明毅宗崇祯十六年、清太宗崇德八年（1643 年）。宽永墓碑和宽永通宝是不是日本遗物，或金末元初，或渤海后期建立的地方割据政权的遗物，有进一步探讨的必要。

宽永年号和宽永通宝，不见于中国文献记载，因此，对其时代的推定，主要不是根据间接的有关文献记载，而应是根据文物本身的形制特点来论定。

据曹廷杰的《西伯利东偏纪要》载：双城子德商火磨房院内有古碑，"今此碑字迹剥蚀，仅存'其台'二字。相传原文有'宽永十三年，湖北进马三千匹'二语，谛视之，惟宽永十三年，湖北进马九字尚仿佛可识，三千匹三字已属乌有"。曹廷杰认为：宽永"为日本国号，岂此地早为日本窃据欤？其曰'湖北'，当指兴凯湖以北，非今内地湖北也。详观碑所，知为日本古墓，碑乘以赑屃，旧有石人、石马在前，今被俄人毁坏，并将碑之上截凿为阶磴，距碑北丈余，有古墓形，亦被俄人发掘丈余，迄无所见，掩之。惜书史无征，又被俄人侵占耳"。魏声和的《鸡林旧闻录》（三）亦有同样记载："碑承以赑屃，旁一古墓，旧有石人、石兽"等。宽永墓碑今已不见，只能根据以上所载宽永墓碑的形制特点来推定其时代。据东北地区的考古资料可知，渤海、契丹、蒙古官僚贵族墓前，除担当汉官者以外 [1]，不立石碑、石羊、石虎及石翁仲。金代女真官僚贵族墓前，在大定及其以后，多立有石象生。东北地区以石人、石羊、石虎命名的地方较多，凡是有这样地名的地方，绝大多数有金代后期女真官僚贵族的墓葬。据《封氏闻录》载墓仪制度称："秦汉以来，帝王陵前有石麒麟、石辟邪、石象、石马之属；人臣墓前有石羊、石虎、石人、石柱之属，皆所以表饰坟垄如生前之仪卫耳。宽永墓碑前立有石人、石

---

[1] 李逸友：《辽耶律琮墓石刻及神道碑铭》，《东北考古与历史》；内蒙古文物工作队编：《内蒙古文物资料选辑》，第 207 页。

马（一书石兽），可以推知，当为金末建立地方割据政权时期的遗物。

曹廷杰《西伯利东偏纪要》第六十一条云："探苏城沟长八百余里，宽百数十里不等。内有古城，曰苏城，相传为宽永王建都之所。"1973年，笔者在珲春考古调查时，也曾听到当地老人讲述宽永王在苏城称王建国的故事。罗继祖先生在其《再谈"宽永通宝"钱》[1]一文中，也谈到早年在符拉迪沃斯托克（海参崴）当过华工的吴树林同志，曾经听到过当地关于宽永王的传说。日本在《辽东之珠》[2]一书中，转引俄人在1906年（光绪三十二年）关于宽永王的调查访问资料云："数百年前，在宁古塔附近，有一位叫金牙太子的国王，其外甥完颜公子统治着以双城子为中心的地区。从双城子到东南苏城附近，有宽永王建立的国家。宽永王是一位极端残忍和贪欲无度的国王，他企图把当时有名的美人，金牙太子的妃子弄到手，当他得知金牙太子患眼病的消息以后，便散布说，在本国（宽永国）辖境内的一座龙王庙有神灵，能治眼病，并再三劝说金牙太子来本国龙王庙进香，求神灵保佑治好眼病。金牙太子信以为真，被骗到宽永国内以后，宽永王立即派兵围攻，太子和妃子才知道上当受骗，只身逃亡。后来他的外甥完颜公子，带领援军赶到，打败了宽永王。"传说中的金牙太子的外甥完颜公子是双城子一带的统治者，这一民间传说，恐和在双城子东古城北约3里处的《大金开府仪同三司金源郡明毅王完颜公神道碑》有关。碑中的完颜公即完颜忠[3]，后来民间传说中的完颜公子，恐即来源于此。宽永碑不在宽永王居住的苏城附近，而在完颜公子（完颜公）统治中心的双城子附近，恐为宽永王打败完颜势力占据这一带以后的遗物。宽永残碑所谓"湖北进马三千匹"当为宽永王的势力曾一度到达这一带的物证。

---

① 罗继祖：《宽永通宝钱》，《枫窗脞语》第168—169页；《再谈"宽永通宝"钱》，载《北方文物》1987年第3期。

②《辽东之珠》，第144—145页，《俄界情况和"宽永王"传说》长春市图书馆藏书）。

③ 吴大澂：《皇华纪程》；华泉：《完颜忠墓神道碑与金代恤品路》，载《文物》1976年第4期。

从民间传说来看,苏城是宽永王的都城,宽永王和完颜公子(完颜公)曾经打过仗,宽永王和今双城子一带的完颜公子的姓氏是绥芬河流域沿海地区的两大势力。传说中的完颜公子是金代女真的大姓,和金代女真有关,而和渤海、辽、元,以及日本无关。关于宽永王的传说,在东部沿海地区、绥芬河流域广为流传,这一带是女真人聚居的地方,金代古城和遗迹、遗物较多,且地处偏远,金末女真大族在这里建立地方割据政权的可能性较大。

从上述宽永墓碑的形制和特点,参照民间传说可以推知,以宽永墓碑为金末地方割据政权的遗物,比推定为渤海、辽、元或日本遗物更符合实际。

在东北古城中,有时也发现宽永通宝,如1958年,笔者和吉林大学历史系师生在农安进行文物普查时,在辽、金古城(具体城址已记不清)中,曾拾到宽永通宝一枚(今已不知去向)。1982年,在黑龙江省依兰县(金代五国城)内,居民挖菜窖时,挖出宽永通宝一枚,同时出土的铜钱有开元通宝、崇宁通宝、治平元宝、唐国通宝等10枚。此外还有马鞍(已锈毁)1个、铁镞5个(现藏依兰县文物管理所)。从宽永通宝的出土地址和同时出土的文物,以及和墓碑联系起来看,似为金代文物。但从依兰城内出土的宽永通宝的形制和正面文字,以及背面无文字的情况来看,和丁福保编《古钱大辞典》所载日本"宽永通宝"[①]完全相同。此外,还有吉林省博物馆收藏的宽永通宝,其中1枚是从上海文物库拨来的,1枚是从吉林省海龙县文化馆调拨来的,36枚是从长春市东三道街高家征集来的。这38枚宽永通宝和日本中桥枬泉编《新撰古钱大鉴》第19—26页所载日本宽永通宝一一对照的结果,其正面文字和背面文字、纹饰(除带有文、元、仙、足、佐等字以外,还有背面无文字和带有水波纹者),都和日本铸造的宽永通宝完全相同。因此,可以肯定这些宽永通宝是日本铜钱,而不是金末建立的地方政权宽永王时铸造的铜

---

① 丁福保编:《古钱大辞典》上编,第1060页,圆钱类。

钱。

据日本中桥梣泉编《新撰古钱大鉴》载:日本宽永十三年（1636 年）六月,始铸宽永通宝钱。"宽永通宝自宽永十三年开铸以来,到幕府末年,约二百二十余年间,各地铸造的品目多至五百数十种。仅日本藤原贞幹编的《宽永钱谱》列举的也有三百七十多品。"可见日本宽永通宝铸造的品种和数量是相当多的,铸造的时间也是相当长的。清初,黑龙江下游至库页岛等地居民—黑斤、济勒弥人等,他们每年都带着在赏乌绫木城处得到的清朝赏赐品衣物服饰等,到日本进行贸易[①]。因此,中国沿海一带,以及东北各地均有日本宽永通宝的流入。清政府在乾隆十七年（1752 年）,曾下令沿海各地,"严禁商船私带（宽永通宝）入口。其零星散布者,官为收买解局充铸"。并下令"若别有宽永通宝钱文,则其由来不可不严为查究"。经查究的结果,清朝才弄清"宽永钱乃东洋倭地所铸,由内地商船带回,江苏之上海、浙江之宁波、乍浦等海口行使尤多"[②]。由此可知,东北吉林、黑龙江各地发现的宽永通宝是日本铸造的铜钱,迄今还没有发现与日本宽永通宝形制完全不同的宽永通宝。

以上有关依兰城内出土的"宽永通宝"资料,系由依兰县文物管理所所长李直同志提供,特此致谢。

---

① 曹廷杰:《西伯利东偏纪要》。
②《清高宗实录》卷 419,乾隆十七年七月甲申条。

二十六　宽永国是民间讹传，不是史实

吉林省的珲春和俄罗斯滨海地区的苏城、符拉迪沃斯托克（海参崴）（符拉迪沃斯托克）、双城子（乌苏里斯克）等地民间流行着关于宽永王建都于苏城(即苏昌城)的传说。这一传说是否可信，历史上有无宽永国，是史学界长期以来存疑的问题。今根据传说内容和考古资料进行对比研究，请方家指正。

关于宽永国的传说，始见于光绪十一年（1885 年）曹廷杰所著《西伯利东偏纪要》第六十一条："探苏城沟长七百余里，宽百数十里不等，内有古城，曰苏城。相传为宽永建都之所，此于书史无证，然以所见双城子宽永碑及济勒弥人等至日本穿官之说按之，则其说亦属可信。"日本在《辽东之珠》[①]一书中，转引俄国人在 1906 年（光绪三十二年）关于宽永王的调查访问资料云："数百年前，在宁古塔附近，有一位叫金牙太子的国王，其外甥完颜公子统治着以双城子为中心的地区。从双城子到东南苏城一带，有宽永王建立的国家。宽永王是一位极端残忍和贪欲无度的国王，他企图把当时有名的美人，金牙太子的妃子弄到手，当他得知金牙太子患眼病的消息后，便散布说，在本国（宽永国）辖境内的一座龙王庙有神灵，能治眼病，并再三劝说金牙太子来本国龙王庙进香，求神灵保祐治好眼病，金牙太子信以为真，被骗到宽永国以后，宽

①《辽东之珠》，第 144—145 页，《俄界情况和"宽永王"传说》。

永王立即派兵围攻，太子和妃子才知道上当受骗，只身逃亡。后来，他的外甥完颜公子带领军队赶到，打败了宽永王。"罗继祖先生在其《再谈"宽永通宝"钱》①一文中，也谈到早年在符拉迪沃斯托克（海参崴）当过华工的吴树林，曾听到过当地关于宽永王的传说，但不知其传说内容。1974年，笔者在珲春考古调查时，也曾听到过当地老人谈到宽永王在苏昌城（苏城）建都称王的传说。今将采访记录简述如下，供参考。珲春一中孟广信老师说，他在十几岁时听老人讲过宽永王在苏昌城（苏城）称王的故事。说宽永王在明万历年间被封为竿搭，孟老师说，竿搭即部落酋长，相当于县长，后来被封为顺义王，是安姓的祖先，年号宽永。从珲春以东到海一带，都是宽永王的辖境，明神宗万历年间，被努尔哈赤征服。孟老师还说，在"文革"前，在珲春曾收集到许多宽永钱，都是比较大的，只记得有"宽永"二字，有无"通宝"二字已记不清了。又说宽永钱正面是汉字，背面是满文。但当笔者问到是否真的有满文时，又说记不清了。关于明封顺义王之事，孟老师说是根据人民出版社的《历史教师手册》得知的。但《明史》《明实录》并无封宽永王为顺义王的记载，而是在隆庆五年（1571年）三月"封虏酋俺苔为顺义王"。后来其嫡孙袭封顺义王。可见孟老师的有关宽永国的传说，并不可靠。

关于"宽永国"的传说，曹廷杰根据在双城子的所谓"宽永碑"，认为这一传说"亦属可信"。并说"查宽永为日本国号，岂此地早为日本窃据欤？"②魏声和在其所著《鸡林旧闻录》三（刊行于民国二年，即1913年）云："又今海参崴③东北七百余里，华名苏城沟，有土城，土人谓：系宽永帝大将建牙之所，枝江曹氏说，似日振势于东海之滨，确有依据。特翻日本国史，讯之彼邦史学专家，俱不能道其所以，姑附记于此，以存疑。"后来，在农安、依兰、本溪等地古城和窖藏中又有"宽永通宝"钱的出土，罗继祖先生认为，从有关文献记载来看，金末，义军蜂起，

---

① 罗继祖：《再谈"宽永通宝"钱》，载《北方文物》1987年第3期。
② 曹廷杰：《西伯利东偏纪要》。
③ 海参崴：符拉迪沃斯托克。

宽永当系金末元初建立的地方割据政权，并认为"宽永通宝"钱可能是这一地方割据政权所铸①。王崇时先生从文献记载分析，认为宽永国很可能是渤海后期建立的地方割据政权②。过去，笔者也认为宽永国是"金末女真大族在这里建立地方割据政权的可能性较大"③。以上各说，仅是根据传说作出的初步推论，有待详考。

笔者认为要搞清"宽永国"的传说是否可信，和历史上有无"宽永国"的问题，应搞清以下几个问题。

第一，首先要搞清传说中的"宽永国"出现的时代，和苏城的建置年代。

从民间传说来看，苏城是宽永王建都之地，宁古塔是金牙太子，双城子是完颜公子的统治中心。而苏城、宁古塔、双城子的地名，都是在明末清初才出现的，苏城和双城子两处地名，虽始见于清代，但这两处地名，是因有古城而得名，这两座古城都是清代以前的古城。苏城"相传为宽永建都之所"。④苏城沟有古城，土人谓系宽永帝时大将建牙之所⑤。所谓苏城是宽永王建都之地的传说，和苏城的建置年代不符。1871年，俄国考古学家卡法罗夫调查了滨海地区著名的苏昌古城（即苏城），他认为苏城就是沃沮城⑥。这一结论，笔者因未见到论据，还难以论定，但苏城是清代以前的古城，不是传说中清代宽永王建置的城址，这一点还是可以肯定的。因为清代文献记载苏城是古城，如果是清代宽永王所建则不能没有记载，也不能称为古城。双城子古城从文献记载和考古资料来看，是金代恤品路的路治所在地，已成定论。但双城子这一地名的出现是在清代，而不是在金代。从"宽永通宝"在明末清初流入中国，

---

① 罗继祖：《再谈"宽永通宝"钱》，载《北方文物》1987年第3期。
② 王崇时：《"宽永国"假说》，载《社会科学战线》1985年第3期。
③ 拙稿：《宽永墓碑和宽永通宝》，载《北方文物》1986年第4期。
④ 曹廷杰：《西伯利东偏纪要》。
⑤ 魏声和：《鸡林旧闻录》。
⑥ 林树山：《苏联远东考古史略》，载《东北亚历史与考古信息》1984年第2期。

以及宽永国传说中的苏城、双城子、宁古塔等地名始见于明末清初的事实可知，宽永国当是在明末清初出现的传说。据上述 1906 年的调查访问资料说："数百年前"建立的宽永国，即 1906 年的数百年前，约当明末清初之时。因此，把传说中的宽永国推定在渤海，或金、元时代，和传说中的宽永国出现的时代不符。所谓宽永王建都于苏城的传说，和苏城的建置年代不符。特别是在传说中，双城子是完颜公子的统治中心，宽永碑怎能建立在完颜公子的辖境内呢？或谓这是宽永王打败完颜公子以后，在其地建立的石碑。但传说中的宽永王最后是被完颜公子打败的。还有清代宁古塔的地名，始见于明末清初①，顺治九年（1652 年），清朝命梅勒章京沙尔虎达等统官兵驻防宁古塔，当时的宁古塔在今黑龙江省海林县旧街，这是清朝建立的城址。顺治十年（1653 年）五月，沙尔虎达升昂邦章录。康熙元年（1662 年）改为镇守宁古塔等处将军。康熙五年（1666 年），宁古塔将军的治所迁到今宁安。清代宁古塔的历届统治者文献记载是十分清楚的，根本没有金牙太子统治宁古塔这一地方的记载。由此可知，有关上述宽永国的传说，纯系民间讹传，矛盾百出，不足为据。

第二，所谓"宽永碑"和"宽永墓"是金碑、金墓。

宽永国的传说是否可信，历史上是否建立过宽永国，搞清有无"宽永碑""宽永墓"的问题是关键。所谓"宽永碑"，始见于光绪十一年（1885 年），曹廷杰所著《西伯利东偏纪要》六："双城子以东、西二城得名（相距四里许），俄人占东城……西城俄人亦曾居之，多不利，今以为安葬之处，其东南里许，有德商火磨房……院内有古碑"，即所谓"宽永碑"。"今此碑字迹剥蚀，仅存'其台'二字，台字旁写，必有缺文。相传原文有'宽永十三年，湖北进马三千匹'二语。谛视之，惟'宽永十三年，湖北进马'九字尚仿佛可识，'三千匹'已属乌有。查'宽永'为日本国号，

---

①《满洲实录》卷 3，"庚戌年（万历三十八年，1610 年）十一月：太祖命额亦都领兵一千，往窝集部内那木都鲁、绥芬、宁古塔、尼马察四路"。

岂此地早为日本窃据欤？其曰'湖北'当指兴凯湖以北，非今内地湖北也。详观碑所，知为日人古墓（碑乘以赑屃，旧有石人、石马在其前，今被俄人毁坏，并将碑文上截凿为阶磴，距碑北丈余，有古墓形，亦被俄人发掘丈余，迄无所见，掩之）。"魏声和所著《鸡林旧闻录》三，亦转引这一记述，惟将原文"宽永十三年，湖北进马"九字的"尚仿佛可识"，改为"存宽永十三年，湖北进马"九字。把原文的"尚仿佛可识"的存疑语句，改为肯定语句的"存"字。这是对原文的误改。在考证所谓"宽永碑"时，应以亲赴现地目睹碑文的曹廷杰的原始记录为准。从曹廷杰的原始记录可知，并不能肯定这一残碑就是宽永碑。因为"宽永十三年，湖北进马"九个字，是当地民间传说，这九个字是"尚仿佛可识"，并不确切。由此可知，推定为"宽永碑"的论据是不可靠的。对此墓碑的断代，不应根据传说和"尚仿佛可识"等不确切的传闻来推定，而是应根据墓碑的形制和遗迹的特点来论定。从曹廷杰的原文所云"碑乘以赑屃，旧有石人、石马[①]在其前"，和"距碑北丈余，有古墓形"的情况来看，此碑、墓的形制特点和金碑、金墓相符。据东北地区的考古资料可知，渤海王族和官僚贵族墓前不立石碑、石羊、石虎、石柱等，辽代的契丹和元代的蒙古官僚贵族墓前，除个别担当汉官者外，也不立上述石雕像。唯有金代贵族官僚墓前，在大定及其以后，多立有上述石雕像。东北地区以石人、石羊、石虎命名的地名较多，凡是有这样地名的地方，绝大多数是金代女真贵族官僚墓葬的所在地。曹廷杰所谓的"宽永碑"和"宽永墓"，从其墓碑前立有石人、石马（一书石兽），"碑乘以赑屃"等形制特点，以及双城子古城为金代恤品路路治所在地的情况可知，当为金碑、金墓，而不是明末清初的所谓"宽永墓""宽永碑"，更不是曹廷杰所说的"日人古墓"。

　　1893年，俄国考古学家在尼科尔斯克村（今乌苏里斯克，亦即双城子）及其附近的土岗上，发掘了两座古墓，这两座古墓的墓前，都立有龟趺和石雕像。"第一座土岗上有一石碑，上面铭有纪念完颜部一位王

---

　　① 魏声和：《鸡林旧闻录》，将"石马"改为"石兽"。

东北史地考略续集

256

公的碑文，发掘时没有见到陵墓，却发现了碑亭遗下来的残瓦。"此碑在双城子东古城北约 3 里处，此碑即"大金开府仪同三司金源郡明毅王完颜公神道碑"，碑上的完颜公即完颜忠[①]。第二座土岗位于林德戈利姆磨坊的院子里，此即曹廷杰所说的德商火磨房院内仅存"其台"二字的所谓"宽永碑"。"最先发现的是一些猪骨、禽骨和一具马或骡的完整骨架。往下则是狗骨，最后发现了一座石砌墓，长约 7.5 英尺，高为 3.5 英尺（均为外缘尺寸，1 英尺合 30.5 厘米）。墓顶已经碎裂，墓内填满泥土，发现了人骨人牙（有火烧痕迹）、几枚铁制箭头和几种谷物。布塞推测，该墓已经被挖掘过，因为在丘岗的地表下面，发现了一根无疑是属于现代的带有螺（系）文和套有螺（系）帽的管子。"[②]从这一墓葬（即所谓"宽永碑"后的古墓）现有的考古发掘资料（如墓前有龟趺、石碑、石雕像，墓为石棺，人骨人牙有火烧痕迹，以及以马殉葬等特点）可知，这一座墓葬，既不是所谓"宽永墓"，也不是日本古墓，而应是金代墓葬。当地民间所谓的"宽永碑""宽永墓"当是讹传，不能作为推定这一墓碑时代的根据。关于在上述有关宽永国的传说中，所谓以双城子为中心的统治者——完颜公子，恐即来源于双城子的"完颜公神道碑"中的完颜公，当地讹传为完颜公子。当地居民根据《完颜公神道碑》而推定完颜公子就是双城子一带的统治者。完颜公即完颜忠，曾是金代恤品路的统治者，但和所谓"宽永国"无关。

第三，"宽永通宝"是日本钱，和所谓"宽永国"无关。

"宽永"不是曹廷杰所说的"为日本国号"，而是日本第 108 代后水尾天皇（1624—1629 年）和第 109 代明正天皇（女帝，1630—1643 年）共同使用的年号。"宽永通宝"钱，是日本明正天皇宽永十三年（1636 年）开始铸造的日本铜钱。所谓"宽永碑"中的"宽永十三年"的传说，当即来源于日本开始铸造"宽永通宝"的年代。从中国东部沿海各地，以

---

① 吴大澂：《皇华纪程》载吴大澂曾得到此碑的碑额照本；华泉：《完颜忠墓神道碑与金代恤品路》，载《文物》1979 年第 4 期。

② 林树山：《苏联远东考古史略》，载《东北亚历史与考古信息》1984 年第 2 期。

及东北东部地区发现的"宽永通宝"钱的形制和纹饰来看，都是日本模仿中国铜钱铸造的日本铜钱[①]。据曹廷杰《西伯利东偏纪要》载：清初，黑龙江下游至库页岛等地居民——黑斤、济勒弥人等，他们每年都带着在赏乌绫木城处得到的清朝赏赐品衣物服饰等，到日本进行贸易，此即日本所说的"山丹贸易"。在中日贸易中，"宽永通宝"也随之流入中国，宽永通宝流行时期正是中日贸易的繁盛时期。中国东部沿海一带，以及东北各地，均有宽永通宝的流入。清朝虽然下令"严禁商船私带（宽永通宝）入口"，但仍有宽永通宝的不断流入。上海、宁波等海口流入尤多[②]。中国的东北部和俄罗斯滨海地区有关"宽永王""宽永国"的民间传说，当和在清代流入这一地区的日本"宽永通宝"钱有关。"宽永国"是当地居民根据"宽永通宝"的流入而编造出来的传说。"宽永国"传说的出现和"宽永通宝"流入使用的时间基本一致。"宽永通宝"流入东北沿海地区的确切时间虽然难以肯定，但在宽永十三年（1636 年）日本铸造"宽永通宝"钱以后，和乾隆年间（18 世纪）流入中国最多的这一段时间还是可以肯定的。

从民间传说中的"宽永国"，以及和"宽永国"有关的苏城、宁古塔、双城子等地名，都出现在明末清初，而不是在此以前的情况可知，"宽永国"的传说是在明末清初出现的，而不是在此以前的渤海或金代。传说中的"宽永王"建都于苏城，但苏城是清代以前的古城，而不是清代所筑的城址，也无明清遗物。所谓"宽永碑""宽永墓"是金碑、金墓，和传说中在明末清初出现的"宽永国"无关。"宽永通宝"钱是日本铸造的铜钱，和传说中的"宽永王""宽永国"也联系不上。由此可知，苏城和"宽永墓碑"以及"宽永通宝"三者时代不同，都和所谓"宽永国"联系不起来，上述宽永国的传说矛盾百出，纯系民间讹传，在历史上根本不存在所谓的"宽永国"。

---

① 拙稿：《宽永墓碑和宽永通宝》，载《北方文物》1986 年第 4 期。
② 《清高宗实录》卷 419，乾隆十七年七月甲申条。

二十七　关于宽城子是不是渤海扶余府的问题

宽城子之名始见于嘉庆重修《大清一统志》。长春厅"原系蒙古郭尔罗斯札萨克公地方。嘉庆五年，添设通判、巡检管理。东至木石河一百九十里，与松花江接界；西至巴彦吉鲁克山四十里，与喀尔沁达尔罕王接界；南至伊屯边门八里，与吉林接界；北至纪家窝铺一百七十二里，与郭尔罗斯札萨克公接界。厅治无城。又宽城子在厅北五十里，设废年无考"①。当时的长春厅厅治在今长春市南五十里的新立城镇卫星村新立城屯南侧，伊通河东岸。这里至今还有所谓"衙门地"遗址和清代砖瓦等遗物。当时的宽城子在今长春市大马路三、四道街一带。所谓"设废年无考"，是指长春厅治迁治前的宽城子古城。《吉林通志》载："长春府城，原名宽城子，同治四年，马贼窜扰，由商民捐建，筑板为墙，高一丈余，周二十里。门六，东曰崇德，南曰全安，西曰聚宝，北曰永兴，西南曰永安，西北曰乾佑。池深一丈。"②这里所说的宽城子"周二十里，门六"。是指道光五年（1825 年），长春厅治迁到宽城子地方以后，在同治四年（1865 年）新建的宽城子，是筑板为墙，而不是筑土为墙，不是长春厅迁治前的土筑宽城子古城。《长春县志》载：宽城子"城垣之形，颇不规则，南北袤约四里，东西广约七里。盖东西广于南北一倍，故有宽城

① 嘉庆重修《大清一统志》卷 68，吉林 2，城堡·长春厅条。
② 《吉林通志》卷 24，《舆地志》12，城池。

子之名"。很明显这是指同治四年新建的宽城子。又云:"此城在设治前即有之,其为何代所建,已渺乎不可睹矣。"这是指宽城子古城。《长春县乡土志》也有同样记载:"长春县治,原名宽城子。旧有城基,南北袤四里,东西广七里,以东西广倍于南北,故有宽城之名。"这里所说的"旧有城基"的规模,是指宽城子新城,而不是宽城子古城。又云:"此城在设治前即有之,究为何代所建,无从查考。"这是指宽城子古城。新、旧宽城子虽然同在一地,但两者不能混同,不能以新城的周长二十里,当作古城的周长。宽城子新城建置的原因和设废年代,以及新城的四至和布局,地方志记载较详,不是什么"设废年无考",或"无从查考"的问题。而宽城子古城早在嘉庆年间就已经是"渺乎不可睹矣"。既然宽城子古城早已湮没和"无从查考",后人在没有地下出土文物以前也难以搞清。笔者仅就已知的考古资料和提出来的问题谈几点看法。

(一)宽城子古城是不是大型渤海古城的问题

有的认为宽城子周长二十里,"实为为数不多的大城之一。它相当于渤海、辽、金时的某些京府之城"。又云:渤海东京龙原府城,"周围二十里"①。渤海西京鸭渌府城,"广轮二十里"②。辽上京临潢府城,"幅员二十七里"③。金上京会宁府,外城周长二十一点五里④。认为宽城子周长二十里,是大型古城,具备京府城的规模,提出渤海的扶余府不在农安,也不在四平,而应在规模较大的宽城子⑤。宽城子古城是不是大型渤海城、是不是渤海扶余府的问题,这是应该深入探讨的问题。

从上述地方志的记载可知,宽城子周长二十里是指新城的周长,不是古城的周长。笔者认为宽城子古城不可能是周长二十里的大型渤海古城,而应是小型的辽、金古城。

①《辽史》卷38,地理志,东京道·开州。
②《辽史》卷38,地理志,东京道·渌州。
③《辽史》卷37,地理志,上京道·上京临潢府。
④《黑龙江古代文物》,第67页,金代上京城。
⑤董玉瑛:《宽城子初探》,载《博物馆研究》1985年第2期。

第一，东北最大的渤海古城除今黑龙江省宁安县东京城西之渤海镇古城（渤海上京龙泉府）周长为三十七里外，其他渤海京府城址的规模皆为周长五里或五里半的古城，如吉林省和龙县西古城子为渤海中京显德府的城址，周长 2 860 米。珲春县八连城为渤海东京龙原府城址，周长 2 854 米。桦甸县苏密城为渤海长岭府城址，周长 2 600 米。这几座渤海京府城址的推定，和文献记载以及考古资料完全相符，中、外史学界已无异议，殆已成定论。有的提出渤海京府城多为周长二十里的大城，和实际情况并不相符。如认为东京龙原府是"周围二十里"的大城，事实并非如此。《辽史·地理志》东京道·开州条载："本涉貊故地[1]，高丽为庆州，渤海为东京龙原府，有宫殿。都督庆、盐、穆、贺四州事。故县六：曰龙原、永安、乌山、壁谷、熊山、白杨，皆废。"这一段是叙述原渤海东京龙原府及其所辖州县的情况。辽灭渤海后，强迁渤海东京龙原府州县人民于开州，所以在叙述开州的建置沿革时，先追述一下东京龙原府的情况。接着自"叠石为城，周围二十里。唐薛仁贵征高丽，与其大将温沙门战熊山，擒善射者于石城，即此"。文中所谓"叠石为城，周围二十里"，是指开州石城，不是指东京龙原府城的周长。据辽宁省博物馆编《辽宁史迹资料》云："石城就是瑷河下游南岸石头城村的石筑山城址。从地望看，开州就在今凤城县城地方。"清·博明《凤城琐录》云："凤凰山麓有故石城一，周十里余。设二门，依山设险，石碟俱存。"由此可知，所谓"叠石为城，周围二十里"，不是指渤海东京龙原府城的周长，而是指开州石城的周长。日本和田清等，把《辽史·地理志》所载："东京龙原府有宫殿，……叠石为城，周围二十里"等前后两个内容的事联在一起，认为渤海东京龙原府周围二十里[2]，这是对上述文献记载的误解。把渤海东京龙原府推定在今珲春八连城，无论从文献记载和考古资料来看，都是相符的。八连城是周长五里半的土地，有宫殿遗址，

---

① 当为涉貊族系的北沃沮故地。

② ［日］和田清：《东亚史研究》（满洲篇），第 75 页。

不是周长二十里的石城。

据魏声和《珲春古城考》和《珲春乡土志》的记载：珲春县城东北二百十里，春化乡草坪村东三里的城墙砬子城"建于山脊，巍然高耸，城之幅员最为广阔。东西四里余，南北约六里有奇。城内街衢洞达，隐约可见，东门一，濒青泥湾河。北门有重垣，外垣俗称头道关，内垣称二道关。外垣皆叠石而成，近年居民掘取，供建筑之用，故已剥落，城内半径退辟，曾得铜质古印"。有的认为城墙砬子城和《辽史·地理志》东京道条所载："叠石为城，周围二十里"的情况相符。但据1972年的亲自调查和访问得知，当地一直称为城墙砬子，而不是城墙砬子城。这座山自然形成南、西、北三面陡峭的石壁，南北长约五六里，东西四五里，周长约二十里，高约二百米。从草坪村东望这座山，石砬壁立，宛如城墙矗立在草坪村的东面，因称城墙砬子。据笔者亲自到山上调查和访问当地经常上山打柴和放牛羊的老人得知，山上根本没有见到过城墙的建筑遗迹，也没有见到任何古代遗迹、遗物，更没有宫殿遗址。据说伪满时，日军曾在山上挖过战壕，修筑过炮台和营房，现已拆毁。这座山像城墙，但不是山城。所谓周长二十里，是指城墙砬子的范围，不是什么山城的周长。所谓"北门有重垣，外垣俗称头道关，内垣称二道关。外垣皆叠石而成"，不是山城的北门，而是向北通往东宁，东北通往草帽顶子等地必经的要道和关口。在头道关和二道关外的西面平地上，有一边长约十米的渤海遗址，西临珲春河，东依城墙砬子。据当地老人谈，在这一遗址里曾出土过铜印。这一渤海遗址当是扼守关口的哨所驻地。《珲春乡土志》把城墙砬子说成是城墙砬子城，和实际情况并不相符。把城墙砬子误认为山城，进而推定为渤海东京龙原府城址，和上述文献记载的原意以及实际情况都不相符。

据已发表的考古资料可知，渤海京府城，除渤海上京龙泉府（今宁安东京城西的渤海镇古城）为唯一的周长三十七里的大城以外，皆为周长五里或五里半的古城，迄今未发现过周长二十里的大型渤海京府城址。

第二，宽城子古城如果是周长二十里的大型渤海古城，那就是东北第二号的渤海大城。这样的大型渤海古城，其遗迹、遗物当是丰富的，在长春市内长期进行大规模基本建设的情况下，至今还没有发现一处渤海遗迹和一片渤海砖瓦块。而且渤海古城多为方形土城，个别也有长方形土城，但迄今未发现周长二十里的不规则形古城。因此，把宽城子古城推定为大型渤海古城，和已发现的渤海古城的实际情况并不相符。

第三，周长五六里的渤海京府城，文献都有记载，并且在古城内至今还有大量的砖瓦遗物。如果宽城子古城是周长二十里的大型渤海古城，古代文献和地方志不可能没有一条记载。同时也不可能没有留下任何遗迹、遗物。从宽城子古城的渤海遗迹、遗物一无所有，和古代文献一无所记的情况来看，可以推知，宽城子古城是不见经传的小城，而不是大城。

第四，1961年，在长春市大经路以西的西四道街路南和西三道街路北之间，修建楼房挖地基时，出土一些辽、金时代的文物。吉林省博物馆派李莲、李殿福和笔者三人到现场查看，多为破碎的辽、金时代的陶器、铁器、瓷器残片，完整的较少，其中有小铁锅、铁熨斗、白釉铁花瓷器残部以及细泥灰陶扑满（已残）等。没有见到砖瓦块等遗物。出土文物经过挑选带回博物馆，这些文物虽属破碎，但在市内出土的辽、金文物还属初见。文物虽少，但对地方史的研究和探讨宽城子古城的历史来说还是重要资料，很可惜这些文物已在十年内乱时期遗失。这些辽、金文物出土的地址正在旧长春县治亦即长春厅迁治后的故址的南侧，这是推定宽城子古城为辽、金古城的物证。从长春市和农安县古城分布的情况来看，农安周围的古城特别多①，而长春则很少②。从历代主要交通路线来看，都经过今农安，而不是长春。渤海、辽、金、元时代，经济文化以及交通的中心在今农安，而不是长春。又从长春市郊区发现的一

①《农安县文物志》。
②《长春市文物志》。

些辽、金时代的古城和遗址遗物①，以及金墓②来看，把宽城子古城推定为辽、金时代的小型古城，比推定为渤海大型古城更有说服力。

（二）宽城子是不是渤海扶余府的问题

据《辽史·地理志》东京道·通州和龙州·黄龙府两条的记载可知，渤海的扶余府和扶余国王城（后期王城所在地）即辽代初置的黄龙府的所在地。因此，为了搞清渤海扶余府为当今何地的问题，首先应该搞清辽代最初建置的黄龙府在哪里的问题。

为了搞清辽代初置的黄龙府的方位，应该首先搞清辽代"复置"的黄龙府，即辽代后期建置的黄龙府的方位。推定辽代后期黄龙府所在地的根据是：

第一，根据宋史和宋人的著作可知，信州东北距黄龙府（金改名为济州）有 130 里③、180 里④、220 里⑤三种不同的记载。信州在今吉林省怀德县秦家屯古城已成定论，这是推定黄龙府（济州）的可靠根据。从今秦家屯古城沿着辽、金古城，东北到农安，当今 210 里，今里和宋里相差无几，这和文献所载从信州到黄龙府（亦书济州·龙骧馆）180 里和 220 里的记载完全相符。又从秦家屯古城到农安之间分布的辽、金古城和文献所载辽、金州县城的对照⑥来看，《松漠纪闻》和《御寨行程》的记载是正确可靠的，而《宣和乙巳奉使行程录》关于这一段行程的记载有脱漏，不足为据。

第二，从考古资料来看，农安城是秦家屯古城（信州）以北最大的辽、金古城，周长七里，和府城的规模相符。农安城内先后出过大量的辽、

---

① 《长春市文物志》。
② 刘红宇：《长春市周围的金代墓葬》，载《博物馆研究》1987 年第 2 期。
③ 许亢宗：《宣和乙巳奉使行程录》。
④ 洪皓：《松漠纪闻》；张棣：《金虏图经》。
⑤ 赵彦卫：《御寨行程》。
⑥ 拙著：《东北史地考略》，第 105—107 页。

金时代的文物[①]，并有辽塔（农安塔）屹立在古城的西门外。辽代京府城和比较著名的州城多有佛塔的建筑。黄龙府（济州）是辽、金时代的军事重镇和历史名城，把它推定在今农安城，和大小辽、金古城分布的实际情况也完全相符。

第三，完颜娄室碑在今长春市东郊石碑岭，碑文云：娄室逝世后，"归葬于济州之东南奥吉里"，金代的济州即辽代的黄龙府，其东南正当今长春市东郊的石碑岭，而石碑岭的西北也正是今农安城。因此，把今农安城推定为辽代后期的黄龙府（金代济州）的所在地，和文献记载以及考古资料都是相符的。因此，史学界均主此说。

明、清时代的地方志对辽代黄龙府并不分前、后期，笼统地把黄龙府推定在今开原[②]，或"在今柳条边外，昌图厅西北，赫尔苏河（东辽河）之北岸"[③]，都是明显的错误。乾隆《大清一统志》卷四〇五，和嘉庆重修《大清一统志》卷五三八，郭尔罗斯·古迹·黄龙府条，把辽代黄龙府推定在今农安都是正确的。日本白鸟库吉监修的《满洲历史地理》卷二第42页，认为辽代后期的黄龙府在今农安，而前期的黄龙府则在今农安的西南。但同书卷一第418页，又说渤海的扶余府即辽代前期的黄龙府在今农安，其说前后矛盾。

有的认为辽代的黄龙府曾经迁移过，在今农安的黄龙府不是辽代初置的黄龙府，而是辽代后期的黄龙府。认为辽代初置的黄龙府当在今农安的西南等地。如金毓黻先生认为辽代后来建置的黄龙府在今农安，而最初建置的黄龙府在通州。他把通州推定在今农安城西南百里之外，怀德、梨树等地[④]，后来又具体指出通州"在今昌图县北四十里的四面城"[⑤]。

---

①《农安县文物志》，第105—108页。

②《大明一统志》卷25；乾隆《大清一统志》卷39；乾隆48卷本《盛京通志》卷28；《满洲源流考》卷10。

③ 张穆：《蒙古游牧记》卷1，郭尔罗斯旗。

④ 金毓黻：《渤海国志长编》卷14，地理考·扶余府。

⑤ 金毓黻：《东北通史》上编，第168页，社会科学战线杂志社1981年翻印本。

他认为这就是渤海的扶余府。过去史学界多采其说。此外，还有的认为辽代后期的黄龙府在今农安，而前期的黄龙府亦即渤海的扶余府在后期黄龙府（今农安）的西南，但又推定在今农安东南的宽城子①。笔者认为辽代初置的黄龙府和"复置"的黄龙府，即辽代前、后期的黄龙府都在今农安，中间曾因燕颇起义而废弃，但后来又迁回原地（今农安）。为了搞清这一问题，应将《辽史·地理志》东京道·通州和龙州·黄龙府两条记载结合起来进行分析理解。

《辽史·地理志》东京道·通州条载："本扶余国王城，渤海号扶余城。太祖改龙州，圣宗更今名。保宁七年，以黄龙府叛人燕颇余党千余户置。"同书龙州·黄龙府条载："本渤海扶余府，太祖平渤海还，至此崩，有黄龙见，更名。保宁七年，军将燕颇叛，府废。开泰九年，迁城于东北，以宗州、檀州汉户一千复置。"根据这两条记载，应搞清以下几个问题：

第一，龙州·黄龙府地名的由来和建置年代问题。

有的根据通州条："太祖改龙州"，和龙州·黄龙府条："太祖平渤海还，至此崩，有黄龙见，更名。"便认为龙州·黄龙府是太祖时将渤海的扶余府改名为龙州·黄龙府。这一看法和史实并不相符。据《辽史·太祖本纪》载：天显元年（926年）秋七月甲戌，"次扶余府，上不豫。是夕，大星陨于幄前。辛巳平旦（即次扶余府的第七天），子城上见黄龙缭绕，可见一里，光耀夺目，入于行宫。有紫黑气蔽天，逾日乃散。是日，上崩，年五十五"。可见太祖逝世的那一天，扶余府上空出现黄龙，实际是神化帝王的一种传说。因此，龙州·黄龙府不可能是太祖逝世的当天改的名称。同书天显二年（927年）八月条又云："太祖所崩行宫在扶余城西南两河之间，后建升天殿于此，而以扶余为黄龙府云。"可知升天殿的建立和扶余府改称黄龙府都是在太祖逝世以后的事。又龙州·黄龙府归东京道管辖，太宗天显十三年（938年），改南京为东京，府曰辽阳。

① 董玉瑛：《宽城子初探》，载《博物馆研究》1985年第2期。

辽代以五京统州县的制度始于太宗,而完成于兴宗^①。东京道管辖下的龙州·黄龙府当是在开始实行以五京统州县的制度以后的太宗时代,而不是尚未实行以五京统州县制度以前的太祖时代。又从《辽史·景宗本纪》:"保宁七年秋七月, 黄龙府卫将燕颇杀都监张琚以叛"的记载可知, 黄龙府的建置当在景宗保宁七年以前的太宗时代。

第二,通州为当今何地的问题。

主张通州为辽代最初建立的龙州·黄龙府者, 提出的论据是:"辽史既谓迁城于东北, 则新城之龙州在(通州)东北, 而旧城之通州在西南。"^② 采用此说者均认为龙州·黄龙府条所说的"迁城于东北",是指从通州向东北迁移。因此, 认为通州为辽代初置的龙州·黄龙府故址, 亦即渤海的扶余府和扶余国后期王城。通州为当今何地?《吉林通志》卷一一, 东京道·通州条说:"在今长春府东北朱家城子境", 但并没有提出论据。这一推论和文献所载通州在辽代后期龙州·黄龙府(今农安)的西南不符。同时, 朱家城子在今德惠县朱家城子(今已不见城址), 当是一座较小的古城。通州是节度州, 管辖四个县。从其所辖四个县的位置来看^③, 决不可能在朱家城子, 因此, 其说为史学界所不取。金毓黻先生把通州推定在今昌图北四十里的四面城。近年来, 郭毅生先生认为通州在今四平市内的一面城^④。从提出的论据(详见该文)来看,通州在今四平市内的一面城说较为可靠, 故史学界多采其说。

另外,还有的认为所谓"迁城于东北",即迁至原府城之东北,是以"宗州、檀州汉户"设立的。因此, 认为复置后的龙州·黄龙府治, 不是辽初的龙州·黄龙府治, 认为辽初的黄龙府治应在复置黄龙府(今农安)的西南, 但又推定在今农安东南而不是西南的宽城子。笔者认为辽初的黄龙府既不在通州, 也不在农安的西南, 而在今农安城。辽代初置的黄

①《辽史》卷 37,《地理志》。

②金毓黻:《渤海国志长编》卷 14, 地理考·扶余府。

③郭毅生:《辽代东京道的通州与安州城址的考察》,载《社会科学战线》1978年第3期。

④郭毅生:《辽代东京道的通州与安州城址的考察》,载《社会科学战线》1978年第3期。

龙府和复置的黄龙府都在今农安城。

第三，辽代初置的黄龙府在今农安。

《辽史·地理志》东京道·通州和龙州·黄龙府条明确指出通州是在保宁七年（975年），因燕颇起义废弃黄龙府以后，以俘获的燕颇余党建立的。龙州·黄龙府是辽初从渤海上京龙泉府龙州掠来的渤海人建立的。《辽史·景宗本纪》保宁七年九月条所说的"以（燕颇）余党千余户城通州"，说明通州是在黄龙府废弃后建立的新城，而不是辽初的黄龙府故址。保宁七年，龙州·黄龙府迁到通州时，当时还未改名为通州，仍名龙州·黄龙府。这就是《辽史·地理志》出现两个扶余府的原因。通州条说："本扶余国王城，渤海号扶余城。"龙州·黄龙府条也说："本渤海扶余府。"在辽圣宗开泰九年（1020年），龙州·黄龙府未改名通州以前，新、旧黄龙府，名同地异。原来的龙州·黄龙府是渤海的扶余府和扶余国后期王城，通州在未改名以前，虽名龙州·黄龙府，但不是渤海的扶余府和扶余国后期王城的所在地。开泰九年从通州向东北迁城的同时，为了避免地名的重复，遂将西南的龙州·黄龙府改名为通州，此即通州条所说的"圣宗更今名"的原因。从通州迁往东北而不是从原黄龙府城迁往东北的黄龙府，即《辽史·地理志》所说的"复置"的黄龙府，亦即辽代后期的黄龙府（在今农安）。这一"复置"的黄龙府是辽圣宗时代，从宗州、檀州俘虏来的一千户汉人建置的。《辽史·地理志》东京道·龙州·黄龙府条所谓"府废"以后，西南迁到通州，最后又"复置"，即又迁回原地，即黄龙府故地，因此，"复置"以后仍名龙州·黄龙府。由此可知，辽代初置和复置的黄龙府，即辽代初期和后期的龙州·黄龙府都在今农安。中间有四十五年间（975—1020年），曾因燕颇起义而西南迁到通州。因此，通州不是辽代初置的黄龙府，当然也就不是渤海的扶余府和扶余国后期王城的所在地。有的认为"复置"的黄龙府在今农安，则原来的黄龙府就不是在今农安，而应在今农安的西南。这和上述《辽史·地理志》东京道·通州和龙州·黄龙府条所载的"府废"和"复置"的内容并不相符。有的既谓辽初的黄龙府亦即渤海的扶余府在今农安西南不远的地方，又推定在今农安东南而不是西南的宽城子为渤海扶余府的故城。如上所述，以宽城子为渤海扶余府，无论从上述文献记载和考古资料来看，都难以令人信服。

二十八　长春厅和宽城子

清嘉庆五年（1800 年），建立长春厅前，今长春市还属于郭尔罗斯前旗蒙古游牧地。当时郭尔罗斯前旗的辖境，相当于现在的前郭、乾安、长岭、长春、农安、德惠以及九台县的西部（即今九台县境内的柳条边以西）地区[①]。这一地区主要是蒙古牧民住地，归郭尔罗斯前旗札萨克（旗长）公管辖。

柳条边以东到海的广大地区，为吉林将军辖境，主要是满洲八旗人的居住地，清朝置将军、副都统、协领、佐领管理旗人。雍正六年（1728 年），在一统门（即伊通门，在今新立城水库附近）置佐领管理旗人。

清代吉林是指柳条边以及黑龙江下游以东到海的广大地区（指 1860 年中俄《北京条约》签订以前），这里是清朝满族的发祥地，清朝加以封禁，不许汉人进入开发。乾、嘉时期，虽屡颁禁令，厉行封禁，但关内大批破产的农民冲破封禁，仍然不断进入东北各地垦荒。清朝对流入东北各地的汉人，设州、县或厅来管理。

（一）长春厅的建立

乾隆五十六年（1791 年），郭尔罗斯前旗札萨克公恭格喇布坦为了增加收入，以其游牧地，私自招募关内汉族农民即所谓流民开垦收租，

---

① 嘉庆重修《大清一统志》卷 538，郭尔罗斯。

当时蒙古游牧地，"地多租少，流民利之，故至者日众"①。郭尔罗斯前旗蒙古公私招流民开垦一事，被哲里木盟盟长查知，呈报理藩院参奏。嘉庆四年（1799年），清廷特派吉林将军秀林会同盟长共同前去查办。查出流民二千三百三十户，私开地亩共计二十六万五千六百四十八亩，系违例妄行，本应治罪，"旋蒙恩旨，以蒙古公业经物故，不必究治，八千余银恩免查追"②。嘉庆五年（1800年）奏准，划出一定范围，准许开垦，并置长春厅，设理事通判和巡检管理流民的行政司法事务，同时还议定每亩租银。上述所开垦地，每亩征粮四升，折银二分一厘，共折银五千五百七十八两六钱，永为定例。"嗣后不准增添一户，多开一亩。"③

清朝为了统治管理流入蒙古地区的民人（即汉人），嘉庆五年（1800年），于郭尔罗斯前旗蒙古游牧地之长春堡置长春厅，隶属于吉林将军。当时长吏奏疏和地方志所谓长春厅置于长春堡，系指厅治置于长春堡辖境内，而不是指长春堡内。实际是置于长春堡（今长春市南五十里的永春乡，在伊通河西岸）东十余里的新立屯（在今长春市新立城镇南十余里的新立城，在伊通河东岸）④。新立屯即新立城南侧，至今还有长春厅衙门遗址。设厅治当时，此地尚无村落，因地属长春堡辖境，故以长春为厅名，这就是长春地名的由来。长春之名，虽早见于《辽史·地理志》，但它和今长春地名的由来无关，两者虽是前后同名，但两者建置的时间、地点均相差很远，根本联系不上。后来为了把最初厅治所在地和长春堡区别开，便将厅治所在地称为新立屯或新立城。

长春厅设理事通判和巡检各一员，"通判衙门，弹压地方，管理词讼，承办一切命盗案件，呈吉林将军衙门核转"。"巡检衙门，看管监狱罪因

---

① 《吉林通志》卷29，食货志2，田赋上。

② 《吉林地志》（长白丛书本），第2—3页；《光绪大清会典事例》卷158，户部户口，流寓异地；《吉林通志》卷29，食货志2，田赋上。

③ 《吉林地志》（长白丛书本），第2—3页；《光绪大清会典事例》卷158，户部户口，流寓异地；《吉林通志》卷29，食货志2，田赋上。

④ 魏声和：《吉林地志》，第10页："设厅治于新立屯"（长白丛书本）；《长春县志》卷1，沿革条则书为"新立城"。

及巡缉境内贼匪等事"①。长春厅的首任理事通判是六雅图,他是都京镶黄旗蒙古人。巡检是汉人潘玉振,顺天府宛平县人②。当时所派官员,系借地设治,专管流入境内的民人即汉人事务,而当地的蒙古牧民和外来的八旗人均不归其管辖,而归郭尔罗斯前旗札萨克和吉林将军管辖。"嘉庆五年,修建通判衙置,建设大门一间,两边听差房各一间,门前照壁一座,仪门一间。两边二门各一间,东西科房六间,大堂三间,穿堂三间,二堂三间,住房三间,格子房三间。衙署外围筑打土墙,周围五十丈,高七尺。""巡检衙置,建设大门一间,二门一间,门前照壁一座,科房一间,大堂三间,住房三间。衙置外围筑打土墙,周围二十五丈,高七尺。监狱砖墙,共长二十三丈二尺。监狱卒正房二间,罪犯东西横房六间,狱神庙一间,狱门前堆子房一间。"③

今新立城屯的南侧,至今还有两处衙门遗址,相距约三十余米,一处面积近万平方米;另一处面积为二千五百平方米④。这两处遗址上均有清代砖瓦,当地群众称之为"衙门地"。这两处"衙门地",当即周长五十丈的通判衙置和周长二十五丈的巡检衙置遗址。

嘉庆重修《大清一统志》载:"(长春)厅治无城。"⑤可知所谓新立城,即新建的城镇,并无城墙,通判衙署和巡检衙署,只有周长五十丈和周长二十五丈的院墙,而不是城墙。

长春厅的辖境,即嘉庆五年制定的准许流民开垦的范围:"东至木石河一百九十里,与松花江接界;西至巴彦吉鲁克山四十里,与喀尔沁达尔罕王接界;南至伊屯边门八里;北至纪家窝铺一百七十二里,与郭尔罗斯札萨克公接界。"⑥木石河即今九台县境内的沐石河,巴彦吉鲁克

---

①《吉林志书》,第 2 页(长白丛书本)。
②《吉林志书》,第 134 页;《吉林外纪》卷 4,职官。
③《吉林志书》,第 4 页(长白丛书本)。
④《长春市文物志》,第 53 页。
⑤嘉庆重修《大清一统志》卷 68,吉林 2,城堡、长春厅。
⑥嘉庆重修《大清一统志》卷 68,吉林 2,城堡、长春厅。

山（巴彦朱尔克山）即今大屯富丰山（阜丰山）①，伊屯边门在今长春市新立城水库附近，纪家窝铺在今农安县境内。当时长春厅的辖境相当现在的长春、农安、德惠和九台县的西半部等地。嘉庆五年，长春厅下置怀惠、沐德、抚安、恒裕四乡，乡之下置甲，甲之下置牌。

长春厅土地所有权属蒙古郭尔罗斯前旗札萨克（旗长），所以征租事务由札萨克向民人（汉人）征收。具体办事机关由该旗印务处直属的征租机关——地局（俗称租子柜）向民人征收地租。

虽然嘉庆五年规定：郭尔罗斯前旗境内，"嗣后不准增添一户，多开一亩"②，但其后从关内流入郭尔罗斯前旗境内的汉族农民不断增多，垦地也随之日益增加。嘉庆十一年查出新来流民一千五百九十四户。嘉庆十三年又查出新来流民三千一十户，并嘉庆十一年民户，共开垦新地七万五千一百八十四亩。到嘉庆十六年，又查出流民共六千九百五十三户，共垦新地五万二千七百四十一亩，这时陈、新共有流民一万三千八百八十七户，陈、新共垦地三十九万三千五百七十三亩，与蒙古交地租银共八千二百六十五两零二分五厘③。上述户数和新垦地亩数，只是民人（汉人）的户数和垦地数，蒙古牧民户数不包括在内。

长春厅境内"所垦地亩，均系蒙古地界，勿庸官征丁赋，所出租银，仍听蒙古征收，亦不必官为经理"④。即长春厅"地属蒙古，向系借地养民，并无额征租赋"⑤，长春厅仅征收租赋以外的一些杂税。"长春厅额征牲畜、牙、当、烧酒税银，共四百三十三两九钱六分。"⑥

道光五年（1825年），长春厅因厅治偏南，移建衙署于宽城子。

①《吉林分巡道造送会典馆清册》，第204页（长白丛书本）。

②《吉林志书》，第3页（长白丛书本）。

③《吉林志书》，第3—4页（长白丛书本）。

④《吉林通志》卷2，圣训2，嘉庆十一年七月乙丑。

⑤《吉林分巡道造送会典馆清册》，第190页（长白丛书本）。

⑥《吉林外纪》卷7，第106页（长白丛书本）。

（二）宽城子古城在哪里

宽城子之名始见于嘉庆重修《大清一统志》："宽城子在厅北五十里，设废年无考。"① 嘉庆重修《大清一统志》撰成于道光二十二年（1842 年），因此书断限是写到嘉庆（1820 年）为止，故名嘉庆重修《大清一统志》。由此可知，在嘉庆二十五年和道光二十二年时，宽城子古城依然存在，只是设废年无考。今吉林省古城较多，其中以辽、金古城为最多，因此，以古城命名的地名很多，如大城子、小城子、单城子、双城子、一面城、半拉城等等，都是以现存古城的形制而命名的地名。宽城子就是以因有长方形古城而命名的地名，道光五年（1825 年），长春厅迁到宽城子，北迁后的厅治衙署遗址在今南关区大经路两侧，西四道街的北侧，即今大经路小学、长春市第 103 中学之地。同治四年（1865 年），修筑木板城，周长二十里。光绪二十二年（1896 年）重修，改为砖筑。关于长春厅迁治后修筑的宽城子即宽城子新城，而不是嘉庆重修《大清一统志》所说的"设废年无考"的宽城子古城。宽城子新城修建的原因、规模、形制，以及新厅衙署的建筑布局等，在《吉林通志》《长春县志》等地方志记载较详，不再赘述。本文所探讨的宽城子是指宽城子古城的方位。

一般均认为宽城子古城和新城都在今长春市内，即今长春市内南、北大街，从头道街到四道街，以及二马路以南一带地方。根据是：道光五年（1825 年），长春厅迁到宽城子，迁治后的长春厅在今市内，则宽城子古城也在这里，但是这种推论和实际并不相符。

第一，嘉庆重修《大清一统志》明确指出："宽城子在厅北五十里，设废年无考。"这里所说的宽城子是指长春厅迁治前的宽城子古城。所谓厅北是指长春市迁治前，即今长春市新立城镇南十余里的新立城屯之北，所谓五十里是指清里，清里（180 丈即 576 米为 1 里）大于今里（150 丈即 500 米为 1 里），五十清里当今五十七里六。又据《吉林驿站》关

---

① 嘉庆重修《大清一统志》卷 68，吉林 2，城堡，长春厅。

于长春府各路驿站里程的记载，从长春府城（即北迁后的长春厅治所在地）到新立城驿（原厅治所在地，即今新立城屯，而不是后来发展起来的新立城镇）为四十清里（当今 46 里）[①]。从今新立城屯到长春市内有驿站道路沿伊通河两岸而行，完全是平地和直道，没有山川阻隔和曲折之路，因此，这一距离里数是推定宽城子古城所在地的可靠根据。从宽城子古城在厅治（今新立城屯）北五十里（清里），长春府（今长春市内）在新立城屯（原厅治所在地）北四十里（清里）的记载可知，宽城子古城并不在今长春市内，而是在长春府（今长春市内）北十清里（当今十一里半）的地方。今长春市宽城区奋进乡小城子古城是原长春厅治北二十华里唯一的一座长方形辽、金古城，约当其地，因此，将嘉庆和道光年间仍然存在的宽城子古城推定在小城子比推定在长春市内更符合实际。

第二，从长春厅迁治到宽城子即今长春市内以后，在长期大规模建设的情况下，仅发现过少量的辽、金文物，但从未发现过古城址和古代砖瓦等建筑物。在道光二十二年（1842 年）撰成嘉庆重修《大清一统志》时，还记载有宽城子古城，道光五年（1825 年），北迁后的长春厅治所在地，即今长春市内，如果有宽城子古城，地方志不会没有记载，因为嘉庆、道光年间在长春市内建立的古庙都有记载[②]，岂能独对嘉庆、道光年间在长春市内还存在的宽城子古城见而不记？就是地方志没有记载，也必然有当地民间传说流传下来。根据考古调查得知，吉林省有的古城因其开发较早，早已夷为平地，虽有小城子、大城子等以古城命名的地名，今已不见古城址。这种情况，在地方志中都有记载，地方志没有记载的，也有民间有关古城情况和传说流传下来，得知原有古城的存在。但在今长春市内，一无古城遗址、二无方志记载、三无民间传说的情况下，把宽城子古城推定在长春市内的南、北大街和从头道街到四道街，以及二马路以南一带，是缺乏根据的。因此，地方志所谓道光五年（1825

[①] 吉林省档案馆编：《吉林驿站》，第 71 页。
[②]《吉林通志》卷 26，舆地志 14，坛庙。

年），长春厅迁到宽城子，是指迁到宽城子地方，而不是仅仅指宽城子古城。这样的例子很多，如一般地方志所载，长春厅置于长春堡，但实际并不是置于长春堡内，而是置于长春堡辖境内，实际是在长春堡东十余里的新立城屯。又如嘉庆十六年（1811 年）建置的伯都讷厅、光绪八年（1882 年）建置的双城厅、光绪三十二年（1906 年）建置的肇州厅等等，都是因在伯都讷古城①、双城子古城②、肇州古城③ 附近建立厅治而命名的厅名。但这些厅治均不置于古城内，而是在古城附近，有的距古城二十五里、六十里、二百里不等。吉林省许多村镇和州县城，绝大多数是在古城附近发展起来的，很少像农安县城那样是在辽、金古城内发展起来的。从长春市内迄今未发现古城址可以推知，长春厅当是迁治于宽城子附近地方，而不是迁到宽城子古城内。宽城子这一地名，虽因有宽城子古城而得名，但所说的宽城子地方，决不仅仅指宽城子古城所在地，而是指宽城子古城附近一带地方。1898 年修筑中东铁路时，路经长春府（宽城子）的西南和西北，在长春府北约十里处（二道沟）建立的车站，称为宽城子站，但这里既无宽城子古城，也没有宽城子新城，而是在宽城子新城附近地方，即长春府的辖境内。

第三，所谓宽城子，顾名思义可知是长方形古城，在原长春厅治（今新立城屯）北五十清里（当今是五十七里六）的宽城子，和今宽城区奋进乡小城子的方隅里到大体相符。特别是和小城子长方形的形制完全相符。小城子"东西长大约五百米，南北宽大约二百五十余米，残存城墙高 1.5 米左右"。城外有护城河，现已干涸。城内现已垦为耕地，地表上散布着布纹瓦和陶器残片，陶片均为灰褐色泥质陶。过去在城内还出

---

① 伯都讷古城（辽、金古城）在伯都讷厅（今扶余县城）北二十五里。

②《双城县志》序："双城以今县城东南有二古城得名。""今双城县城东南六十里三合店东有古城二，南城周长三里，北城周里许，俗呼双城子，双城（县城）即由是得名"，为金代古城。

③ 金、元时代肇州古城在今肇东县四站乡南八里的八里城，为一周长八里的金、元古城。光绪三十二年"于郭尔罗斯后旗荒地之肇州古城地方置肇州直隶厅"。肇州厅（今肇源）在肇州古城（今八里城）之西二百里。

土过六耳铁锅和宋代铜钱等，均为辽、金时代遗物[①]。从六耳铁锅和宋代铜钱等文物来看，当为金代古城。由此可知，小城子是周长三里的小型金代古城。金代州县城镇多数是在金末蒙古进军东北以后摧毁和废弃的，正如文献所载，东北古城"城皆渤海、辽、金所建，元废，城地犹存"[②]。因此，推定小城子古城当置于金，而废于元。小城子地方的群众有"先有小城子，后有宽城子"的民间传说[③]，这里所说的"后有宽城子"是指同治四年（1865年）在长春市内新建，和光绪二十二年（1896年）重修，改为砖筑的宽城子新城。如果长春市内在迁治以前就有宽城子古城，则不可能有"先有小城子，后有宽城子"的民间传说。这一传说也说明长春市内并没有宽城子古城，这也是在长春市内迄今未发现古城址的原因。

从上述宽城子古城的方位和小城子长方形的形制来看，宽城区奋进乡小城子古城当是文献所载的宽城子古城。

第四，宽城子古城为什么改称小城子？

长春厅北迁到宽城子地方以后，厅名仍名长春，但地名则是长春、宽城子同时并存。因此，一般所说的宽城子即长春厅治所在地，长春即宽城子。特别是周长二十里的宽城子新城建立以后，宽城子新城远近闻名，而较小的宽城子古城逐渐被人遗忘，所谓宽城子就是指长春市内，指宽城子新城，而不是小城子。这样长期以来，被人遗忘和不被人所知的规模较小的宽城子古城，遂改称小城子。这样的例子也不少见，如长春厅置于长春堡，长春厅北迁后，长春这一地名远近闻名，而长春堡逐渐不为人所知，后来为了避免地名的重复，今已改为永春乡。又如肇州厅置于金、元肇州故地，而不是置于肇州古城内的肇州厅（初在今肇源）建立后，新建置的肇州远近皆知，一般群众所说的肇州即新建置的肇州（今

①《长春市文物志》，第39—41页。
②《明一统志》卷25，引《元一统志》，辽东都司、古迹开元城。
③《长春市文物志》，第39—41页。

肇源）所在地 ①，而肇州古城早已被人遗忘，鲜为人知。金、元肇州古城清末民初已改称巴尔斯城，今已改称八里城（是周长八里的金、元古城）。

由上述可知，嘉庆年间的宽城子古城，即宽城子地名的由来。道光五年（1825 年），长春厅北迁到宽城子，是指迁到宽城子地方，而不是指迁到宽城子古城内，因此，宽城子古城在迁治后的长春厅所在地，即今长春市内是无迹可寻的。把宽城子古城推定在宽城区奋进乡小城子古城，比推定在长春市内更符合实际。

（三）长春厅行政区划的变迁

长春厅自设治以来，行政区划变更了两次。第一次是由厅升为府并划出农安县；光绪八年（1882 年），改长春厅理事通判为抚民通判，并增设农安分防照磨。光绪十四年（1888 年）②，长春厅裁抚民通判设知府一员，升为长春府，将恒裕乡之十四、十五两甲划归农安县，同年改农安分防照磨地为农安县，隶长春府。将农安分防照磨移驻靠山屯。第二年（1890 年），又移分防照磨于朱家城子（在今德惠县境内）。

第二次是划出德惠县，并由府降为县：宣统二年（1910 年），又从长春府划出沐德（四、五、六、七甲）、怀惠两乡，设立德惠县③，直隶于东南路道。县治在大房身，1936 年，迁到张家湾，遂改名为德惠。民国二年（1913 年），改长春府为长春县，隶属于吉长道尹公署（1908 年置，在今长春市内东七马路 513 厂）。农安县归吉林省西南路道管辖，次年，西南路道改为吉长道。1929 年裁吉长道尹公署，长春、农安等县直隶于吉林省管辖。1932 年，又从长春县、永吉县、德惠县各划出一部分成立九台县。

长春厅后升为府，又降为县，但厅、府、县衙署所在地并未变动，仍在北迁后原厅治所在地。

①1906 年置肇州厅（今肇源），1912 年改为县，1931 年，因火灾，肇州县治迁到老街基，即今肇州县治所在地。

② 光绪十四年吉林将军希元奏，见《光绪东华录》卷 91。

③ 宣统二年四月十六日会议政务处奏折。《长春县志》卷 1，沿革则记为宣统元年。